家づくりの
すべてが
スラスラわかる本
2024

目次

第1章 家づくりマネー

第2章 住まいの土地と法律

第3章 住まいのイメージづくり

第4章 図面と見積り書チェック

第5章 工事現場の流れ

第6章 住まいのトレンド

第1章

いくら必要？どう借りる？
誰もが気になる

家づくりマネー

まずは家づくりの「お金」から始めましょう。
家を建てるのにいくら必要か
その資金をいくら用意できるのか
さらに支払いのスケジュールについてもまとめました。
無理なく、無駄なく
お金とつき合いましょう。

001

初めての家づくり

家づくりにかかるお金の内容と調達方法を知っておく

トクする知識

- **家づくりのコスト**　本体工事費＋別途工事費＋設計料＋諸費用
- **家づくりの資金調達**…自己資金＋住宅ローン

家づくりで気になるのは「お金」のこと。ほとんどの人にとって一生に一度の家づくりですから、何から考えればよいのか見当もつかない方も多いでしょう。

家づくりのお金の基本は2つ。1つは、いくら必要かというコスト。本体工事費以外に別途工事費や設計料、税金、登記費用、住宅ローンの手続き費用、引越し費用など、いろいろな諸費用がかかります。これらをあらかじめ見込んでおかないと、あとで、お金が足りないといったことになりかねません。

2つ目は必要なお金をどう用意するかという資金調達。自己資金と住宅ローンの組み合わせが基本ですが、それぞれ知っておきたい知識がたくさんあります。この2つがわかれば、家づくりのお金の基本は押さえられます。

基本を知ったうえで「いつ・どこに・どれだけ支払えばよいのか」という、スケジュールを理解しておくことも大切。また、住宅ローン減税や建物の名義のことなど、知っておくと得する知識もいくつかあります。この章では、家づくりのお金に関係することを、一つ一つ順番に学んでいきましょう。

ここがポイント

諸費用

税金（印紙税、登録免許税、不動産取得税、固定資産税、都市計画税）、登記費用、住宅ローンの手続き費用、引越し費用、仮住まい費用etc.

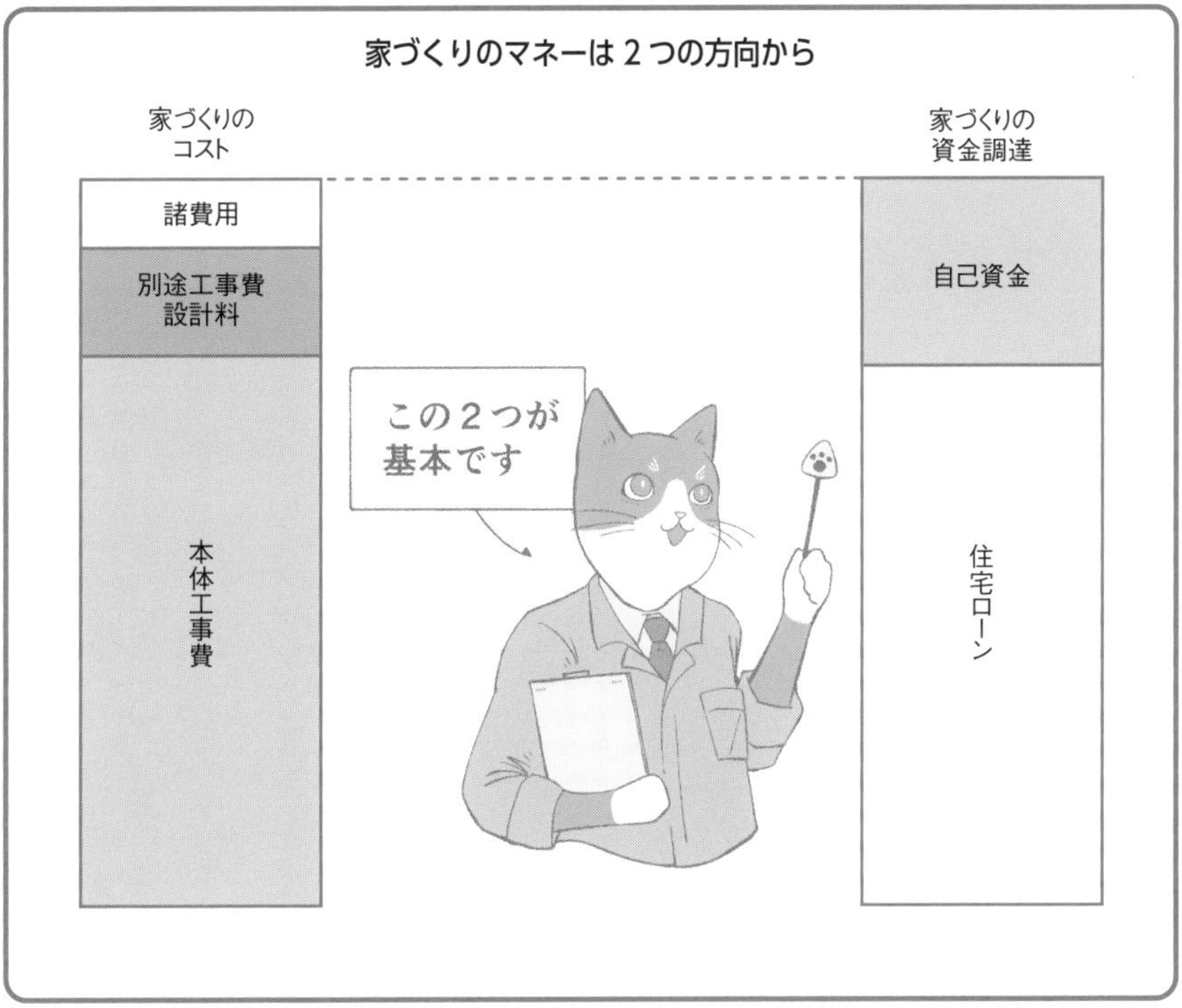
家づくりのマネーは２つの方向から
家づくりの
コスト
諸費用
別途工事費
設計料
本体工事費
家づくりの
資金調達
自己資金
住宅ローン
この２つが
基本です

002

坪単価の落とし穴

カタログや広告に表示された価格だけでは、家は建たない

家を建てるのに必要な費用の内訳はどのようになっているのでしょう。必要なコストは大きく分けて建築工事費と諸費用です。

建築工事費とは、工務店やハウスメーカーなどの工事会社や設計事務所に支払う費用のこと。直接、建物を建てるためにかかる費用＝本体工事費と、別途工事費、設計料の３つ（通常消費税を含む）に分けられます。

よくカタログや広告などに表示されているのは本体工事費です。「3.3㎡（1坪）当たり60万円」などという表示はこの本体工事費を指している場合が多いようです。つまり、カタログや広告に掲載された価格だけでは家は建たないということ。別途工事費など、建物本体工事費に含まれない費用がかかります。

別途工事費は会社によって少しずつ内容が違ってきますが、一般的には左頁の「別途工事費の概要」の項目が含まれる場合が多いようです。こうしてみると、カタログに表示された価格以外に、家を建てるにはずいぶんお金がかかることに気づくでしょう。本体工事費は、家を建てるために必要な経費の約75％程度に過ぎないといわれています。

トクする知識

- **一般の坪単価**　本体工事費のみの表示が多い
- **本体工事費**　総費用の約75％

ここがポイント

建築工事費

本体工事費＋別途工事費＋設計料

別途工事費の概要

項目	内容
既存建物の解体費	建替えの場合に必要となる費用。木造住宅解体では1m²当たり1～1.5万円前後
地盤改良工事費	軟弱な地盤の強度を高める工事費用
外構工事費	隣地境のフェンスや門扉、植栽など、建物の外まわりの費用全般
照明器具工事費	各部屋の照明器具の工事費用。特に、リビング・ダイニングルーム、寝室などの照明器具は、通常、本体工事費に含まれず、別途工事扱いとなります
カーテン工事費	各部屋のカーテンやロールブラインドなどの工事費。カーテンレールやカーテンボックスなどの費用も含まれます
空調工事／特殊設備工事費	冷暖房機器の配管・取り付け工事や、床暖房、24時間換気システム、家庭内LANシステムなどの設備工事の費用
屋外電気工事費／屋外給排水衛生工事費	建物外部（敷地内）の配線・配管工事、門やアプローチ、庭、屋外駐車場などの電気工事や給排水衛生工事の費用
引込み工事費	上下水道や電話、CATV、通信回線などの引込み工事費

家づくりのコストの仕組み

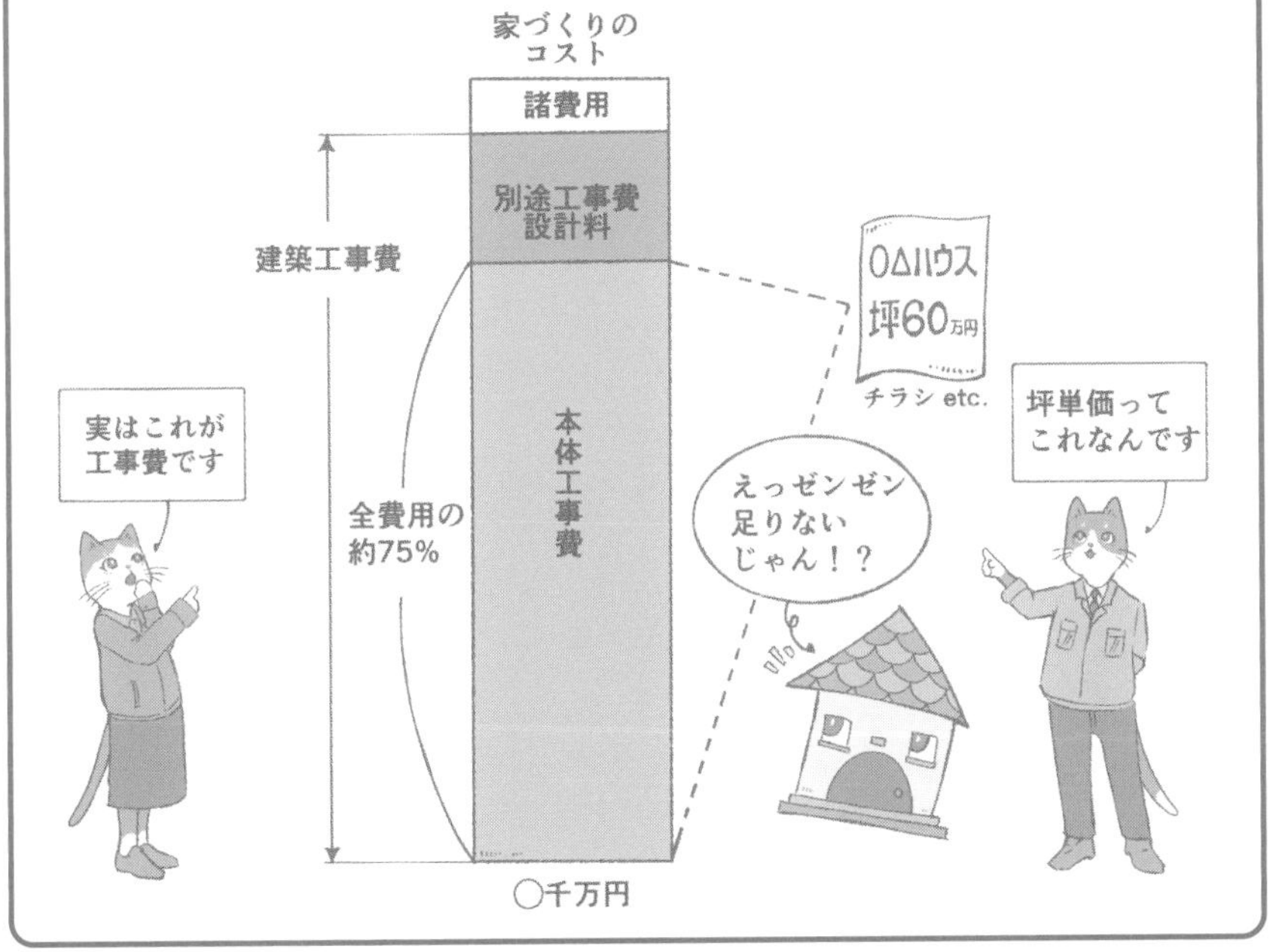

003

こんなに多い諸費用

諸費用の内容と支払う時期を知っておく

前の項では、別途工事費についてみました。

さらに、建築工事費以外にかかる諸費用には、いろいろとあります。

印紙税や登録免許税、不動産取得税などの税金や登記費用、住宅ローンの手続き費用、引越し費用、建《たて》替《か》えに伴う仮住まい費用などが諸費用の主なものです。これらのほとんどが、現金で支払う必要があるものです。

民間の金融機関からは諸費用のためのローンも出ていますが、一般の住宅ローンに比べて金利が高く設定されていることもあり、住宅ローンの返済額と合わせると、毎月の返済が家計を圧迫するおそれもあります。

安心できる家づくりのためには、建築工事費以外に、こうした諸費用までを見込んで、資金調達を考える必要があるのです。また、家づくりをスタートさせてから、それぞれの段階に進むごとに費用が発生するため、必要な費用を早めに用意しておかなければなりません。

左頁に税金以外にかかる家づくりの主な諸費用をまとめました。どんな費用があるのかを把握しておきましょう。

トクする知識

●ローン関係費用（融資１千万円位）

・手数料……約3万円

・保険料……約10万～20万円程度

ここがポイント

登記手数料の目安

約18万円

銀行の事務手数料

約3万円

確認申請手数料

約1.4万円

中間検査手数料

約1.5万円

完了検査手数料

約1.6万円

（床面積100～200m²の場合）

主な諸費用

●申請と現場での費用

建築確認申請費用	建築設計図書の確認申請の手数料。通常、設計料とは別に建築主負担。申請料は審査機関によって異なるが、東京都で延べ面積100～200m^2の住宅を建てる場合、確認申請は14,000円程度、完了検査は16,000円程度
近隣挨拶関係費	近隣への挨拶の手みやげ代など。規模の大きな住宅の場合、近隣対策費（工事費の1～2%）が必要な場合も
地鎮祭費用	地鎮祭に要する費用のうち、建築主が一部を負担
上棟式・竣工式費用	通常、費用は建築主負担
茶菓子代	現場の職人への差し入れ代など

●登記関係の費用

建物表示登記	土地家屋調査士への報酬
土地所有権移転登記／建物所有権保存登記	土地購入時の土地所有権移転登記または建物完成時の建物所有権保存登記に要する登録免許税と、司法書士への報酬
抵当権設定登記	ローン契約時の抵当権設定登記に要する登録免許税と、司法書士への報酬

●ローン関係の費用

手数料	ローンを借りるときにかかる手数料。金融機関やローン商品によって金額は違う
保証料	連帯保証人がいない場合に必要。別途支払いが発生せず、返済金利に上乗せされる場合もある。銀行の場合は保証会社に支払う。フラット35の場合は不要
団体信用生命保険特約料	ローン契約者が死亡、または高度障害になった場合に備える保険。銀行ローンでは加入が義務づけられているが、特約料はローン返済に含まれる場合が多い。フラット35の場合も金利に含まれる
火災保険料	ローンの担保となる住宅の火災による被害に備える損害保険の保険料で、フラット35は加入が義務づけられている。地震保険は任意加入

●建替《たてか》え時に発生する費用

仮住まい費用	賃貸住宅に住む場合は家賃の他に、敷金・礼金などが必要。トランクルーム代が必要な場合も
滅失登記費用	既存家屋の滅失登記に要する費用。土地家屋調査士への報酬が大半
引越し費用	旧家屋から仮住まいへ、仮住まいから新居へと2度の引越し費用がかかる場合もある

004

税金もいっぱい!?

家を建てるとき、建てた後にかかる税金を把握する

諸費用のうち、家づくりにかかる税金の概要をみてみましょう。取得までにかかる税金は、消費税の他、印紙税、登録免許税。印紙税は工事を請負う会社と交わす請負《うけおい》契約書、住宅ローンを借りる金融機関と交わす金銭消費貸借契約書に収入印紙を貼り消印することで納税します。税額は契約書に記載されている金額と契約書の種類によって違ってきます（左頁表参照）。登録免許税は建物を新築したときの所有権保存登記、ローンを利用するときの抵当権設定登記に必要。税額は不動産の評価額やローンの借入額、登記の目的で違ってきます（左頁表参照）。

建物が完成し、入居した後にも税金はかかります。まず不動産取得税。これは、不動産を購入、新築、もらったときなどにかかる税金。一定の条件を満たすことで特例措置が受けられますが、ほとんどの地方自治体で申告が必要です。詳しくは都道府県税事務所に確認しましょう。他にも、毎年1月1日時点での不動産の所有者に対して、固定資産税、都市計画税が課税されます。軽減措置を行った税額で納付書が送られてきます。

トクする知識

●税金の大まかな目安（小規模建物）

・印紙税……約2万～4万円

・登録免許税……約2万～4万円

・不動産取得税……かからない場合も多い

ここがポイント

土地（200m²/戸以下の部分）

固定資産税＝

（評価額×1/6）×1.4%

都市計画税＝

（評価額×1/3）×0.3%

建物（特例対象）

固定資産税＝

（評価額×1.4%）×1/2

都市計画税＝

評価額×0.3%

家づくりに係わる税金の計算方法

	計算方法など

印紙税

■契約書の記載金額に応じて次のように課税されます　※2024年3月31日まで。

記載金額	売買契約	請負契約	ローン契約
100万円超200万円以下	1,000円	200円	2,000円
200万円超300万円以下		500円	
300万円超500万円以下		1,000円	
500万円超1,000万円以下	5,000円	5,000円	10,000円
1,000万円超5,000万円以下	10,000円	10,000円	20,000円
5,000万円超1億円以下	30,000円	30,000円	60,000円

登録免許税

■土地取得時の土地所有権移転登記：評価額×1.5%（2026年3月31日までの税率）
■住宅新築時の建物表示登記：無税
所有権保存登記：評価額×0.4%
（下記のすべての条件を満たす特例適用住宅の場合：評価額×0.15%［※1］）
※1　認定住宅の場合0.1%（2024年3月31日まで）

A．床面積50m^2以上（登記面積）
B．2024年3月31日までに新築または取得した自分で住むための住宅
C．住宅専用または住宅部分の床面積が9割以上の併用住宅
D．新築または取得してから1年以内に登記すること

■ローンを借りたとき
抵当権設定登記：債権額（借入額）×0.4%
（上記特例適用住宅購入のための住宅ローンの場合：債権額×0.1%）

不動産取得税

■土地取得時（住宅用地）
課税標準×3%（※2）
下記条件のいずれかを満たす土地の場合は上記金額より次の①②のうち多い額を控除

A．取得してから3年以内（やむを得ない事情がある場合は4年以内）にその土地に住宅を新築したとき
B．住宅を新築してから1年以内に、その土地を取得したとき
C．未入居の土地付き住宅を取得したとき

①：45,000円
②：1m^2当たり土地評価額×1／2×建物床面積の2倍（200m^2が限度）×3%（※3）
■住宅新築時（床面積と共用部分の按分面積を加えた面積が50m^2以上240m^2以下の場合）
（建物評価額－控除額1,200万円［※4］）×3%
※2　2024年3月31日までの取得の場合、評価額の1／2を課税標準とする　※3　2024年3月31日まで　※4　認定長期優良住宅の場合1,300万円（2024年3月31日まで）

固定資産税

■一般の土地：評価額×1.4%（標準税率）
■小規模住宅用地（1戸当たり200m^2以下の部分）：（評価額×1／6）×1.4%（標準税率）
■一般住宅用地（1戸当たり200m^2を超える部分）：（評価額×1／3）×1.4%（標準税率）
■建物：評価額×1.4%（標準税率）
■住宅新築時3年間（マンション・認定長期優良住宅では5年間、認定長期優良住宅のマンションは7年間）
（床面積の50%以上が居住用、かつ、床面積と共用部分の按分面積を加えた面積が50m^2以上280m^2以下の新築住宅の120m^2以下の部分）：（評価額×1.4%）×1／2

都市計画税

■一般の土地：評価額×0.3%（最高税率）
■小規模住宅用地（1戸当たり200m^2以下の部分）：（評価額×1／3）×0.3%（最高税率）
■一般住宅用地（1戸当たり200m^2を超える部分）：（評価額×2／3）×0.3%（最高税率）
■建物：評価額×0.3%（最高税率）

005

ホントの坪単価

建築工事費と諸費用の金額の目安をつける

トクする知識

●全国平均坪単価（本体工事）

・木造住宅………… 約64万円

・鉄骨造住宅……… 約101万円

建物の価格は構造や広さ、プランなどによって違ってきます。ですから、建築工事費は見積りを取ってきちんとした数字を出す必要がありますし、諸費用も資金計画などの内容や建築の条件によって違いますから、ケースバイケースです。ハウスメーカーのカタログなどでは、同じ建物なら同じ価格のように感じるかもしれませんが、建てる場所や時期、支払い条件などで価格は変わってきます。たとえば、傾斜地では平地よりも基礎工事費が高くなるのは当然。地域差もあります。

だいたいの目安を知るには、建築工事費のうち本体工事費は居住専用建物の都道府県別の工事費単価や、住宅金融支援機構のフラット35の対象となった個人住宅のデータ（左頁表）が参考になります。たとえば、東京都内の木造住宅の平均工事費単価は約18万円／㎡（坪当たり約59万5千円）となっています。

別途工事費については、本体工事費よりも千差万別。工法やプランによって違ってきますから、当初の資金計画では本体工事費の15～20％程度を別途工事費の目安にするとよいでしょう。

ここがポイント

全国平均坪単価（本体工事）

木造住宅で約64万円。ただし、条件で値段が変わる

都道府県別工事費単価(居住専用)と注文住宅の建設単価

(単位：万円／㎡)

構造	木造	鉄骨造	RC造	全体	注文住宅の建設単価（構造問わず）
全国	19.2	30.6	32.8	20.7	30.3
北海道	20.8	29.9	46.8	21.4	29.4
青森県	19.7	29.5	34.2	20.1	26.6
岩手県	19.9	27.1	0.0	20.3	26.6
宮城県	19.2	27.0	22.7	19.8	28.0
秋田県	19.3	30.0	17.4	19.8	27.0
山形県	20.1	29.7	24.2	20.6	28.0
福島県	20.0	29.4	38.0	20.9	29.0
茨城県	19.0	27.3	34.9	20.1	28.4
栃木県	19.3	27.7	29.5	20.3	29.2
群馬県	19.0	28.6	59.0	20.1	27.9
埼玉県	18.5	30.3	34.6	20.1	31.1
千葉県	18.5	31.1	32.9	20.1	30.1
東京都	18.0	36.6	47.4	21.4	35.9
神奈川県	18.4	35.2	45.2	21.1	32.9
新潟県	20.6	28.3	33.3	21.1	27.9
富山県	20.2	30.3	51.0	20.5	27.1
石川県	20.2	29.6	47.6	20.6	28.8
福井県	19.9	32.7	—	20.5	27.8
山梨県	19.7	29.1	41.4	20.9	27.5
長野県	19.7	28.9	42.2	20.7	31.5
岐阜県	19.9	30.3	29.9	21.4	29.0
静岡県	19.8	28.4	27.1	21.4	30.0
愛知県	19.2	30.3	33.4	21.8	31.0
三重県	19.8	30.3	22.5	21.5	30.1
滋賀県	18.5	29.8	41.9	20.0	29.0
京都府	19.3	33.3	38.3	22.9	32.6
大阪府	17.4	31.2	30.5	19.9	32.6
兵庫県	18.4	30.3	45.5	20.0	31.5
奈良県	18.1	29.2	21.9	19.8	31.3
和歌山県	18.1	28.6	62.5	19.6	30.9
鳥取県	19.6	27.1	22.0	20.0	28.8
島根県	19.5	29.5	26.2	19.8	31.9
岡山県	20.3	30.4	34.2	21.6	31.2
広島県	19.5	29.9	30.4	20.8	30.8
山口県	20.0	31.1	21.6	21.4	29.8
徳島県	19.9	26.7	38.1	20.5	27.1
香川県	20.6	27.9	39.4	21.2	30.1
愛媛県	19.0	30.3	27.6	19.7	28.2
高知県	19.8	28.6	36.2	20.7	28.6
福岡県	18.9	29.3	35.7	20.3	29.6
佐賀県	18.3	26.5	31.0	18.9	29.0
長崎県	19.1	28.2	41.8	19.9	28.0
熊本県	20.0	27.4	27.5	20.5	29.6
大分県	19.3	29.9	32.9	20.5	31.3
宮崎県	19.1	29.5	43.8	19.9	30.1
鹿児島県	19.3	29.0	24.3	19.8	28.7
沖縄県	22.8	30.6	27.6	26.1	31.9

（参考）都道府県別工事費単価（居住専用）：国土交通省「住宅着工統計」（2022 年度）より作成。
「ー」は、建設実績なし。「全体」は、構造の種別に SRC 造、コンクリートブロック造、その他を含む
注文住宅の建設単価：住宅金融支援機構「フラット 35 利用者調査」（2022 年度）より作成
※ 2022 年度（新築居住専用住宅）
※ 2022 年度注文住宅

諸費用の目安は5％

設計料、諸費用の目安をつかんで家づくりのコストを知る

家づくりに欠かせない設計料と諸費用。設計料は住宅の基本的な計画から建築設計、工事が設計どおりに行われるかの工事監理《かんり》業務までの対価です。設計事務所だけでなく、「設計料を取りません」というハウスメーカーや工務店に依頼する場合でも、工事費に設計業務の実費が加算されているのが実態です。

設計料は建築工事費「本体工事費＋別途工事費」の10％程度が1つの目安。ただし、設計事務所や建物の規模などによって料率は変動します。

諸費用は資金調達方法や仮住まいの有無によって金額が変わりますが、「本体工事費＋別途工事費」の最低限5％は見込んでおくことが必要です。

左頁に家づくりのコストを大まかに算出するシートを用意してあるので、試してみてください。なお、家づくりのコストの詳細な計算例は20頁に示しますので、これも参考にしてください。

トクする知識

- **設計料の目安……10%**
- **諸費用の目安……5%**

※いずれも建築工事費に対して

ここがポイント

建築工事費

本体工事費
＋別途工事費

設計料

比較的小規模
10〜15%
比較的大規模
7〜10%

コストの内訳と構成比率

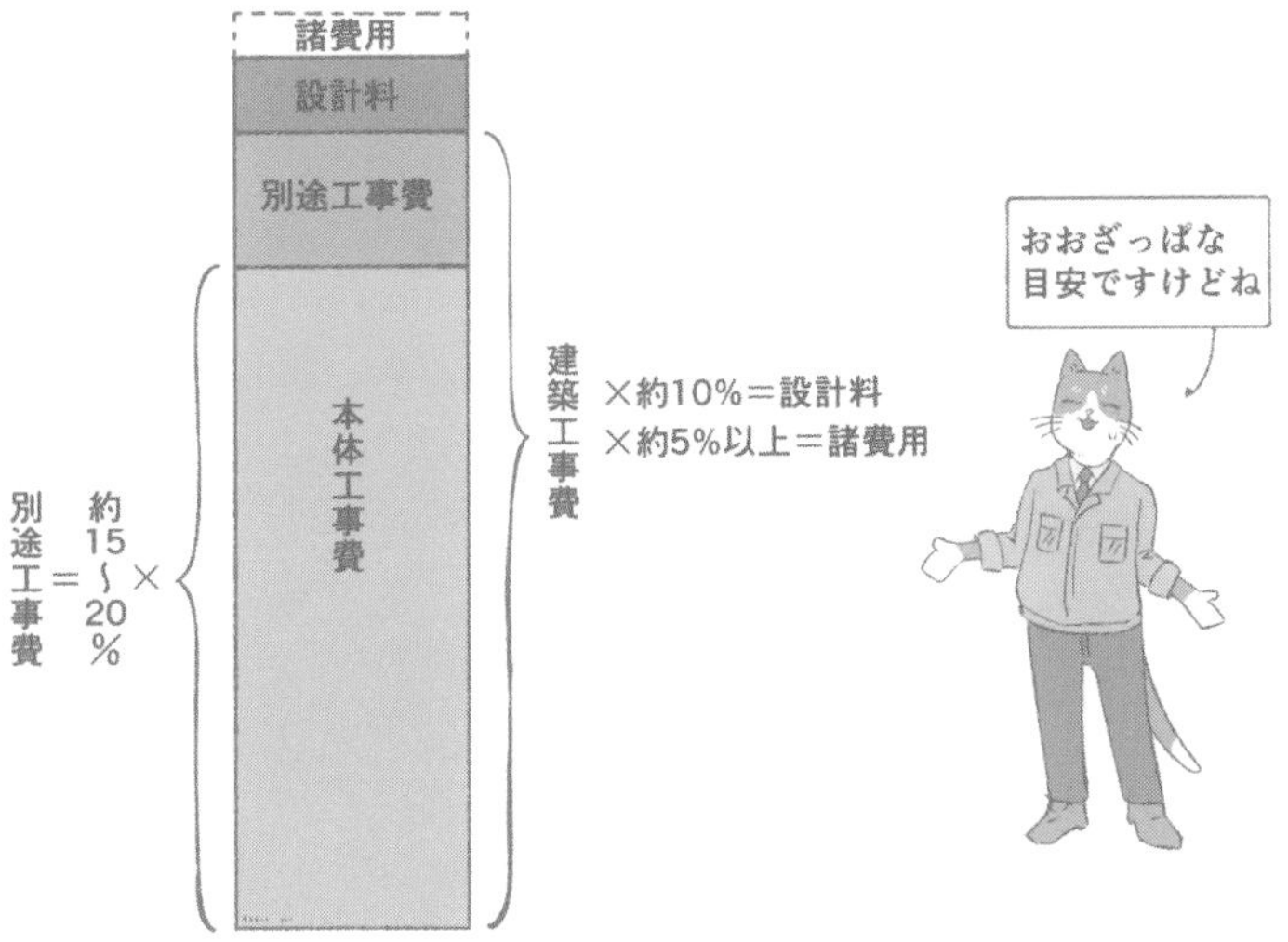

家づくりコストの概算シート（計算例）

■ 物件概要
建設地：神奈川県内（土地は取得済み）
建物：床面積 105㎡、在来木造

家づくりのコスト——らくらく算出シート

A．本体工事費

住宅面積 105 ㎡ × 工事単価（設計料込）20.2 万円/㎡ ＝ 本体工事費A 2,121 万円

※地域別構造別工事単価は17頁の表を参照して下さい

地域別単価（17頁表）に設計料として工事費の10%を見込んだ単価とした

B．別途工事費

本体工事費A 2,121 万円 × 20% ＝ 別途工事費B 424 万円

C．建築工事費

本体工事費A 2,121 万円 ＋ 別途工事費B 424 万円 ＝ 建築工事費C 2,545 万円

D．諸経費

建築工事費C 2,545 万円 × 5% ＝ 諸経費D 127 万円

E．予備費

150 万円

地鎮祭・上棟式や引越し、水道加入金などの費用として 150万円を見込んだ

F．家づくりの総コスト

建築工事費C 2,545 万円＋ 諸経費D 127 万円 ＋ 予備費E 150 万円 ＝ 家づくりの総コストF 2,822 万円

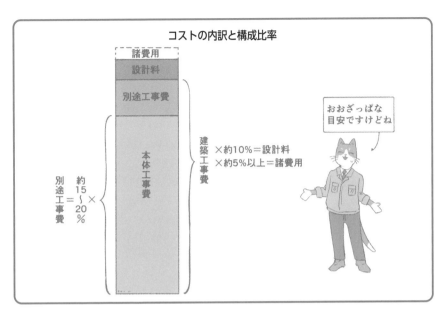

■ 前提条件
土地　120m²（取得済）
建物　木造、在来工法
床面積：105m²
借入　フラット 35：1,200 万円（35 年返済）

融資関連費用

紙税　2 万円

銀行融資分 2 万円 ＋ その他融資分 万円 ＝ 印紙税A 2 万円
※融資額による　※融資額による

録免許税　1.2 万円

銀行融資額 （1,200 万円 ＋ その他融資額 万円）× 0.1% ＝ 登録免許税B 1.2 万円

記手数料　5 万円

銀行融資分 5 万円 ＋ その他融資分 万円 ＝ 登記手数料C 5 万円

資手数料　3 万円

銀行融資分 3 万円 ＋ その他融資分 万円 ＝ 融資手数料D 3 万円
※約3万円程度

証料　0 万円

銀行融資分 万円 ＋ その他融資分 万円 ＝ 保証料E 0 万円
※保証会社の場合、30年返済で100万円当たり2万円程度

険料　14.4 万円

火災保険料 12 万円 ＋ 地震保険料 2.4 万円 ＝ 保険料F 14.4 万円
※5年契約の場合、100万円当たり1万円程度　※100万円当たり4千円程度（保険期間1年間）

融資関連費用（4）　25.6 万円

①＋②＋③＋④＋⑤＋⑥

■ 売買・ローン契約の印紙税額

記載金額	印紙税
100万円超500万円以下	2,000円
500万円超1千万円以下	1万円
1千万円超5千万円以下	2万円
5千万円超1億円以下	6万円
1億円超5億円以下	10万円

■ 登記手数料
報酬額の他、登記申請料などの実費がかかります

■ 融資手数料
財形融資は手数料がかかりません

その他

越し費　25 万円

※10〜30万円程度。仮住まいが必要な場合は2回分必要です
現在お持ちの家電品や家具などを処分する場合はその処理費用もみておく必要があります

費　10 万円

※地鎮祭や上棟式、近所挨拶などの費用、10〜20万円程度はみておきましょう

備費　120 万円

※建築中の固定資産税や仮住まい費用、水道加入金、つなぎ融資が必要な場合の関連費用など、予想外の出費に備え、最低100万円程度はみておきたいものです

計　その他費用(5)　155 万円

①＋②＋③

家づくりの総コスト　2,781 万円　（1）＋（2）＋（3）＋（4）＋（5）

家づくりコストの概算シート（計算例）

家づくりコストの概算シート［詳細版］

(1)　土地関連費

項目	計算
①土地代 A　0 万円	土地面積［　］m² × 購入単価［　］万円／m² ＝ 土地代A［　］万円
②仲介手数料 B　0 万円	土地代A［　］万円× 3% ＋ 6万円 ＝ 仲介手数料B［　］万円
③土地調査費 10 万円	（一式5万～10万円程度）
小計　土地購入関連費(1) 10 万円	①＋②＋③

(2)　建築工事費

項目	計算
④本体工事費 A　2,121 万円	床面積［105］m² × 工事単価（設計料込）［20.2］万円／m² ＝ 本体工事費A［2,121］万円
⑤別途工事費 B＋C＋D　452 万円	古家床面積［　］m² × 撤去工事単価［　］万円／m² ＝ 既存家屋撤去工事費B［　］万円 ※1万円前後 土地面積［120］m² × 外構工事単価［2］万円／m² ＝ 外構工事費C［240］万円 ※標準で1～3万円程度 本体工事費A［2,121］万円× 10% ＝ 設備工事・家具購入費D［212］万円
小計　建築工事費 (2) 2,573 万円	①＋②

(3)　税金・登記費用

項目	計算
⑥印紙税 A　1 万円	土地売買契約分［　］万円 ＋ 工事請負契約分［1］万円 ＝ 印紙税A［1］万円 ※契約金額による　※契約金額による
⑦登録免許税 B　2 万円	土地移転登記分［　］万円 ＋ 建物保存登記分［2］万円 ＋ 建物滅失登記分［　］万円 ＝ 登録免許税B［2］万円 ※評価額による　※評価額による　※撤去家屋がある場合1件あたり0.1万円
⑧不動産取得税 C　2 万円	土地取得分［　］万円 ＋ 建物取得分［2］万円 ＝ 不動産取得税C［2］万円 ※評価額による　※評価額による
⑨登記手数料 D　12 万円	表示登記分［10］万円 ＋ 保存登記分［2］万円 ＝ 登記手数料D［12］万円 ※土地購入がある場合は15万円、ない場合は10万円程度　※土地移転登記、建物保存登記とも2万円前後
小計　税金・登記費用(3) 17 万円	①＋②＋③＋④

■ 工事請負契約の印紙税額（～20

契約金額	印
1万円超200万円以下	20
200万円超300万円以下	50
300万円超500万円以下	1,0
500万円超1千万円以下	5,0
1千万円超5千万円以下	1万

■ 登録免許税
［土地］評価額×1.5%
［建物］評価額*×0.15%
*本体工事費の60%程度が目安

■ 不動産取得税
［土地］評価額×1/2×3%－控
*4.5万円または床面積に応じた
［建物］（評価額－1,200万円）×

■ 登記手数料
左記の金額例は報酬額で、この
登記申請料などの実費がかかり

007

自己資金は最低20％

家づくりの資金計画で、知っておきたい3つのポイント

トクする知識

◯**自己資金**　20〜30％以上
◯**返済額の限度**　年収の25％以下
◯**金利1％の差**　総返済額で約150万円
（金利は借入額1000万円25年返済）

住宅資金の基本になる３つのポイントを知っておきましょう。

まずは自己資金の割合です。フラット35など建設費の１００％まで融資する住宅ローンもあるため、頭金10％でも購入が可能です。しかし、戸建住宅を新築する場合は、支払い時期の関係もあり、自己資金10％というわけにはいきません。総費用の20〜30％程度を用意するのが望ましいといわれています。

２つめは住宅ローンの選び方。長期返済の住宅ローンは１％の金利差が総返済額に大きく影響します。また、金利が固定金利か変動金利かも重要。変動金利は目先の金利は低くても、将来、金利が上昇すると予想以上に返済額が増えることも。金利水準だけでなく、金利が固定か変動かも考えて選びましょう。

３つめは借入金額。いくら借りられるかではなく、家計上、余裕をもって返済できる金額はいくらなのか、という観点からローン金額を考えることが大切。一般的には返済額は年収の25％以下に抑えることが望ましいといわれますが、年収によって家計の余裕度が違うことを忘れないようにしましょう。

ここがポイント

自己資金

分譲マンションなどで提携ローンがついている場合は、頭金10％程度でも購入可能だが、新築戸建注文住宅の場合は、支払時期の関係もあり、総費用の20〜30％の自己資金の用意が望ましい

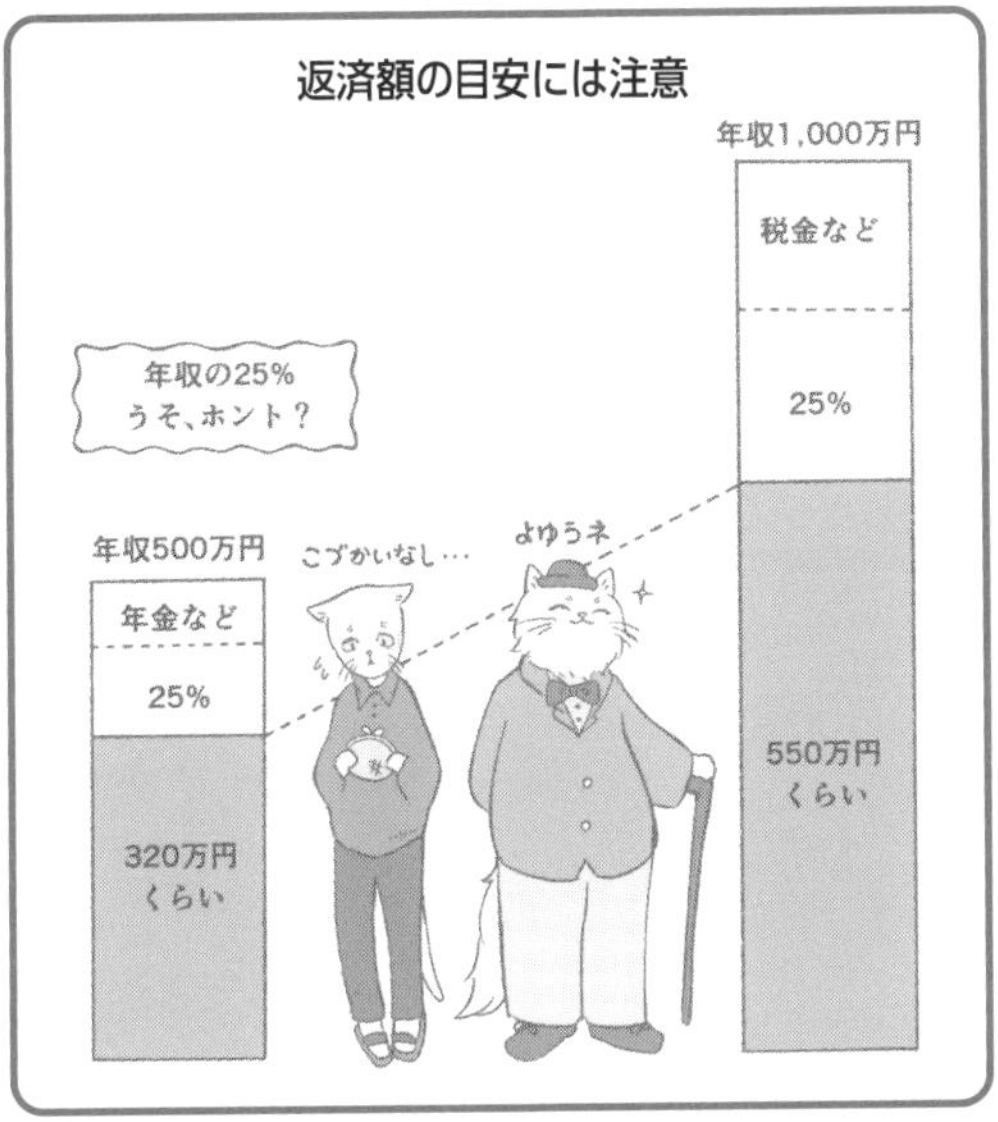
返済額の目安には注意
年収の25%
うそ、ホント？
年収500万円
年金など
25%
320万円
くらい
こづかいなし…
よゆうネ
年収1,000万円
税金など
25%
550万円
くらい

1
自己資金は
総費用の
20〜30%以上
2
有利な資金を
利用する
BANK

3
余裕を
もった
返済計画

金利差１%の違い
一千万円
一千万円
一千万円
一千万円
借りたとき
二千万円
借りたとき

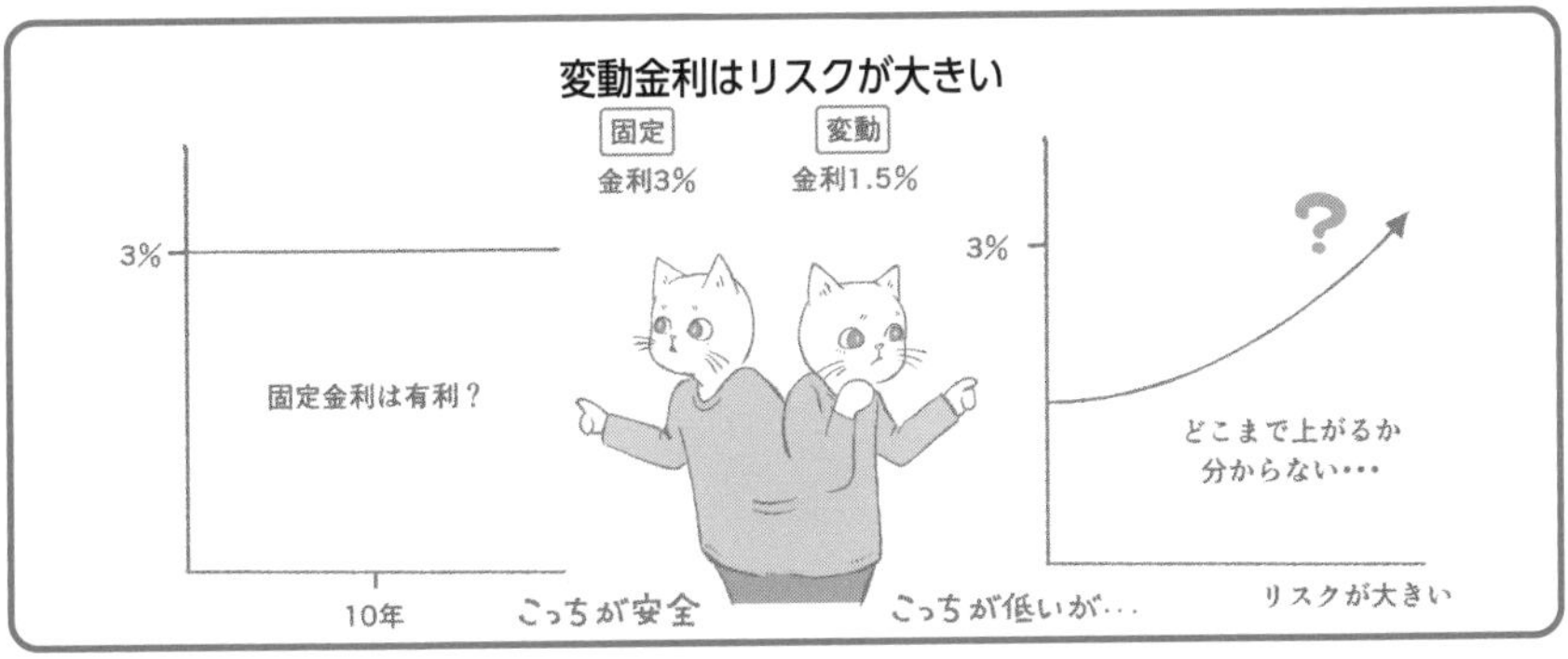
変動金利はリスクが大きい
固定
金利3%
変動
金利1.5%
3%
固定金利は有利？
10年
こっちが安全
3%
どこまで上がるか
分からない・・・
こっちが低いが…
リスクが大きい

008

ローンで得する積立

自己資金をつくるには財形住宅貯蓄が有効。フラット35と併用も

自己資金をつくるのに有効な手段の一つが「財形住宅貯蓄」。勤務先の企業がこの制度を用意していて、一般財形貯蓄、財形年金貯蓄、財形住宅貯蓄のいずれかを1年以上積立を続け、残高が50万円以上あれば財形住宅融資を利用することができます。

財形住宅融資には、勤務先を通して申込む財形転貸融資、住宅金融支援機構の財形住宅融資があり、機構の場合、融資限度額は財形貯蓄残高の10倍（最高４０００万円）。比較的低金利で、5年ごとに金利が見直される5年固定金利制のため、安定した返済をすることが可能ですし、借入れ時の融資手数料や保証料が不要になります。

また、フラット35と併せて利用することも可能なうえ、夫婦それぞれで申込むこともできます。フラット35と併用すれば、長期固定金利の安心感と低金利のメリットを組み合わせた資金計画も可能となります。

トクする知識

- **財形住宅貯蓄**　550万円まで非課税
- **財形住宅融資**　最高4000万円 金利1.3%（※）

※団体信用生命保険に加入しない場合

ここがポイント

財形住宅融資

財形貯蓄を1年以上続け、残高が50万円以上ある人は、住宅取得で残高の10倍まで（最高4000万円）の融資が受けられる。金利は5年ごとに金利を見直す5年固定金利制

財形住宅貯蓄の特徴

概要	勤労者が住宅を取得する目的で、給料や賞与からの天引きによって資金を積み立てるもの
取扱機関	金融機関など
積立方法	事業主を通じて給料から天引きで預入をする
積立期間	5年以上
申込条件	1人1契約 契約締結時に55歳未満の勤労者であること
メリット	利子課税が550万円まで非課税（ただし、財形年金貯蓄と合算して） 「財形住宅融資」が低金利で利用できる
備考	550万円以上での課税扱いも可能（ただし、全額20%※の課税扱い） 転職した場合は、転職後2年以内に転職先の事業主を通して申し出れば、転職先の財形住宅貯蓄に移し替えて継続することができる 住宅の取得や増改築などの頭金に充てる場合を除き、払い出しをしないこと（住宅取得以外の払い出しについては、5年間さかのぼって、利息の20%※が課税される）

※復興特別所得税は除く

住宅金融支援機構の財形住宅融資

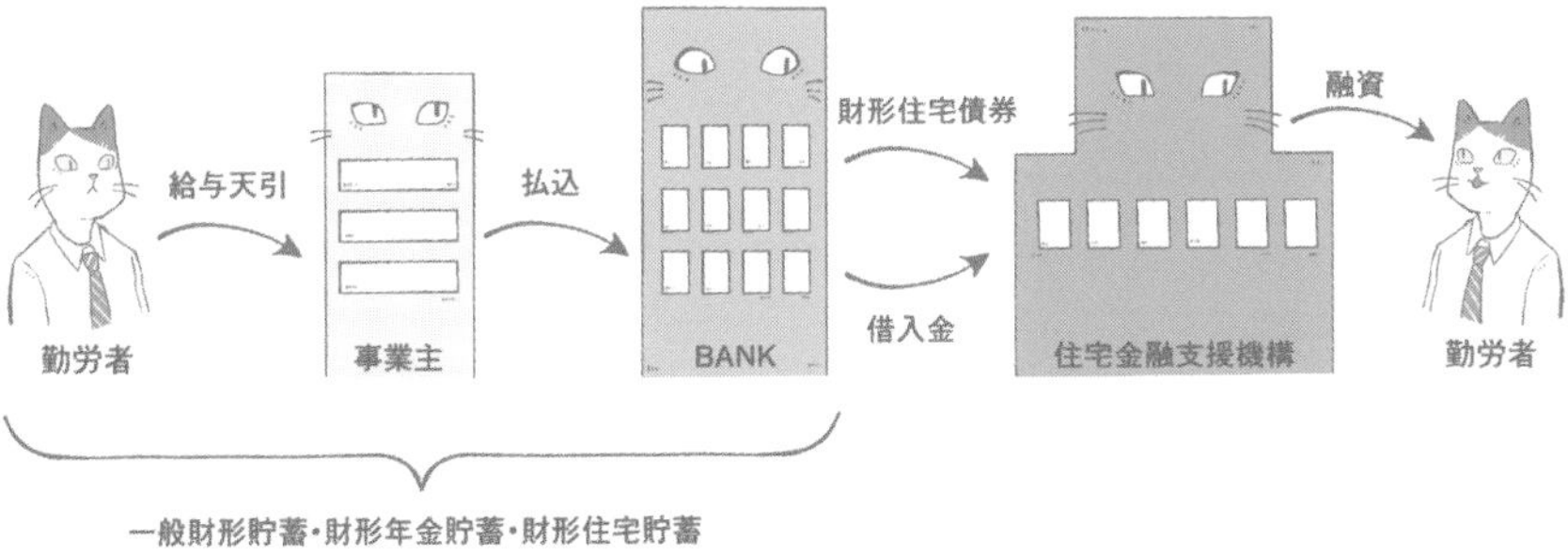

009

自己資金の裏ワザ

今すぐに自己資金を増やす方法を探ってみる

トクする知識

- **住宅取得資金贈与は最大1,000万円まで非課税**……相続時精算課税の生前贈与を合わせると最大3,500万円まで非課税

自己資金は自分でこつこつ貯めるだけでなく、両親などに援助してもらう方法も。その際、贈与税の特例を知っておけば節税も可能。

まずは「相続時精算課税」の利用。この制度を利用すると、２５００万円［※１］までの贈与は非課税になります。ただし、贈与分を相続財産に加えて相続税を計算されるので、利用に際しては税理士などに相談しましょう。

また、２０２３年12月31日までであれば、両親だけでなく祖父母から住宅取得等資金の贈与を受けた場合でも一定金額までは贈与税がかかりません。２０２３年12月までで省エネ等の基準を満たした良質な住宅であれば毎年の基礎控除額１１０万円を加えた１１１０万円まで、相続時精算課税を選択した場合には３５００万円まで非課税になります。

親との共有名義で家を建てるのも一つの方法。負担した資金の比率に応じて住宅を共有名義にすれば、税金の問題はありません。

親から資金を借りるという方法もあります。親からの借金でも、他の借入金の返済などを含めて収入的に十分返済可能な状況で、返済の事実があれば借入金として認められます。

ここがポイント

共有名義

贈与税の非課税範囲を超えて、親からの資金援助を受ける場合は、負担した資金の比率に応じて、住宅を親との共有名義にすれば贈与税はかからない

※１　2024年以降はさらに年110万円までの贈与も非課税になる

住宅取得等資金の贈与税の非課税の特例の概要

要件	■2023年12月31日までの間に受けた贈与 ■贈与を受ける者が、その年1月1日において20歳以上であること ■贈与を受ける者の直系尊属からの贈与 ■贈与を受けた年の年分の所得税に係る合計所得金額が2,000万円以下[※2]であること ■贈与を受けた年の翌年3月15日までに、住宅取得資金の金額を充てて住宅用家屋の新築もしくは取得または増改築等をし、居住すること
内容	■契約締結時期により非課税限度額が異なる ■暦年課税又は相続時精算課税の従来の非課税枠とあわせて適用可能

贈与税の課税制度の比較

	住宅取得資金の贈与税の非課税の特例	相続時精算課税	暦年課税
適用期限	2023年12月31日まで	住宅取得のための特例は2023年12月31日まで	
非課税枠※2	～2023年12月　1,000万円／500万円	2,500万円(2024年以降はさらに110万円／年までも非課税) (ただし、相続財産に加算)	110万円
贈与を受ける者	贈与の年の1月1日現在で18歳以上の子・孫で合計所得金額2,000万円以下[※2]の人	贈与の年の1月1日現在で18歳以上の子・孫	制限なし
贈与をする者	父母・祖父母等の直系尊属	贈与の年の1月1日現在で60歳以上の父母・祖父母(住宅取得等のための資金の贈与では60歳未満でもよい)	制限なし
適用対象	自己居住用住宅の新築・取得・増改築等のための資金	制限なし	制限なし

資金援助を受ける場合の特例

〈暦年課税〉　〈相続時精算課税〉

最高1,110万円まで非課税　**最高3,500万円まで非課税**

※2　床面積 40 ～ 50 ㎡未満の場合は 1,000 万円以下

010

ローン返済の鉄則

返済方法と金利の種類の違いが返済額に影響する

トクする知識

- **元利《がんり》均等返済**　毎月の支払額は同じ
- **元金《がんきん》均等返済**　元金が早く減る
- **変動金利**　市場動向により上昇リスクがある。短期間で変動することも。

住宅ローンは返済方法や金利の種類の選び方で使い勝手が大きく異なります。

まず返済方法。一般的な返済方法は「元利《がんり》均等返済」です。これは、毎月返済する元金《がんきん》と金利の合計額が一定になる返済方法です。毎月の返済額が一定だと、家計のやりくりを考えるときに便利です。しかし、この返済方法は、当初は元金よりも金利分の方が多く、元金がなかなか減りません。この欠点を補えるのが「元金均等返済」。これは毎月均等にした元金に金利がかかってくる方法。当初の返済額は高めですが、元金の減りは早く、利息が元利均等返済よりも少ないため返済総額も少なくなります。

金利には大きく分けると固定金利と変動金利の2種類があります。固定金利は金利水準が固定されるもの。長期固定金利の代表には「フラット35」があります。変動金利は、短期プライムレートや長期プライムレートなどに連動して随時変動していく金利。一般的には固定金利より変動金利の方が低い傾向にありますが、今後の市場動向によっては上昇するリスクもあることを覚えておきましょう。

ここがポイント

元利《がんり》均等返済

最も一般的で、毎月返済する元金と金利の合計額が一定になる返済方法

元金《がんきん》均等返済

元金を毎月均等額返済する方法。元金が着実に減り、返済額は徐々に減る

元利《がんり》均等返済と元金《がんきん》均等返済

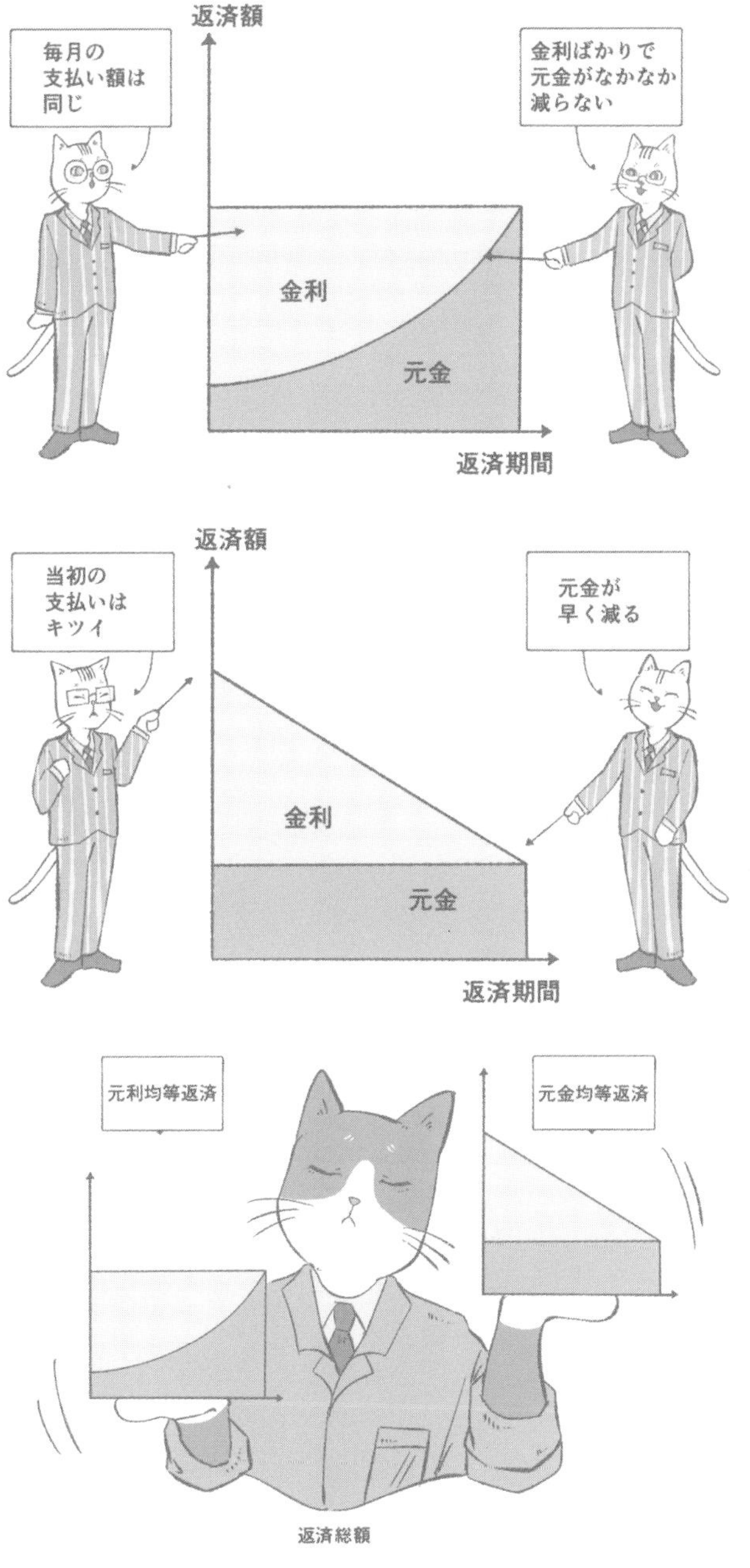

011

ローン選びのコツ

ローンの特徴や金利の種類を詳しくチェックする

住宅ローンには、「フラット35」などの長期固定金利のものや、一定期間、固定金利が適用される固定金利選択型など、さまざまな特徴を持った民間融資があります。

また、財形住宅融資や自治体融資などの公的融資もあります。それぞれに特徴があるので各窓口に問い合わせ、自分にとって有利なものを選びましょう。

●**財形住宅融資（住宅金融支援機構）** 5年固定金利制。返済期間10年以上35年以内

●**自治体融資** 住宅ローンの利子の一部を補給してくれる制度が主流。条件については各自治体に問い合わせを

●**フラット35（民間融資）** 全期間固定金利、返済期間15年以上35年以内（60歳以上の場合は10年以上）。フラット35金利引き下げメニューは、ポイント数に応じて当初10年間、または5年間金利を年0.25%～0.5%引き下げ

●**フラット50（民間融資）** 全期間固定金利、返済期間36年以上50年以内（完済上限80歳）、認定長期優良住宅であること

●**住宅ローンなど（民間融資）** 金利タイプ、借入れ・返済条件もさまざま

トクする知識

●**固定金利選択型ローン** 近い将来に多額の繰り上げ返済の見込みがある場合は、他のローンより有利になる可能性も

ここがポイント

固定金利選択型ローン

一定期間だけ固定金利が適用され、その期間の終了後に固定金利と変動金利を再選択できるローン

住宅別・借りられるローンのチャート

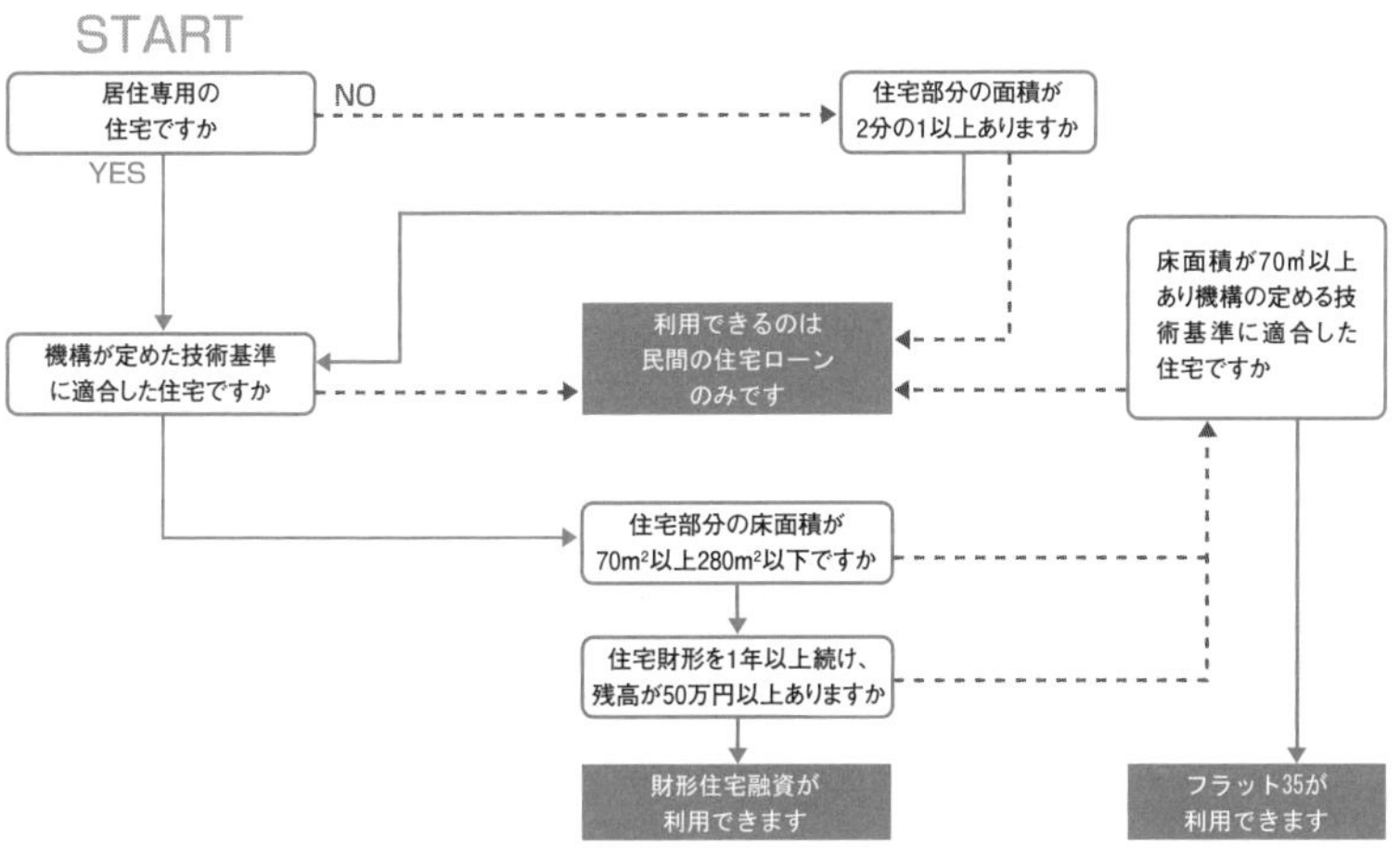

借りられるローンのチャート

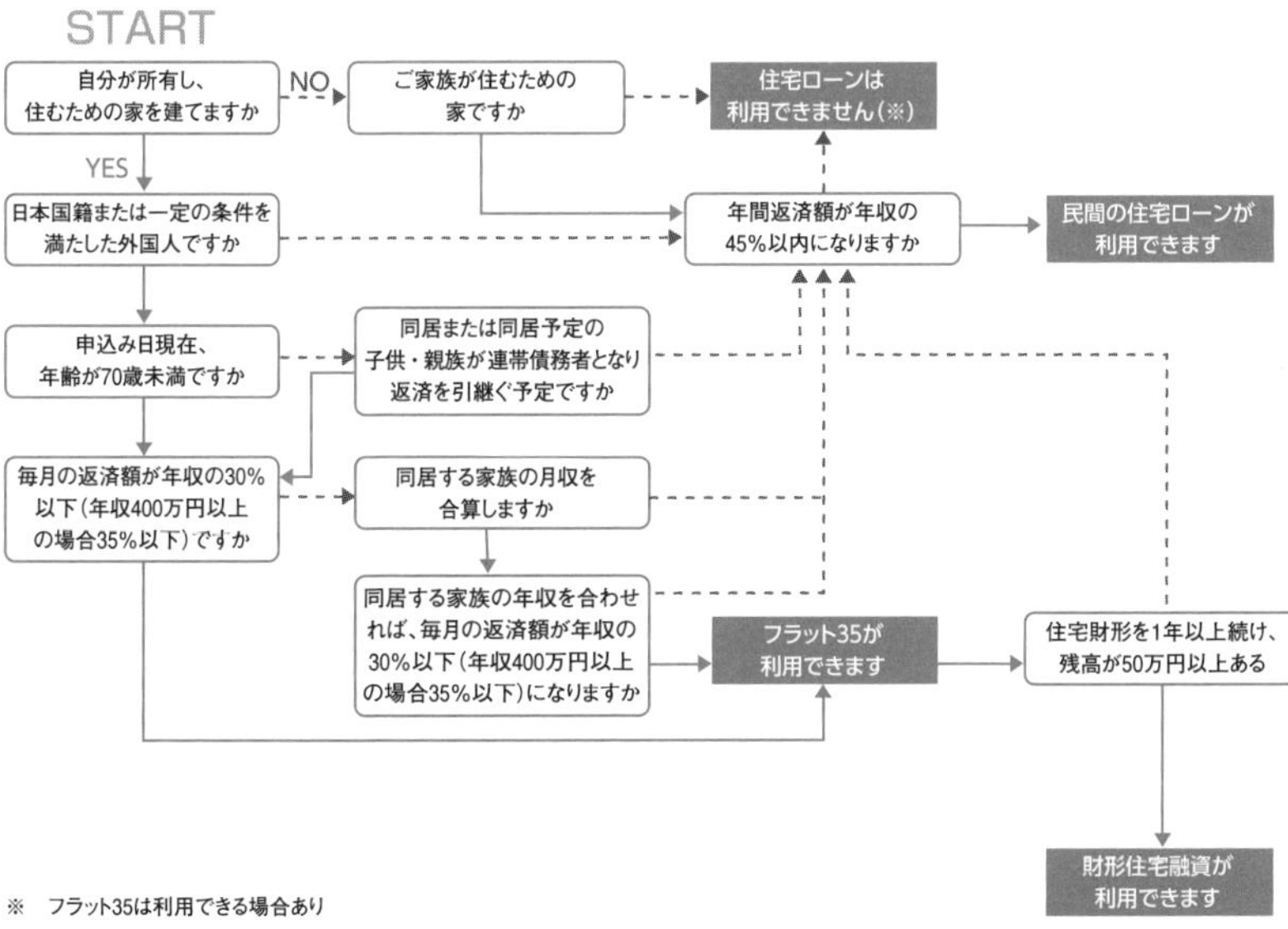

※ フラット35は利用できる場合あり

012

フラット35の限度額

年収によっても融資限度額は違ってくる

住宅ローンの限度額は、いくら借りられるかではなく、家計の余裕からみて、いくら返せるかで考えることが原則です。とはいえ、ローンの種類によって限度額も決まっていることも知っておきましょう。

住宅金融支援機構がバックアップするフラット35の融資限度額は全国一律で８０００万円（建設費または購入価額）ですが、年収によって決まる年間返済額の限度があります。借入れる人の年収が４００万円未満の場合は年間返済額が年収の30％以下、年収４００万円以上の場合は年収の35％以下になる金額までしか借入れることができません。たとえば、左頁の試算をみてみましょう。年収８００万円の人の場合、年間に返済できる限度額は２４５万円、毎月返済額では約20万円までです。

なお、フラット35を利用するには、住宅面積70㎡以上、自分で所有して居住する住宅であることなどの条件をクリアしていることが必要。申込者の条件は、申込日現在で原則70歳未満という年齢条件があります。

トクする知識

●借入限度額　全国一律8,000万円（建設費または購入価額）
※保証料や繰り上げ返済の手数料が不要で敷地面積の制限もない

ここがポイント

フラット35の最低融資条件

住宅面積：70m²以上
※住宅金融支援機構が定めた技術基準に適合していること。フラット35Sなどの技術基準を満たすとさらに優遇される

フラット35の借入限度額算出シート(例)

■ 試算者のプロフィールと物件概要
- 年収：700万円
- 所要額：2,500万円（土地は取得済み）
- 建物：105㎡、木造

フラット35融資の借入限度額算出シート

1. 所要額からのフラット35融資限度額

所要額 2,500 万円 × 融資割合100% ＝ 2,500 万円 ―― a

※建設費＋土地購入費

2. 財形住宅融資

所要額　　万円 × 90%＝　　万円 ―― A

申込時点の財形貯蓄残高合計　　万円 × 10 ＝　　万円 ―― B

財形住宅融資限度額

A、Bおよび4,000万円のうち最も小さい額　財形融資限度額 c　　万円

3. 年間返済額のチェック 1~2で求めた借入限度額をもとに、あなたが必要な借入額をそれぞれ設定し、必要月収（千円未満は切り捨て）の確認を行ってください

フラット35借入額の必要月収

フラット35融資額 a 以下の額で設定 a'　100万円当たりの返済額（48頁の表参照）　フラット35借入の必要月収

2,500 万円 ÷ 100万円 × 3,061 円 ÷ 0.35 ＝ 218,643 円 ―― ①

（金利：1.5 %、返済期間：35 年）

※年収400万円未満の場合0.3
年収400万円以上の場合0.35

財形借入額の必要月収

財形借入額 c以下の額で設定 c'　100万円当たりの返済額（48頁の表参照）　財形借入の必要月収

　　万円 ÷ 100万円 ×　　円 ÷ 0.35 ＝　　円 ―― ②

※年収400万円未満の場合0.3
年収400万円以上の場合0.35

（金利：　　%（全期間同一型・段階金利型）、返済期間：　　年）

必要月収の合計

① ＋ ② ＝ 218,643 円 ―― ③

上記で設定した借入額において、以下の式を満たすことが必要となります。
満たさなかった場合は借入額もしくは借入条件を変更し、再度検討を行ってください。

年収 7,000,000 円 ÷ 12 ＝ 583,333 円 ≧ 必要月収③ 218,643 円 OK!

※フラット35の金利はhttps://www.flat35.comで確認してください

013

フラット35の金利引き下げメニュー

省エネ性能の高い住宅や子育て世帯は金利が下がる

フラット35には、金利を引き下げるためのさまざまなメニューがあります。その種類の多さから、それぞれのメリット・デメリットや、自分にはどれが適しているのか、理解しづらい面がありました。

そこで、2022年10月以降の借入申込受付分から、金利引き下げ制度がポイント制になりました。具体的には、金利引き下げメニューごとにポイントが定められていて、合計のポイント数に応じて金利の引き下げ幅や引下げ期間が決まるというものです。

たとえば、フラット35S（ZEH）に該当する住宅の場合には3ポイント、長期優良住宅に該当する場合には1ポイント、両者に該当する場合には4ポイントとなります。3ポイントの場合には当初5年間年▲0.5%・6～10年目までは年▲0.25%ですが、4ポイントの場合には当初10年間年▲0.5%になります。

①住宅性能、②管理・修繕、③エリアの各グループから1項目ずつメニューを選択できるので、少しでも低い金利でローンを組めるよう、上手に選択するとよいでしょう。

トクする知識

- **省エネ性能の高い住宅ほど金利が下がる**
  ZEH 住宅は当初 5 年間、年 0.5%引き下げ
- **子育て世帯や地方移住者も金利が下がる**
  フラット 35 地域連携型なら当初 10 年間年 0.25%引き下げ

ここがポイント

最大当初 10 年間年▲ 0.5%金利の引き下げが可能

各グループから 1 項目ずつ選択。フラット 35「金利引下げ内容確認」ページでは、金利引き下げのシミュレーションが可能※

※https://www.flat35.com/simulation/simu_07.html#anchor_judgment

フラット35金利引き下げメニュー
ポイント制の概要

下記1～3のグループごとに1つずつ、金利引き下げメニューを選択できる。
金利引き下げの内容は原則下表の4パターン。

1. 住宅性能で選ぶ

フラット35S ZEH	ⓅⓅⓅ	3P［※1］
フラット35S 金利Aプラン	ⓅⓅ	2P［※1］
フラット35S 金利Bプラン	Ⓟ	1P

↓

2. 管理・修繕で選ぶ

長期優良住宅	Ⓟ	1P［※1］

↓

3. エリアで選ぶ

（フラット35地域連携型）

子育て支援・空き家対策	ⓅⓅ	2P
地域活性化	Ⓟ	1P

（フラット35地方移住支援型）

地方移住支援型	ⓅⓅ	2P［※2］

↓

合計ポイント数に応じて金利引き下げ

1ポイント	2ポイント	3ポイント	4ポイント以上
当初5年間 年▲0.25%	当初10年間 年▲0.25%	当初5年間 年0.5% 6～10年目まで 年▲0.25%	当初10年間 年▲0.5%

※1 長期優良住宅の認定を受けている場合、「1. 住宅性能で選ぶ」「2. 管理・修繕で選ぶ」でそれぞれ該当するポイントの合計となる
※2 単独利用時、上記によらず当初10年間▲0.3%

014

その他の民間ローン

利用する金融機関によって限度額を決める条件は違う

民間の住宅ローンは、金融機関によって詳細は異なりますが、全般的には公的融資よりも条件は緩やかで、ローンの種類も豊富です。

たとえば、建築基準法などの法的制限を満たしている住宅であれば、物件による制限はありません。金利の種類も変動金利型、固定金利型、固定金利選択型など、さまざまなものがあります。固定金利選択型にはフラット35よりも低金利のものもあり、それぞれの資金計画に合わせたローンの選択がしやすくなりました。

民間ローンの場合、年収に応じて年間のローン返済額の占める割合の限度が決められています。たとえば、年収３００万円未満では25％以下、３００万円以上４００万円未満では30％、４００万円以上では35％というように、各金融機関が独自に設定しています。

借りるときの条件はフラット35に比べて緩やかですが、ポイントは返すときに楽かどうかということです。左頁に借入限度額の算出シートを用意していますので、公的融資と比較検討して、余裕のある返済計画を立ててください。

トクする知識

●民間ローンの限度額の目安

ローン限度額　5千万～1億円以内

ローン返済額　おおむね年収の25～40％

ここがポイント

民間ローン

1円からいつでも繰り上げ返済可能なローン、フラット35よりも有利な金利のローンなど、魅力的なローンも存在する

民間ローンの借入限度額算出シート（例）

■ 試算者のプロフィールと物件概要
年収:700万円
物件価格:2,600万円（土地は取得済み）

民間融資の借入限度額算出シート

当該銀行の融資限度額

5,000 万円 ―― ①
※銀行によって異なります

所要額からの融資限度額

所要額 その他の借入額 融資割合

（2,600 万円 − 0 万円）× 100 % ＝ 2,600 万円 ―― ②

※建設費＋土地購入費

※土地を所有済の場合は100%、土地購入費も借り入れる場合は80%

①と②のうち小さい額

融資限度額 2,600 万円 ▶ 借入予定額 2,600 万円 ―― ③

（金利：2.0 %、返済期間：30 年）

年間返済額からのチェック

年収 返済比率

7,000,000 円 × 35 % ＝ 2,450,000 円 ―― ④

■ 年間返済額比率

年収	返済比率
200万円以上 300万円未満	25%以内
300万円以上 400万円未満	30%以内
400万円以上	35%以内

※返済比率の条件は金融機関によって異なります

③の借入予定額 ③の100万円あたりの返済額（48頁の表参照） その他の借入の返済額計

（2,600 万円 ÷ 100万円 × 3,696 円 ＋ 0 円）× 12 ＝ 1,153,152 円 ―― ⑤

※年間返済額合計÷12

上記で設定した借入額において、以下の式を満たすことが必要となります。満たさなかった場合は借入額もしくは借入条件を変更し、再度検討を行ってください。

④ 2,450,000 円 ≧ ⑤ 1,153,152 円 OK！

※なお、民間融資の金利は2.0%でも、通常、銀行では返済額のチェックは4%程度の金利で行うなど、借入金利と審査金利は異なっている

015

ローン返済の裏ワザ

繰り上げ返済、条件変更、借り換えの3つを知っておく

ローンの上手な返し方のために知っておきたいポイントは3つ。

繰り上げ返済は、返済中に元金《きん》の一部または全部を前倒しで返済すること。毎月の返済額は変えずに返済期間を短くする「期間短縮型」、期間は変えずに毎月の返済額を減らす「返済額軽減型」があります。どちらも利息を少なくできますが、期間短縮型の方が利息軽減効果は大きくなります。

条件変更は、ローンの返済条件である返済期間やボーナスと毎月の返済比率、返済タイプなどを変更する方法。転職で収入が減ったり、逆に共働きを始めて収入が増えたりなど、家計に変化が起きたときに最適な返し方を再検討してみるとよいでしょう。なお、借入先の金融機関ではどんな条件変更が可能かをあらかじめ確認しておくことが大切です。

借り換えは、現在のローンを完済して他のローンに組み替えることです。一般的には、金利の高いローンから低いローンへの借り換えが有利。抵当権設定費用など諸費用がかかりますから、メリットが出るかどうかは、金融機関で試算してもらいましょう。

トクする知識

●借り換えの目安

・ローン残高……1千万円以上
・返済期間……10年以上
・金利差……1%以上

ここがポイント

期間短縮型

毎月の返済額はそのままで、元金《がんきん》と利息が減った分、期間が短縮される。軽減効果大

返済額軽減型

繰り上げ返済後も返済期間は変えずに、毎月の返済額を減らす

繰り上げ返済の仕組み

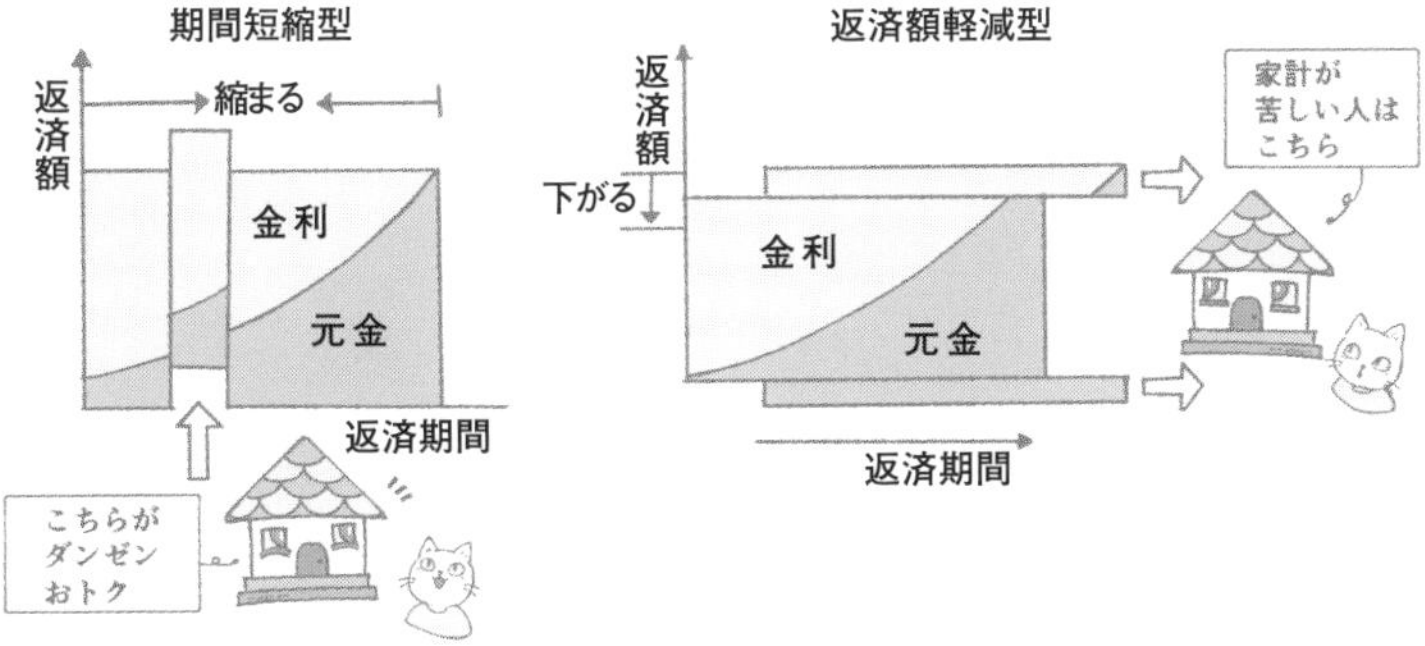

返済条件の変更

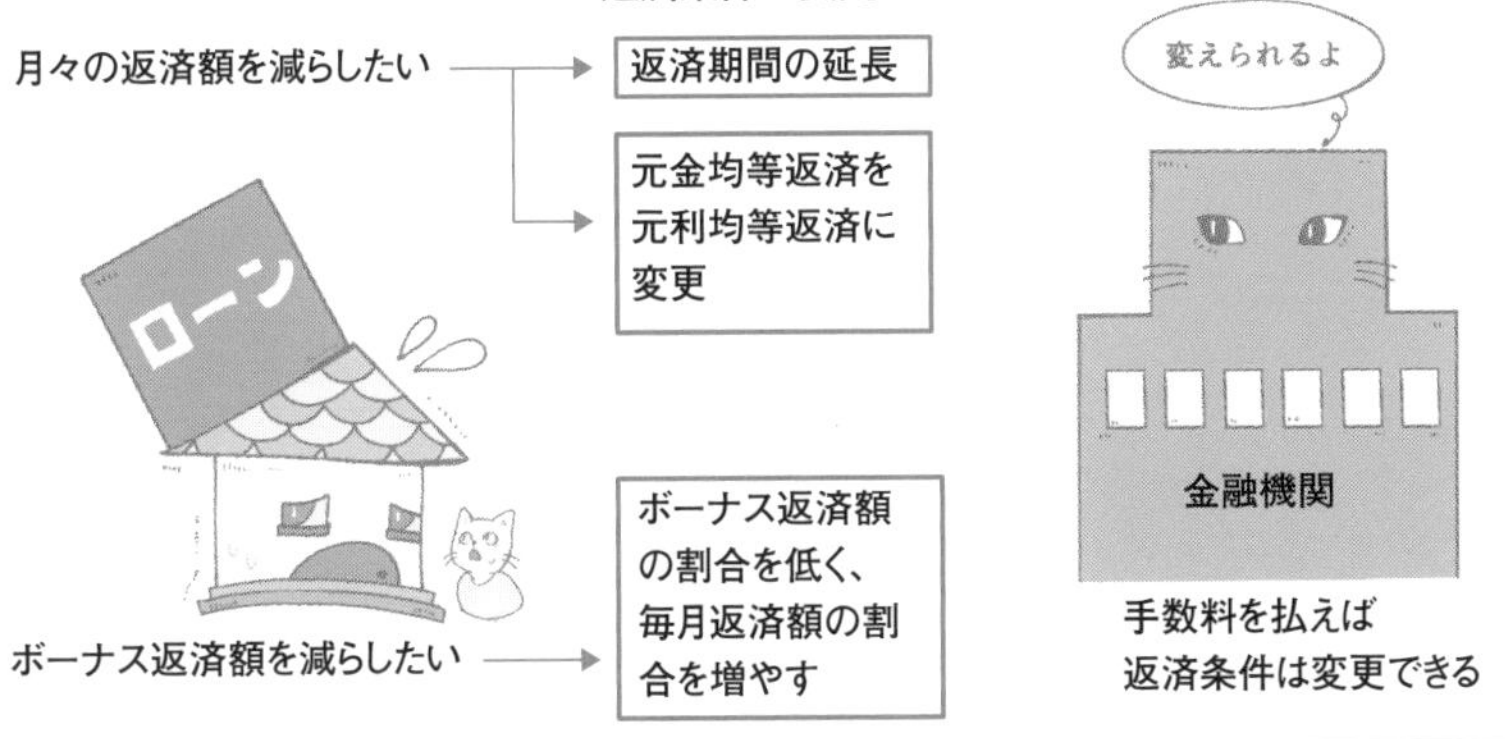

借り換えの目安

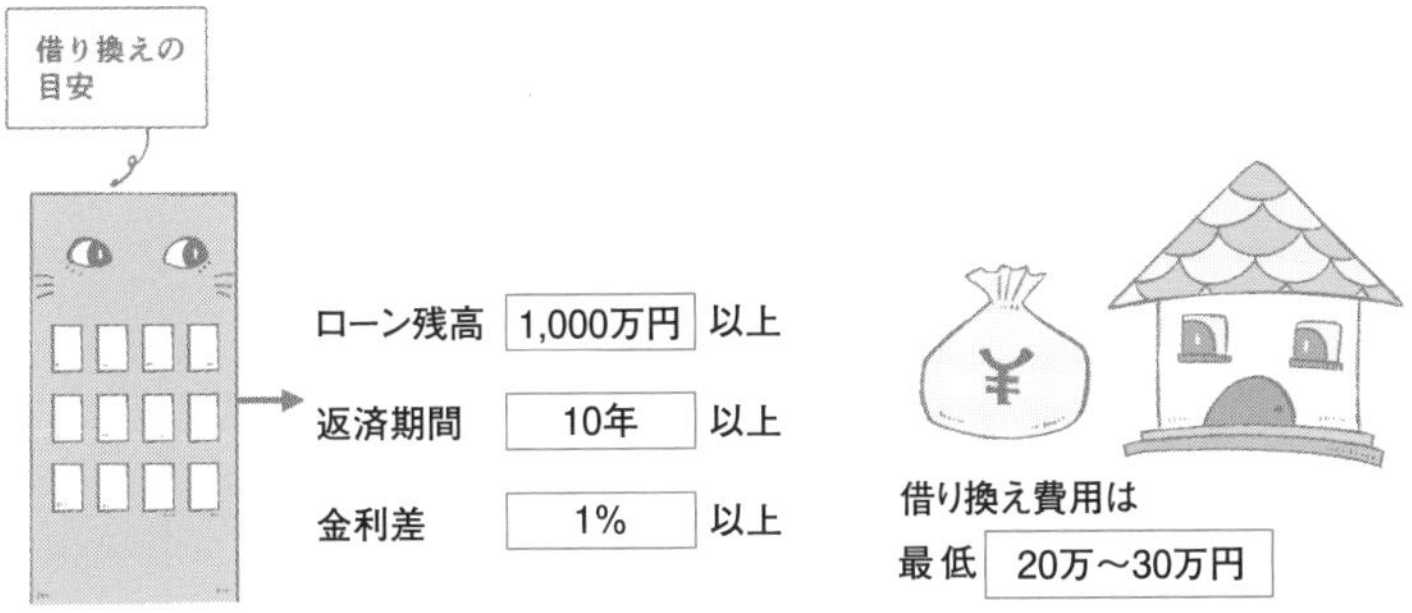

016

支払いスケジュール

いつ、どんな支払いがあるのかを把握する

家づくりには、業者選びから契約、着工、完成、引き渡し、入居という一連の流れがあります。この流れの中で、いつ、どんな支払いが発生して、どんな資金で支払っていくかを把握しておくことが大切です。

典型的な家づくりの流れを左頁に整理しました（土地は確保されている場合）。家を建てようと考え始めた段階では、まず、総額でどれくらいの家を建てるのか、そのための自己資金と住宅ローンは用意できるかという、家づくりの予算を検討します。

予算の目安がある程度つけば、ハウスメーカーや工務店など依頼先選びに入ります（３章１０２～１０７頁参照）。プランの相談や概算見積りを依頼し、その結果予算の修正を行うこともあります。

予算がほぼ確定したら資金計画を立て、ローンの申込みを行います。

資金計画は、住宅金融支援機構の窓口などでも相談に乗ってくれますし、最近は各銀行などでも相談窓口やインターネットでの情報提供を充実させています。こうした情報や窓口は大いに活用しましょう。

トクする知識

- **事前準備段階**　家づくり予算の検討
- **依頼先選びの段階**　資金計画の立案からローンの申込みまで

ここがポイント

分譲マンションの支払いは、申込み時と最終支払いぐらいで、手続きも販売会社の担当者がフォローしてくれるが、戸建住宅の新築では、建築主が支払いスケジュールを立て、資金のやりくりを行う必要がある

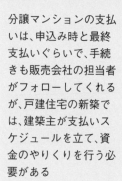

家ができるまでのスケジュールと支払い

家ができるまでの流れ	主な内容	費用
家を建てたい ▼	理想の家のイメージづくり 予算の検討	
業者選び 業者への申込み ▼	モデルハウスの見学 工務店・設計事務所の検討 見積り依頼	契約金・申込金 地盤調査費
資金計画 ▼	借入額・借入先の検討	
設計 ▼	設計契約　※別途設計者に依頼する場合 設計者とプランニングの相談	設計契約金
ローンの申込み ▼	ローン申込書記入 必要書類提出	ローン申込関係書類代 (ローン申込代行手数料)
業者と契約 ▼	工事業者と請負契約	印紙税 建築確認申請費用　etc.
着工 ▼	着手金の支払い	工事着手金（工事・設計） 地鎮祭の費用 [建替えの場合] 解体工事費 引越し代・仮住まい費用　etc.
上棟 ▼	現場審査（検査期間） 中間金の支払い	上棟式の費用 中間金の支払い
完成 ▼	竣工検査(建築主・検査期間) 適合証明申請・交付(フラット35)	
引越し ▼	費用決済 登記 引越し 工事残金支払い	工事費・設計料残金 登記関連費用 引越し代 [つなぎ融資が必要な場合] つなぎ融資利息 ローン事務手数料 etc.
ローン契約 ▼	ローン契約	印紙税　登記関連費用 ローン事務手数料・保証料 火災保険料　etc.
入居 ▼	新築パーティー・近所挨拶 最終資金の受け取り	不動産取得税　家具など購入費 近所挨拶費用　etc.

017

工事着手金と中間金

原則自己資金でまかなう着手金と中間金は支払い額を確認

トクする知識

- **プラン決定から着工段階**
  工事着手金は自己資金で
- **上棟《じょうとう》から完成までの段階**
  中間金の支払い

　プランが決まり依頼先と工事請負《うけおい》契約を結んだら、工事着手金の支払いを行います。着手金の工事費総額に占める比率は依頼先によって違いますが、最低でも2割程度は見込んでおくことが必要でしょう。また、請負契約の前に仮契約があり、設計料や建築確認申請費用を支払う場合も。請負契約後は着工になります。建替《たてか》えの場合は解体費用、滅失登記の費用、引越しや仮住まい費用が必要。

　着工後は上棟《じょうとう》、完成と進みます。契約によっては上棟時に工事費の中間金の支払いが発生するケースもあります。

　住宅ローンは、建物が建って保存登記がされて初めて実行されるため、建物完成までの費用は自己資金でまかなうのが原則です。ただし、財形住宅融資やフラット35を取り扱う金融機関のなかには中間資金のための融資を行っているところもあります。金利や手数料は発生しますが、自己資金に余裕がない人は検討するとよいでしょう。自己資金が不足して困ることのないよう、いつどれくらい現金が必要になるのかを確認し、早めの融資が必要な人は金融機関に相談するとよいでしょう。

ここがポイント

資金調達のポイント

住宅ローンは、原則として家が建って保存登記がされて初めて実行されるので、建物完成までの費用は自己資金でまかなうのが原則となる

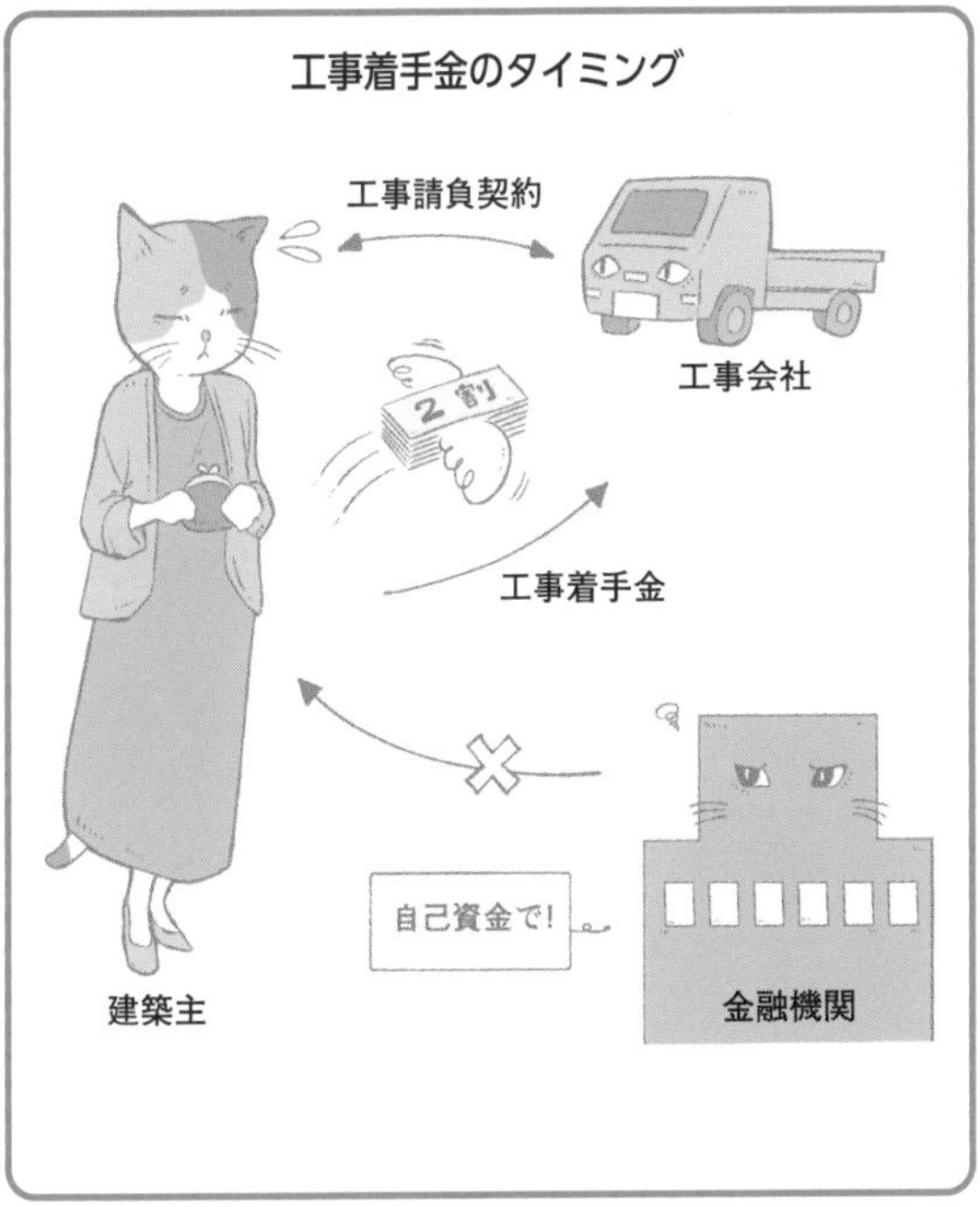

工事着手金のタイミング
工事請負契約
工事会社
2割
工事着手金
建築主
自己資金で!
金融機関

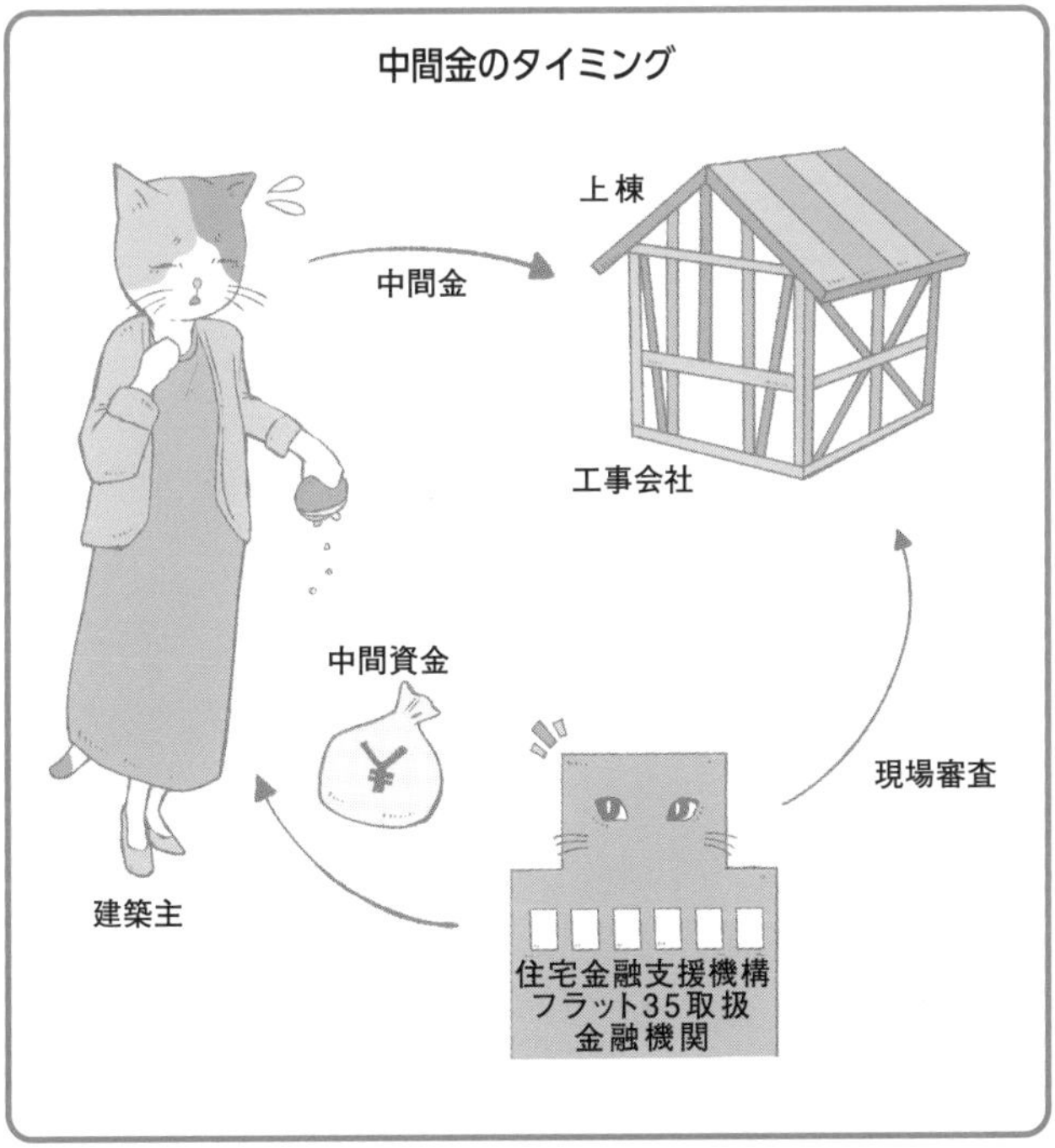

中間金のタイミング
上棟
中間金
工事会社
中間資金
現場審査
建築主
住宅金融支援機構
フラット35取扱
金融機関

018

つなぎ融資

ローン実行日より決済日が早い場合の資金計画を考えよう

トクする知識

●**引き渡し・入居段階**　登記費用・ローン手数料・残金支払い

建物が完成すると引き渡し・入居。この段階で登記費用やローンにかかわる諸費用など、さまざまな費用が発生します。また、最も大きな支払いが、建築費用の残金の支払いです。ローンの実行日よりも、引き渡し・残金の支払い日の方が早い場合には、資金を事前に用意しておく必要があります。つまり、引き渡し時に残金決済を行う契約で融資を利用する方は、資金を受け取るまでの間、別の融資を受ける必要が出てくるのです。このとき利用されるのがつなぎ融資。つなぎ融資の紹介をしてくれるハウスメーカーもありますが、直接金融機関などに相談が必要なことも。

また、ハウスメーカーなど工事会社に残金決済を待ってもらう方法もあります。これは「代理受領」といって、工事会社が金融機関から直接、融資を受け取る契約にしておく方法。ただし、可能かどうかは工事会社次第。また、民間ローンを利用する場合は、柔軟な対応をしてくれることも多いようです。いずれにしても、工事会社と金融機関に早めの相談をしておきましょう。

ここがポイント

つなぎ融資

工事残金の支払いは、引き渡しと同時になる場合が多く、実行日によっては間に合わない。そのため、資金を受け取るまでの間、別の融資を受けること

残金の支払いはつなぎ融資で

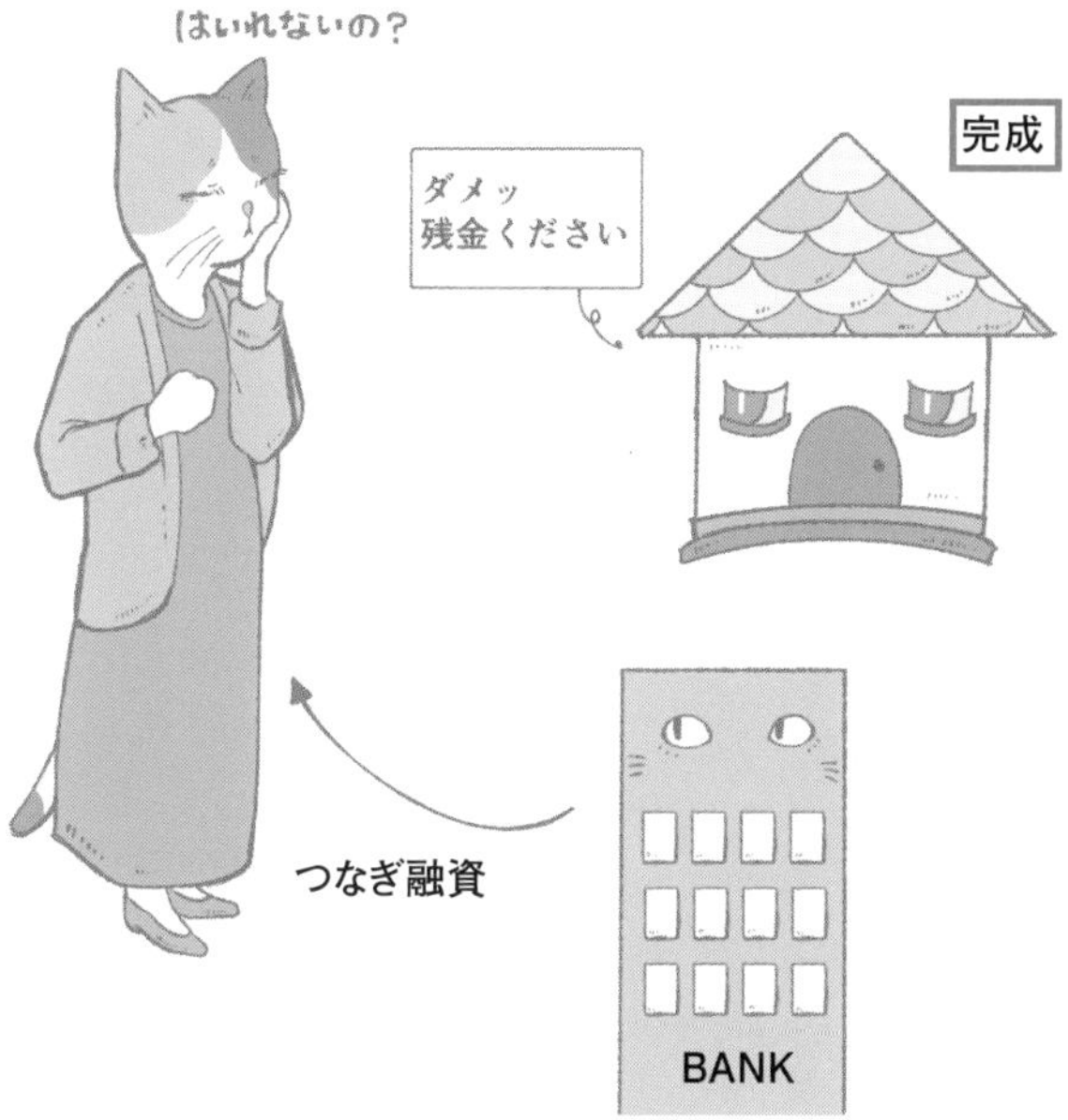

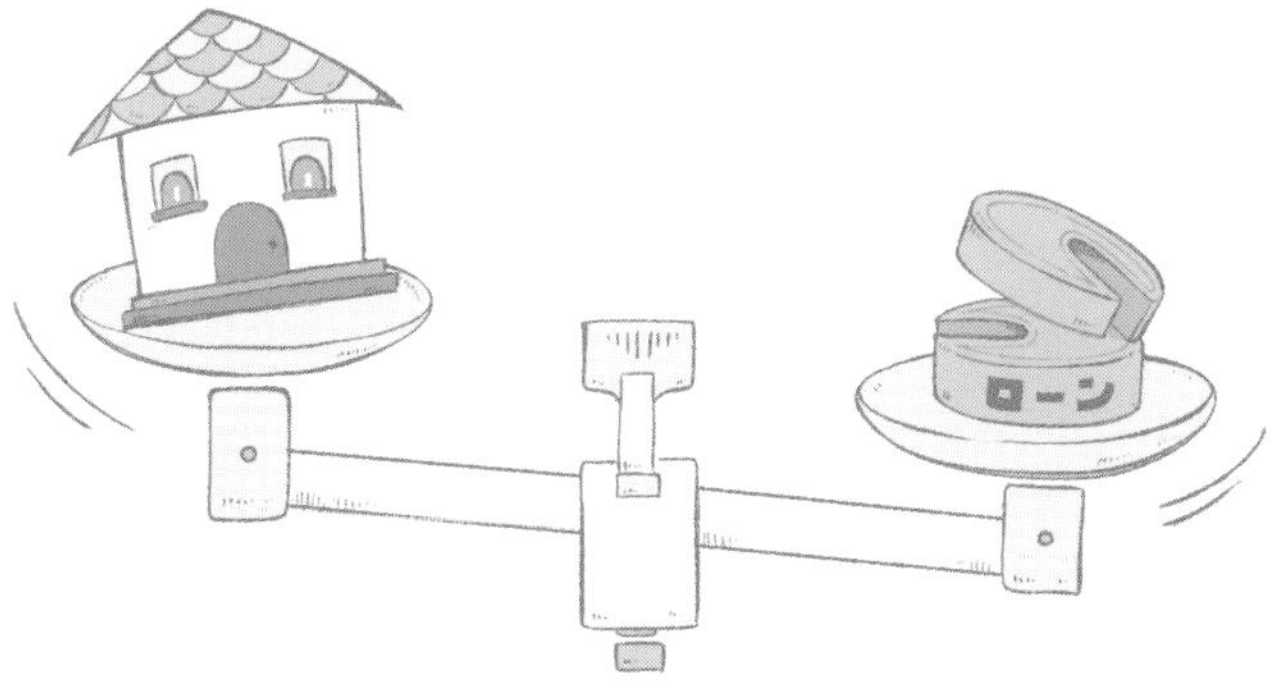

019

得するマネーガイド

住宅ローン控除などで税金を取り戻そう

トクする知識

- **住宅ローン減税**　13年間で最大455万円の所得税が戻る
- **譲渡損失の繰越控除**　買換えの損失を所得から差し引ける

住宅ローン減税は、マイホームを取得するためのローン残高に応じて所得税額を控除する制度。正式には「住宅借入金等特別控除」といいます。一定期間内に契約して２０２５年12月末までに入居した場合、最大13年間で４５５万円の税金が戻ってきます。ただし、最大額が戻ってくるのは、長期優良住宅などの認定住宅で住宅ローン残高が控除期間中５０００万円以上あり、借りた人の所得税額が控除額以上の場合です。

　住宅ローン減税と並んで知っておきたい制度が「譲渡損失の繰越控除制度」。この制度は、マイホームの売却で譲渡損失がでた場合、その損失金額を売却した年の所得から差し引き、引ききれなかった金額については翌年以降最長３年間繰り越して所得から差し引き、所得税と住民税を計算する制度です。住宅ローン控除との併用もできるので、買換えで損がでた人にとってはありがたい制度です。

ここがポイント

住宅ローン減税により所得税額から控除される金額

1〜13年目：ローン残高×0.7%

※ ローン残高は5,000万円（長期優良住宅などの認定住宅の場合）が限度

住宅ローン控除の仕組み

●控除期間13年

1～13年目の控除額	ローン残高×0.7%

※1　上限5,000万円は長期優良住宅などの認定住宅の場合。ZEH水準省エネ住宅は4,500万円、省エネ基準適合住宅は4,000万円、その他の住宅は3,000万円が上限

最大で
455万円
税金が戻る

●ローン残高の上限

入居時期	2023年	2024年～2025年
長期優良住宅・低炭素住宅	5,000万円	4,500万円
ZEH水準省エネ住宅	4,500万円	3,500万円
省エネ基準適合住宅	4,000万円	3,000万円
その他の住宅	3,000万円	0円＊

＊2023年末までに新築の建築確認が行われた住宅は2,000万円、控除期間10年

譲渡損失の繰越控除制度の例

所得 － 買換えの赤字 → 所得税・住民税 の計算

値下がり
買換え
住宅ローン減税も使えます
買い換え専用ローンもあります
BANK

例

買った値段		売った値段		譲渡損失
3,000万円	－	1,000万円	＝	2,000万円

給与所得

当年	500万円	－	2,000万円	＝	－1,500万円
1年	500万円	－	1,500万円	＝	－1,000万円
2年	500万円	－	1,000万円	＝	－500万円
3年	500万円	－	500万円	＝	0円

020

おトクな建物名義

名義をどうするかで節税効果に影響することを知っておく

トクする知識

- 共有者（夫婦）それぞれが住宅ローン減税を受けられる
- 将来の売却時には共有者それぞれが3千万円の特別控除を使える

家づくりの費用を夫婦で負担するなら、家の名義は夫と妻の共有名義にしましょう。負担した費用の割合と異なる登記を行うと、贈与税を課税されるおそれがあります。また、共有名義にすることで税制上のメリットを受けられる場合があります。

たとえば、夫婦2人とも収入があって、住宅ローンを2人で借りて住宅を取得し、共有名義にした場合には、夫婦ともに住宅ローン減税を受けることができます。

また、将来、家を売却して利益がでたときには、同居している共有名義者1人当たり3千万円の特別控除を受けられます。

親からの贈与で家を建てるときも共有名義の検討を。相続税の関係で相続時精算課税を選択しない場合は、資金援助した親も負担額に応じて共有持ち分を持つとよいでしょう。贈与税はかかりませんし、相続の際に共有持ち分を相続すれば、初めに親から住宅資金をもらったのとかかわりはないからです。

共有名義にして配偶者や子供に財産を分散させることで、相続税についても有利に働くわけです。

ここがポイント

贈与の特例と名義

1人当たり年間110万円の非課税枠を超える金額を親から援助してもらう場合は、親に共有持ち分を持ってもらうと贈与税がかからない（24頁参照）

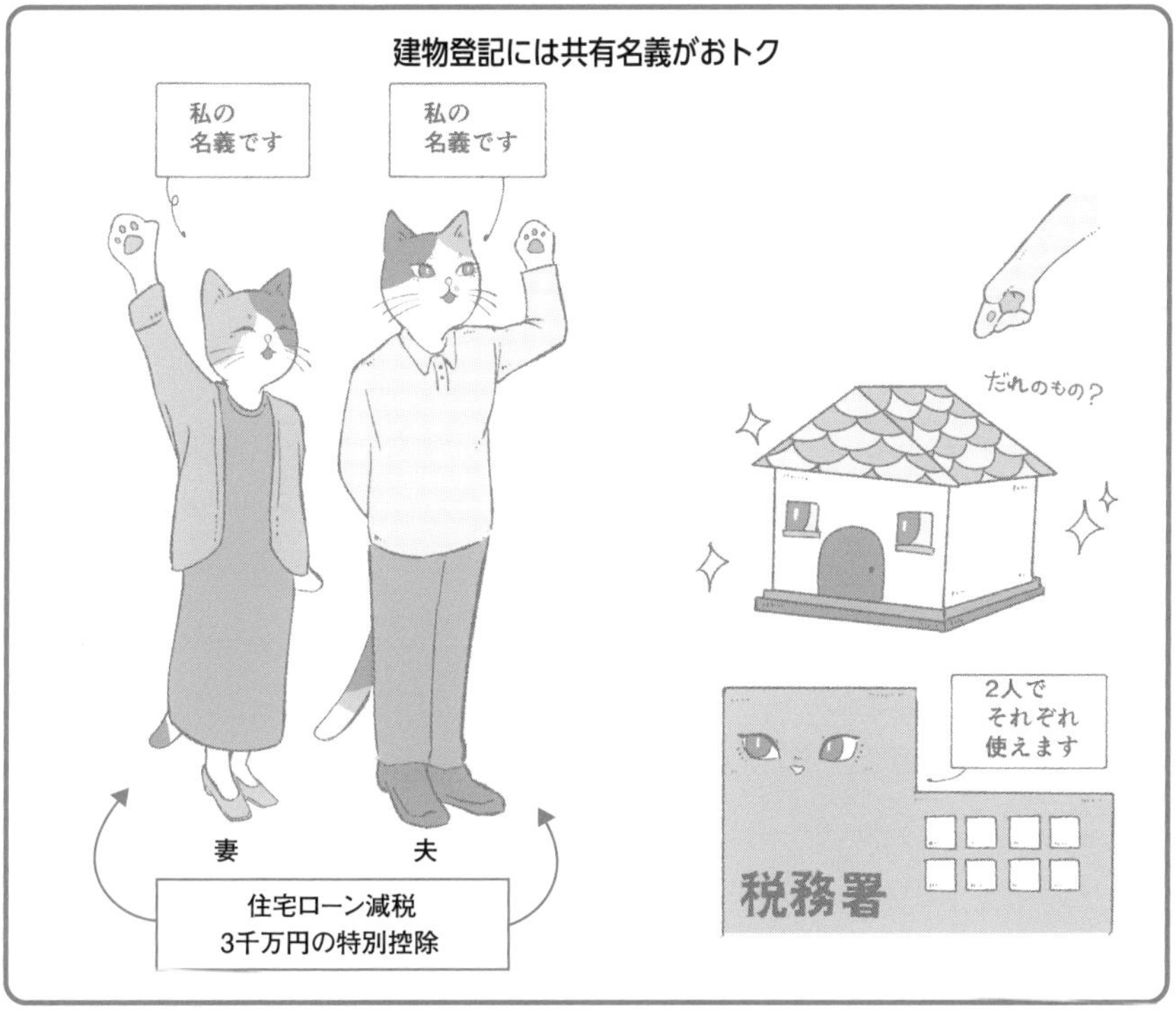
建物登記には共有名義がおトク
私の名義です
私の名義です
だれのもの？
妻
夫
住宅ローン減税
3千万円の特別控除
2人でそれぞれ使えます
税務署

100 万円当たりの毎月返済額

金利・返済期間の違いによる毎月の返済額を示しています。フラット 35 や民間ローンの借入限度額算出シート（33 頁、35 頁）記入のためにお役立てください

（単位：円）

金利（%）		返済期間					
		10 年	15 年	20 年	25 年	30 年	35 年
元利均等返済	0.5	8,545	5,767	4,379	3,546	2,991	2,595
	0.6	8,587	5,810	4,422	3,590	3,035	2,640
	0.7	8,630	5,853	4,466	3,634	3,080	2,685
	0.8	8,673	5,897	4,510	3,678	3,125	2,730
	0.9	8,717	5,941	4,554	3,723	3,170	2,776
	1.0	8,760	5,984	4,598	3,768	3,216	2,822
	1.1	8,803	6,029	4,643	3,814	3,262	2,869
	1.2	8,847	6,073	4,688	3,859	3,309	2,917
	1.3	8,891	6,117	4,734	3,906	3,356	2,964
	1.4	8,935	6,162	4,779	3,952	3,403	3,013
	1.5	8,979	6,207	4,825	3,999	3,451	3,061
	1.6	9,023	6,252	4,871	4,046	3,499	3,111
	1.7	9,067	6,297	4,917	4,094	3,547	3,160
	1.8	9,112	6,343	4,964	4,141	3,596	3,210
	1.9	9,156	6,389	5,011	4,190	3,646	3,261
	2.0	9,201	6,435	5,058	4,238	3,696	3,312
	2.1	9,246	6,481	5,106	4,287	3,746	3,364
	2.2	9,291	6,527	5,154	4,336	3,797	3,416
	2.3	9,336	6,574	5,202	4,386	3,848	3,468
	2.4	9,381	6,620	5,250	4,435	3,899	3,521
	2.5	9,426	6,667	5,299	4,486	3,951	3,574
	2.6	9,472	6,715	5,347	4,536	4,003	3,628
	2.7	9,518	6,762	5,397	4,587	4,055	3,683
	2.8	9,564	6,810	5,446	4,638	4,108	3,737
	2.9	9,609	6,857	5,496	4,690	4,162	3,792
	3.0	9,656	6,905	5,545	4,742	4,216	3,848
元金均等返済	0.5	8,749	5,971	4,582	3,749	3,193	2,796
	0.6	8,833	6,055	4,666	3,833	3,277	2,880
	0.7	8,916	6,138	4,749	3,916	3,360	2,963
	0.8	8,999	6,221	4,832	3,999	3,443	3,046
	0.9	9,083	6,305	4,916	4,083	3,527	3,130
	1.0	9,166	6,388	4,999	4,166	3,610	3,213
	1.1	9,249	6,471	5,082	4,249	3,693	3,296
	1.2	9,333	6,555	5,166	4,333	3,777	3,380
	1.3	9,416	6,638	5,249	4,416	3,860	3,463
	1.4	9,499	6,721	5,332	4,499	3,943	3,546
	1.5	9,583	6,805	5,416	4,583	4,027	3,630
	1.6	9,666	6,888	5,499	4,666	4,110	3,713
	1.7	9,749	6,971	5,582	4,749	4,193	3,796
	1.8	9,833	7,055	5,666	4,833	4,277	3,880
	1.9	9,916	7,138	5,749	4,916	4,360	3,963
	2.0	9,999	7,221	5,832	4,999	4,443	4,046
	2.1	10,083	7,305	5,916	5,083	4,527	4,130
	2.2	10,166	7,388	5,999	5,166	4,610	4,213
	2.3	10,249	7,471	6,082	5,249	4,693	4,296
	2.4	10,333	7,555	6,166	5,333	4,777	4,380
	2.5	10,416	7,638	6,249	5,416	4,860	4,463
	2.6	10,499	7,721	6,332	5,499	4,943	4,546
	2.7	10,583	7,805	6,416	5,583	5,027	4,630
	2.8	10,666	7,888	6,499	5,666	5,110	4,713
	2.9	10,749	7,971	6,582	5,749	5,193	4,796
	3.0	10,833	8,055	6,666	5,833	5,277	4,880

※1　元金均等返済の毎月の返済額は第 1 回目の金額を示す

※2　金額は概算なので、詳細は各金融機関に問い合わせのこと

第2章

いざとなるとわからない
だから知りたい

住まいの土地と法律

希望どおりの家をつくりたいと思っても
問題が発生することもあるかもしれません。
さまざまな法律の規制、利害関係
業者やご近所とのトラブルなど……
いざというとき慌てないように
土地と法律の基本をまとめました。

021

土地の値段の調べ方

土地の値段はさまざまな要素で決まる。公示価格が参考に

トクする知識

- **地価相場**　標準地の公示価格を調べる
- **公示価格**　国土交通省のホームページに掲載

土地探しのために、不動産会社などを訪ねると、「この辺りの相場は、坪○○万円くらいだね」などと言われます。土地の値段、つまり地価には、地域ごとの相場があるのです。

相場はさまざまな要因で形成されています。たとえば、どの都市なのか、鉄道沿線のイメージはどうか、都心部からの距離、住環境、地域イメージ、最寄駅からの距離や住環境の質など。こうした地価の相場は地域の不動産会社に聞けば、目安を教えてもらえます。ただし、特定の土地を買わせようという意図があったり、不正確な情報の場合、参考にはなりません。

このようにわかりにくい土地の取引の適正な指標となるのが地価公示価格。毎年1月1日現在の正常な地価を判定し、毎年3月下旬頃に国土交通省から発表されています。一般の住宅地では、近くの公示価格を知ることで相場の目安をつかむことができます。

ただし、実際の土地の価格は形状や地形《がた》、道路付けなどの個別の要因で大きく変化しますので、公示地価で知ることのできる相場も、1つの目安として考える必要があります。

ここがポイント

公示価格
国土交通省が発表する土地取引価格の指標

標準地
公示価格が公表される全国約2万6千カ所の土地

都道府県基準地標準価格
上記類似

国土交通省のオープンデータで公示価格を調べる

国土交通省のホームページ

https://www.mlit.go.jp/

表 公示価格の例（2023 年、世田谷区）

標準地番号	世田谷 -1	世田谷 -2	世田谷 -3	世田谷 -4
所在	東京都世田谷区 桜上水5-40-10	東京都世田谷区 等々力5-33-15	東京都世田谷区 上馬1-7-7	東京都世田谷区 南烏山2-12-6
地価（円 / ㎡）	586,000	760,000	648,000	612,000
地積（㎡）	132	345	86	91
形状（間口：奥行）	1:2.0	1:1.5	1:1.5	1:1.5
利用区分構造	敷地 W 2F	その他	敷地 W 2F	敷地 W 2F
前面道路	北 4m 区道	北 6m 区道	西 3.5m 私道	東 4.0m 私道
側面道路	—	—	—	—
給排水（ガス、水道、下水）	ガ 水 下	ガ 水 下	ガ 水 下	ガ 水 下
最寄駅、距離（m）	桜上水 420m	尾山台 300m	駒澤大学 750m	千歳烏山 460m
法規制	1低専 準防	1低専 準防	1低専 準防	1中高層住専 準防
建ぺい率、容積率（%）	50　100	50　100	60　150	60　200
区域区分	市街化	市街化	市街化	市街化
利用現況	住宅	空地	住宅	住宅
周辺地利用現況	中小規模の一般住宅が多い閑静な住宅地域	中規模一般住宅が多い区画整然とした住宅地域	一般住宅とアパートが立ち並ぶ既成住宅地域	住宅、アパートなどが建ち並ぶ住宅地域

※上表の略式表示は次のとおりです。
〔利用区分構造〕敷地：建物などの敷地、W：木造、S：鉄骨造、2F：2階建て
〔法規制〕1低専：第1種低層住居専用地域、1中高層住専：第1種中高層住居専用地域、準防：準防火地域

022

道路で値段は変わる

土地の値段を知るには、相続税路線価も目安の1つになる

トクする知識

- **路線価**　土地が接する道路ごとに値段が出ている
- **調べ方**　国税庁のホームページに掲載

土地の値段の目安を知るもう1つの方法は、相続税の路線価を利用することです。相続税の路線価とは、相続税や贈与税などの課税のために、都市部の道路（=路線）ごとに国税局長が決定した土地の「単価」のこと。その道路に接する土地は、相続税などの課税上、この単価を基準に評価されます。路線価は国税庁のホームページで調べることができます。

路線価は、公示価格と違って、買いたい土地が接する道路の単価がそのまま出ているため、道路ごとの微妙な差も単価に反映されています。相続税の路線価は、公示価格のおおむね80%を目安につけられています。ただし、路線価の金額がそのまま土地の価格になるわけではないので注意が必要です。

初めての土地探しをしている人が買うべきなのは、道路付けや形状、地形《じがた》がよく、何よりも「買いたい！」と思える土地でしょう。安い土地には安いなりの欠点があることが多いので、そうした欠点を見極めることが必要。しかし、素人には難しいので価格だけで決めることは避けた方がよいでしょう。

ここがポイント

路線価
公示価格×80%

表示
1m² 当たり千円単位

土地相場
路線価÷0.8

特徴
道路ごとの微妙な土地の値段の差がわかる

路線価図の例

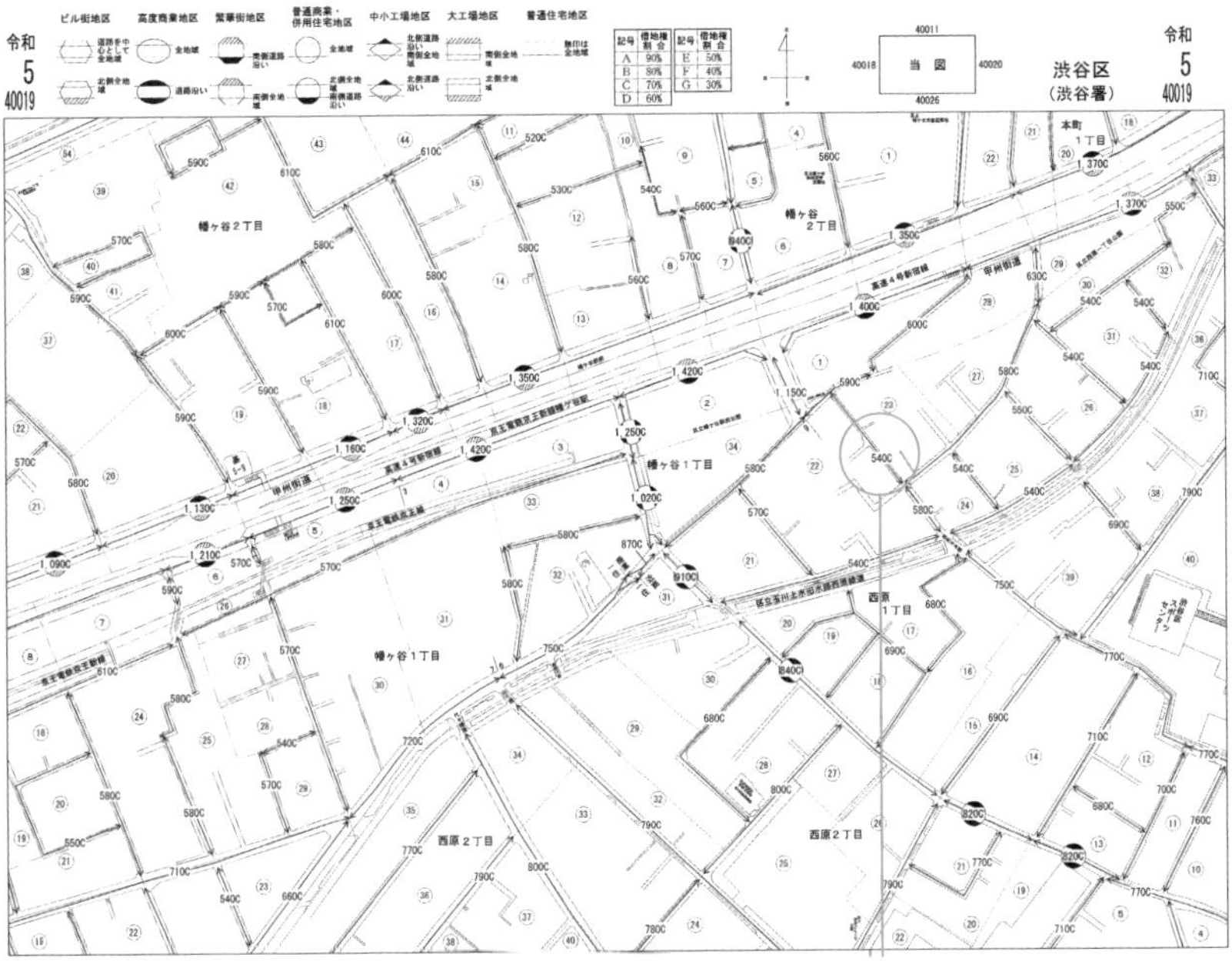

1m²当たりの相続税路線価が540千円＝54万円であることを示しています。

国税庁のホームページ

https://www.nta.go.jp/

023

家を建てられる土地

建てられる地域と、用途地域ごとの建築制限を知る

トクする知識

- **市街化区域**　原則として家が建てられる土地
- **市街化調整区域**　原則として家が建てられない土地

その土地に家が建てられるかどうかは、都市計画法に基づいて定められた「都市計画」によって決まります。都市計画が定められているのはおおむね全国の約4分の1の地域。この「都市計画区域」は市街化区域と市街化調整区域に分かれており、「市街化区域」は原則として家は建てられますが、「市街化調整区域」は原則として宅地造成などの開発も一般の住宅の建築もできません。ただし、農家住宅や、すでに開発許可を受けている場合、またすでに建物が建っている敷地では例外的に家が建てられます。

住宅が建てられる区域は、建物の用途や規模などを規制した「用途地域」の指定がされています。用途地域ごとに居住環境にかなり差がありますから、土地の購入の際には、その土地がどの用途地域に指定されていて、どんな住宅が建てられるのか、周辺にどんな建物や施設が建築可能なのかを確認しましょう。他にも、自治体による条例や、建築基準法に基づく建築協定などが影響する土地もあります。詳しくは、不動産会社やハウスメーカーの担当者に確認しておくとよいでしょう。

ここがポイント

未線引き・白地地域・無指定区域

原則として家は建てられるが、水道、電気などを自分で引かなければならない場合がある

工業専用地域

家は建てられない

都市計画法による地域区分のイメージ

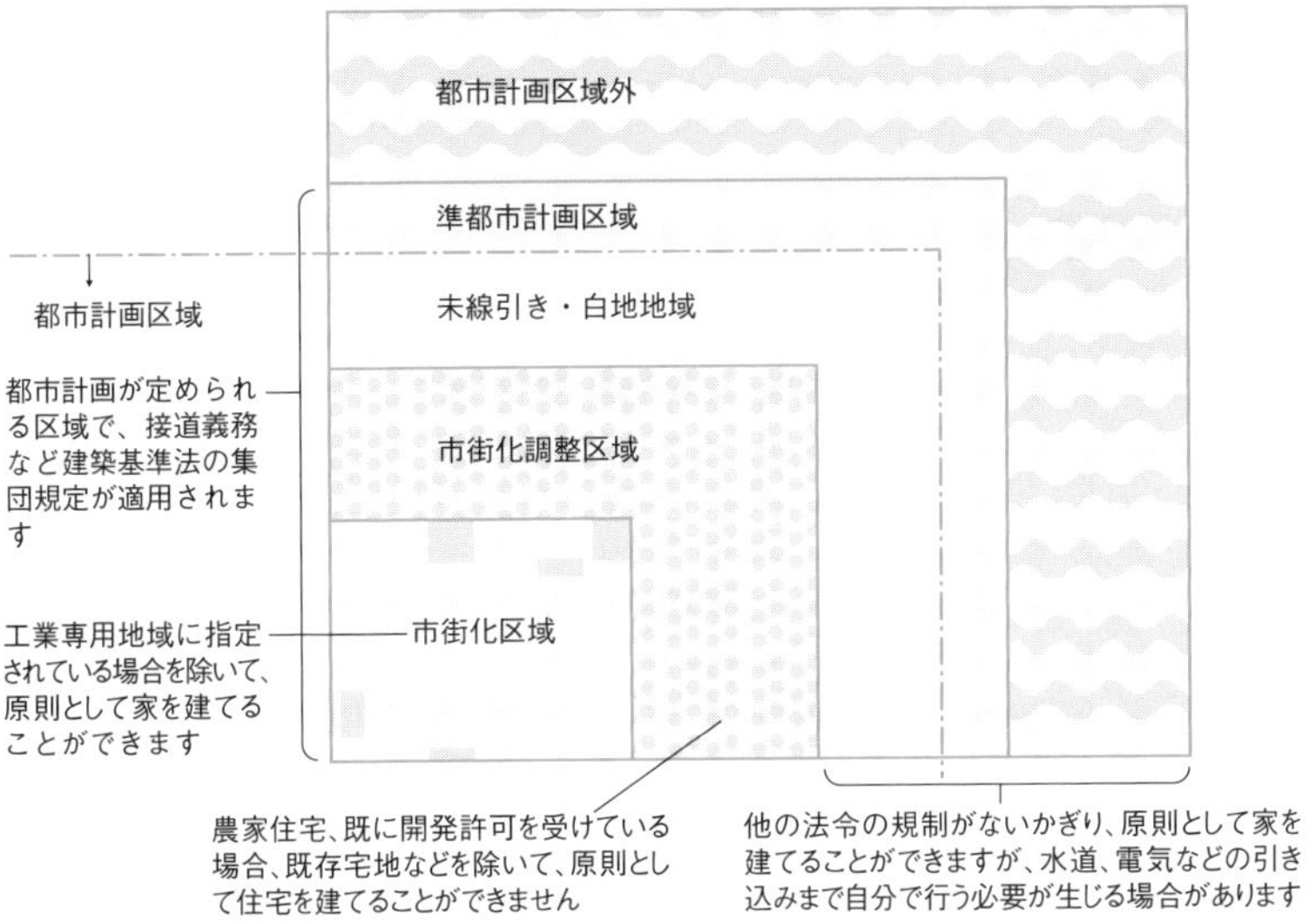
都市計画区域外
準都市計画区域
都市計画区域
未線引き・白地地域
都市計画が定められる区域で、接道義務など建築基準法の集団規定が適用されます
市街化調整区域
工業専用地域に指定されている場合を除いて、原則として家を建てることができます
市街化区域
農家住宅、既に開発許可を受けている場合、既存宅地などを除いて、原則として住宅を建てることができません
他の法令の規制がないかぎり、原則として家を建てることができますが、水道、電気などの引き込みまで自分で行う必要が生じる場合があります

用途地域の種類と特徴

分類	用途地域	特徴
住居系	**第１種低層住居専用地域**	1～3階までの低層住宅が中心の地域。小規模な店舗・事務所兼用住宅、小中学校などは建築可能
	第２種低層住居専用地域	2階建て以下で床面積150㎡以下の店舗は認める、主に低層住宅を中心とした地域
	第１種中高層住居専用地域	4階建て以上のマンションも建てられる中高層住宅のための地域だが、2階建ての戸建てやアパートも多い
	第２種中高層住居専用地域	2階建て以下で1,500㎡までの店や事務所など利便施設が建てられる、主要な道路に面する地域
	第１種住居地域	3,000㎡以下のオフィスビルやホテルなども建てられる。商業施設と共存し、住居の環境を守る地域
	第２種住居地域	パチンコ店、カラオケボックスなども建てられ、商業施設と共存しつつ、住居の環境を守る地域
	準住居地域	主に幹線道路沿いの地域で、小規模な劇場や一定の自動車修理工場、倉庫なども建てられる
	田園住居地域	住宅と農地が共存する地域。低層住宅の他、小規模な店舗、飲食店、農業の利便の増進のために必要な店舗などが建てられる
商業系	**近隣商業地域**	近隣の住民のための日用品を販売する店舗などの立地を促進する地域
	商業地域	銀行、映画館、飲食店、デパートなどが集まる地域。都心・副都心の商業地、中小都市の中心商業地など
工業系	**準工業地域**	環境の悪化をもたらすおそれのない工業の利便を促進する地域。学校、病院など利便施設も建てられる
	工業地域	どんな工場も建てられる工業の利便を促進する地域。住宅、店舗は建てられるが、学校、病院などは不可
	工業専用地域	工業を促進するための地域で、住宅および店舗、学校、病院、ホテルなどは建てられない

024

新築には道路が必要

接する道路の幅によって、敷地として使えない面積も出る

トクする知識

- **接道**　道路付けのない土地を買ってはいけない
- **道路**　敷地は幅4m以上の道路に2m以上接していること

都市計画区域内の土地では、幅4m以上の道路に2m以上接していなければ、建築物の敷地として認められません。これを「接道義務」といいます。

しかし、実際の道路の幅員《いん》（道路の幅）は4m未満も多くあるため、建築基準法では、幅員4m未満の道路でも、特定行政庁（市町村長または都道府県知事）が指定したものについては、建築基準法上の道路として扱うことにしています。これを一般に「2項道路」（または「みなし道路」）と呼んでいます。2項道路に面する敷地に建物を建てる場合には、原則として道路中心線から2m後退した線を道路と敷地の境界線として取り扱うことになっています。つまり、自分の敷地でも、道路中心線から2m以内の部分は敷地面積に入れずに、建ぺい率や容積率の計算（73頁参照）を行うことになります。これを「敷地のセットバック」といいます。

他にも、周辺状況によって敷地の境界線が変わることも。また、すでに建物が建っていても接道条件が満たせないため、建替《たてか》えができないケースもあるので確認が必要です。

ここがポイント

2項道路
幅4m未満でも家を建てられる道路

条件
道路中心線から2mまでは、道路扱いとなり敷地が削られる（セットバックする）

2項道路とセットバック

ケースA：原則ケース
道路の中心線から2mセットバック

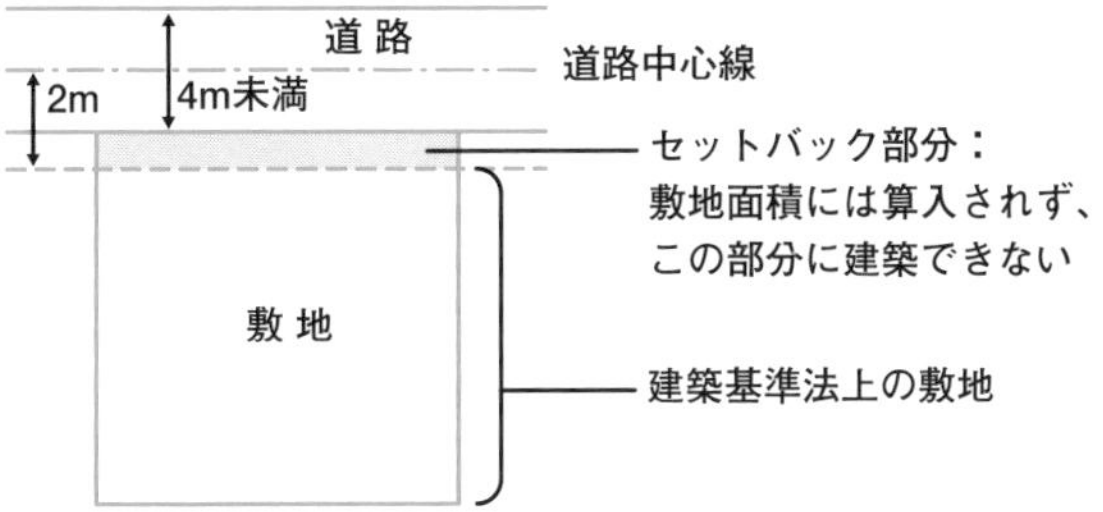

ケースB：例外ケース
道路の反対側から4mセットバック

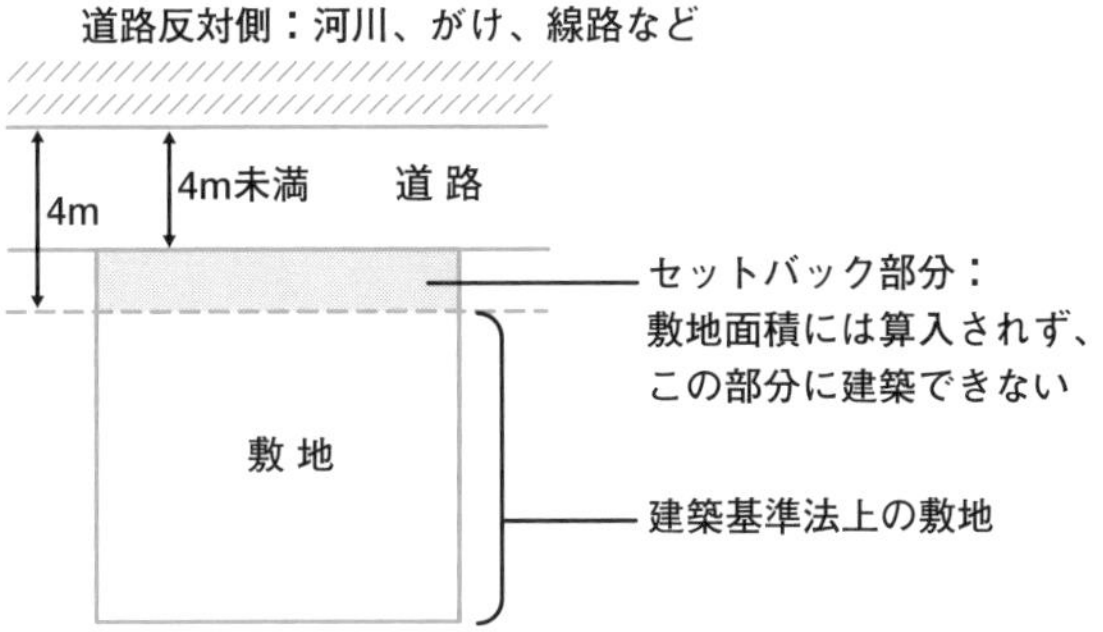

025

条件の悪い土地

旗竿《はたざお》敷地、袋地《ふくろじ》はデメリットを知ったうえで購入を検討

トクする知識

●**旗竿《はたざお》敷地** 路地状《ろじじょう》部分が長いと家が建たない場合がある

●**袋地《ふくろじ》** 袋地の人に土地の一部を貸すと、後で損する

左頁の土地Aのように、路地状《ろじじょう》部分だけで道路に接している「旗竿《はたざお》敷地」。奥まった静かな環境という長所もありますが、路地状部分の幅や長さによっては駐車場を取れなかったり、敷地面積の割には有効なスペースが狭い非効率的な土地です。条例などによって厳しい規制が掛けられる場合もあります。

土地Cのように道路に接する部分のない敷地は「袋地《ふくろじ》」といいます。土地Cは道路との間の隣地Dの一部を通行する権利をもっており、この権利を囲繞地通行権《いにょうちつうこうけん》といいます。しかし、これは袋地にとっての必要最低限の通行を確保するための権利でしかなく、袋地Cに建っている建物を、囲繞地通行権による建替《たてか》えを主張することは原則できません。

なお、建物を建てるときの建築確認申請（70頁参照）では、敷地は必ずしも土地の所有権と一致していなくても認められます。旗竿敷地や袋地敷地の新築や建替えのために道路に面する隣接地（図のBやD）の一部を申請用に貸すことがありますが、将来、隣接地で建て替えるとき、貸した部分を建築敷地にできなくなるので注意が必要です。

ここがポイント

旗竿敷地《はたざお》

路地状《ろじじょう》部分だけが道路に接している土地。別名、路地状敷地

袋地《ふくろじ》

道路に接していない土地。囲繞地通行権《いにょうちつうこうけん》を持ち、かつ、その幅が2m以上ないと家を建てられない

旗竿《ざお》敷地（路地状《ろじじょう》敷地）と囲繞地《いにょうち》通行権《つうこうけん》

旗竿敷地の例

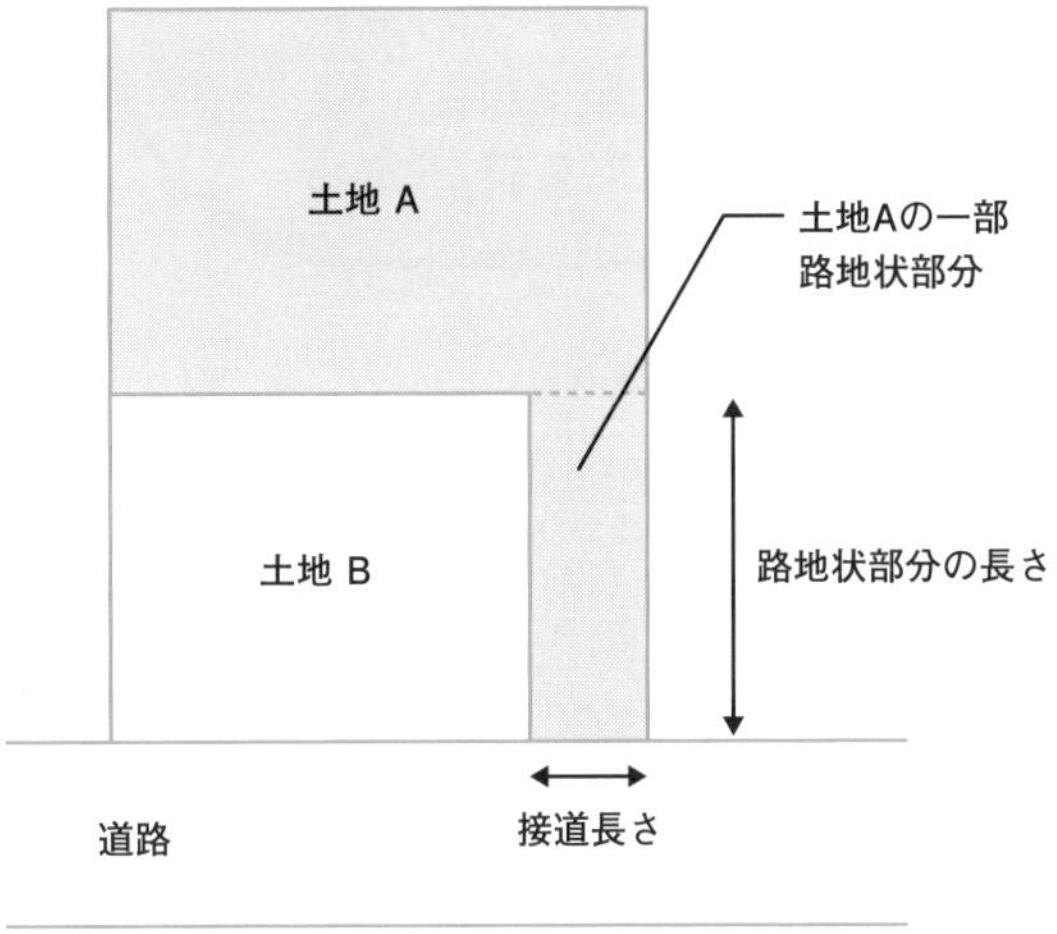

袋地《ふくろじ》と囲繞地通行権の例

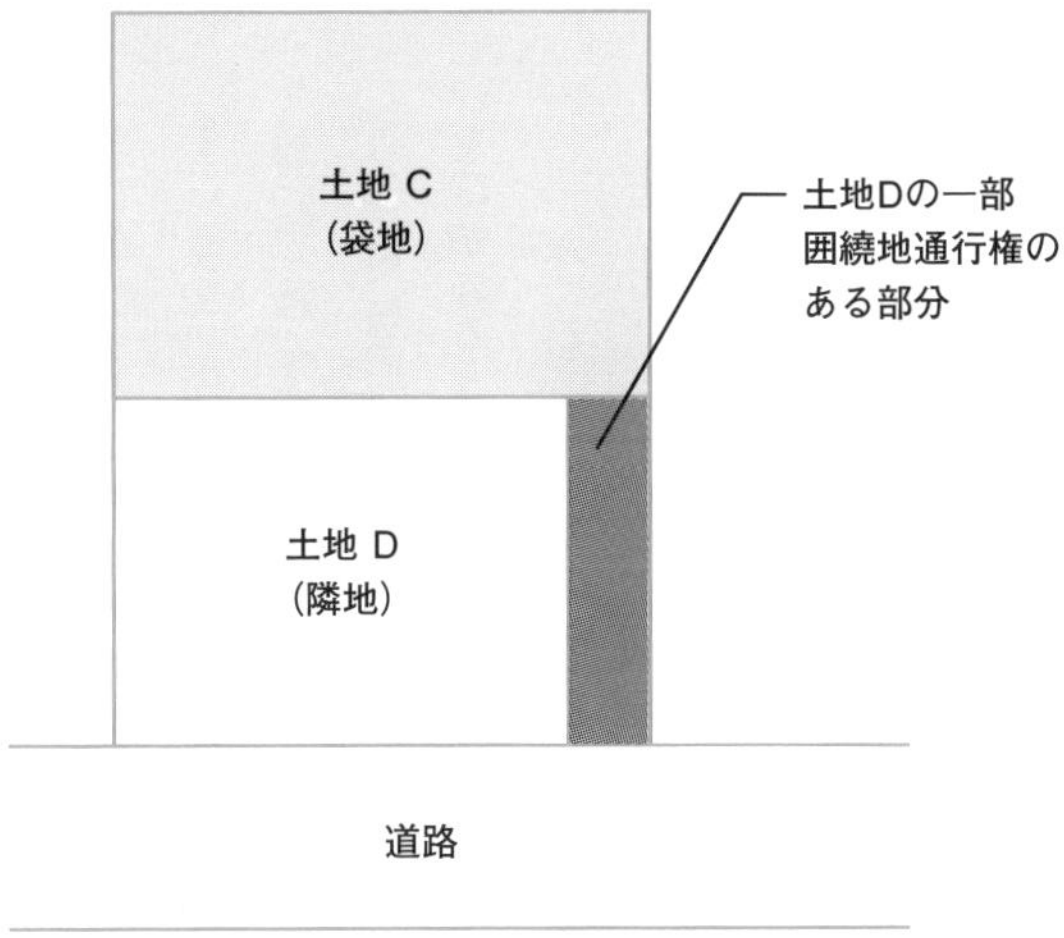

026

周辺環境を調べる

周辺地域の環境を確かめる際のチェックリストを活用

周辺の環境といっても、いろいろな要素が複合的に影響しあっているのですが、主な要素としては、

①交通利便性
②生活利便性
③地域の将来性
④子育て・教育環境
⑤住環境
⑥行政サービス・生活インフラ

などが挙げられます。それぞれの項目で確認しておきたい具体的な要素を、左頁のチェックリストにまとめました。購入する土地を選ぶ際に活用してください。

　土地選びはその土地が気に入るかどうかの第一印象が大切ですが、やはり、実際に購入するかどうかとなれば、周辺の地域を歩いてまわって、周辺環境を直接目で確かめたり、通勤経路を実際の通勤時間帯に実体験したり、市町村の役所に出向いて行政サービス内容を確かめるといった作業が不可欠となります。

　一度ではなく、曜日や時間帯を変えて何度か現地を訪ね、周辺環境も含めたチェックをするようにしましょう。

トクする知識

- **周辺環境**　直接目で確かめる
- **通勤経路**　実際の通勤時間帯に実体験する
- **役所**　行政サービスを確認する

ここがポイント

日常生活
買い物、飲食、金融、医療、福祉etc.の調査

子育て
保育、遊び場、学校、通学路、塾、子供の数etc.の調査

将来性
道路・鉄道開発etc.の調査

周辺環境のチェックリスト

1 交通利便性／通勤のしやすさ

チェック項目	結果
最寄駅までの交通手段／所要時間	徒歩（　　）分　自転車（　　）分 バス（　　）分
最寄駅までのバス便の通勤時間帯での本数	（　　）本／時間
始発バス・終バスの時刻	始発（　：　）　最終（　：　）
最寄駅から勤務先・通学先までの所要時間	通勤（　　）分　通学（　　）分
ラッシュ時の本数	（　　）本／時間
通勤・通学のしやすさ	乗換（　　）回 混雑度　□良　□可　□不可 乗り継ぎ　□良　□可　□不可
急行などの停車	急行停車　□無　□有　（　　）本／時間
始発電車・最終電車の時刻	始発（　：　）　最終（　：　）
通勤交通費	往復（　　）円　定期代（　　）円／月
通学交通費	往復（　　）円　定期代（　　）円／月
タクシーの利用しやすさ	待ち時間（　　）分 台数　□多い　□少ない　□無　料金（　　）円
将来の利便性向上	複々線化　□無　□有（　　） 増発計画　□無　□有（　　） 乗入計画　□無　□有（　　）
道路網の整備状況	道幅（　　）m 車線数（　）車線　混雑度　□良　□普通　□悪
自動車交通の利便性	距離（　　）km　所要時間（　　）分

2 生活利便性

チェック項目	結果
買い物の利便性（商店街／スーパーなど）	距離（　　）m 所要時間（　　）分　□徒歩　□自転車　□車 駐車台数（　　）台　閉店（　：　） 値段・品揃え　□良　□普通　□悪
買い物の利便性（生鮮食品店舗など）	距離（　　）m 所要時間（　　）分　□徒歩　□自転車　□車 駐車台数（　　）台　閉店（　：　） 値段・品揃え　□良　□普通　□悪
買い物の利便性（コンビニエンスストアなど）	距離（　　）m 所要時間（　　）分　□徒歩　□自転車　□車
金融機関の利便性	□郵便局　□（　　）銀行 □（　　）信用金庫 営業時間（　：　）
行政機関の利便性	役所：距離（　　）m　所要時間（　　）分 □徒歩　□自転車　□車　□バス 警察：距離（　　）m　所要時間（　　）分 □徒歩　□自転車　□車　□バス
飲食施設などの利便性・充実度	レストラン　□有　□無（□美味　□普通　□不味） 駐車台数（　　）台
医療施設の利便性・充実度	□内科　□小児科　□病院　□保健所 □その他（　　） 評価：□良い　□普通　□悪い
福祉施設の利便性・充実度	福祉施設の有無　□無　□有（　　） 距離（　　）m　所要時間（　　）分 □徒歩　□自転車　□車　□バス 評価　□良い　□普通　□悪い

3 地域の将来性

チェック項目	結果
大規模開発計画の有無	開発予定　□無　□有 内容：
鉄道の新線計画などの有無	新線計画　□無　□有 新駅設置　□無　□有 その他：
幹線道路の整備計画などの有無	幹線道路　□無　□新設　□拡幅　□延伸 インターチェンジ新設　□無　□有 その他：

4 子育て・教育環境

チェック項目	結果
保育環境	□保育園　□幼稚園　募集時期（　月　日） 空き状況　□無　□有 時間外保育　□無　□有（　　時まで）
周辺の子供の遊び場	公園・遊び場　□無　□有（□近　□普通　□遠） 安全度　□良　□普通　□悪
子供たちの数	同年代の子供　□多い　□普通　□少ない クラス数：
小学校・中学校への通いやすさ	学区（　　） 距離（　　）m　所要時間（　　）分 □徒歩　□自転車　□車　□バス
通学路などの安全性	安全性　□安全　□普通　□悪い 備考：
学校の教育環境	校風（　　） 雰囲気（　　） 進学状況（　　）
学習塾などの状況	学習塾　□無　□有（　　） 評判　□良　□普通　□悪

5 住環境

チェック項目	結果
騒音・大気汚染、悪臭などの有無	騒音　□良　□普通　□悪 大気汚染　□良　□普通　□悪 悪臭　□良　□普通　□悪 その他：
災害履歴（津波・洪水・高潮・土砂災害・液状化等）	□無　□有（　　）
嫌悪施設の有無	嫌悪施設　□無　□有 内容：
緑地環境	公園・緑地　□無　□有 距離（　　）m　所要時間（　　）分 □徒歩　□自転車　□車　□バス
街並みなどの住環境	土地の利用状況（　　） 敷地規模　□広い　□普通　□狭い（　　）㎡位 美しさ・成熟度　□美　□普通　□醜
法規制の状況	用途地域（　　） 建ぺい率（　　）％　容積率（　　）％ 特別地区（　　） 地区計画　□無　□有　建築協定　□無　□有
防犯・防災面から見た安全性	防犯上の評価　□良　□普通　□悪 防災上の評価　□良　□普通　□悪 避難場所　□無　□有　距離（　　）m 所要時間：徒歩（　　）分
住民の状況	年齢層（　　）所得水準（　　） 教育水準（　　）

6 行政サービス・生活インフラ

チェック項目	結果
文化施設・サービスの充実度	文化施設　□無　□有（　　） 距離（　　）m　所要時間（　　）分 □徒歩　□自転車　□車　□バス 評価　□良い　□普通　□悪い
医療サービスの充実度	医療費補助　□無　□有（　　） 定期検診　□無　□有（　　） 成人病検診　□無　□有（　　）
福祉サービスの充実度	各種補助　□無　□有（　　） ケアサービス　□無　□有（　　） その他（　　）
住宅取得支援制度の充実度	融資　□無　□有（　　） 助成　□無　□有（　　） その他　□無　□有（　　）
ゴミの収集方法	分別内容（　　） 週（　　）回　収集日（　　）
自治体財政の健全性	財政　□良　□普通　□悪
インフラ整備状況	□上下水道　□電気　□ガス （　　）
通信インフラの整備状況	通信サービスのエリア　□外　□内 内容：
水道負担金などの状況	負担金　□無　□有　金額（　　）円

027

敷地状況を調べる

敷地と地盤の状況を、できれば専門家に確認してもらう

敷地は、接道状況の他にも日照、通風、前面道路や隣接地の状況、敷地の形状や地形《ちがた》、広さ、地盤の状況、法規制の状況など多面的に検討を行う必要があります。左頁のチェックリストに整理しましたが、初めて家を建てる方が土地の状況を見ただけで表の項目を的確に検討することは難しいでしょう。できれば、最終的な土地選びの段階で、信頼できる設計や施工の専門家に現地への同行を依頼し、評価してもらいましょう。

地盤の条件も重要な要素です。軟弱な地盤でも地盤改良や基礎の形式で安全な住宅は建てることはできますが、コストがかかりますし、各地の地震被害の事例を見ても、軟弱地盤地域での被害が圧倒的に大きいことを改めて指摘しておきます。左頁のチェックリストの項目は、実は土地価格の評価ポイントとも共通しています。そのため、よい評価の土地ほど価格は高くなるのが通常です。したがって、予算面からみて、ある意味での割り切りが必要なケースも多いことをご理解のうえ、土地選びの際には、周辺環境のチェックリストと同様に、ぜひ活用してみてください。

トクする知識

●敷地の道路付け

南側道路	◎	西側道路	○
東側道路	○	北側道路	△

ここがポイント

敷地の間口

12m以上	◎
8m以上	○
5m以上	△
5m未満	▲

戸建て住宅のための土地探し、土地選び敷地チェックリスト

	チェック項目	評価項目／備考
1 環境条件	道路の向き	◎南側道路　○東側道路・西側道路　△北側道路
	日照・通風はよいか	◎敷地にゆとりがあり日照・通風良　○ある程度の日照・通風が確保できる ▲建て込んでいて日照・通風不良
	水はけはよいか／湿り気はないか	◎高台で水はけのよい土地　○平坦地で普通の土地　▲まわりより低い水はけの悪い土地
	街並み・景観・住環境	◎街並みの整った計画的な住宅地　○戸建て住宅中心の一般住宅地 △アパートなども混在する住宅地　▲工場・店舗なども混在する地域
	周辺の平均的な敷地規模	◎200㎡以上　○150㎡以上　△100㎡以上　▲100㎡未満
	隣接地の状況	◎一般の戸建て住宅　○住居系用途（アパートなど）／空き地　△非住居系用途・高層建物 ▲嫌悪施設、高圧線などが近くにあり
	前面道路の交通量	◎交通量は少ない　○交通量は普通　▲幹線道路で交通量多い
	前面道路の幅員	◎6m以上／歩道付き　○4m以上　▲2項道路
2 敷地の画地条件	敷地形状はよいか	◎整形（長方形）　○ほぼ整形　▲不整形・旗竿敷地
	地形はよいか	◎平坦もしくはやや南傾斜　○やや東傾斜／西傾斜　△やや北傾斜　▲傾斜地／崖地
	間口は十分にあるか	◎12m以上　○8m以上　△5m以上　▲5m未満
	十分な広さがあるか	◎建てたい広さの住宅を余裕をもって建てられる　○建てたい広さの住宅を何とか建てられる ▲建てたい広さの住宅が建設可能か不安がある
	道路との高低差は適切か	◎道路よりやや高い　○道路とほぼ平坦　▲道路より低い
	地盤はよいか	○台地などの良好な地盤　△台地と谷地（低地）の境（造成工事の良し悪しによる） ▲谷地（低地）などの軟弱地盤

建築計画の敷地のチェックリスト

登記上の記載 （※の項目を除く）	地名・地番	
	※住所表示	
	地目	□宅地　□田　□畑　□山林　□その他（　　　　　　　　）
	登記面積	㎡　　　　坪　うち私道負担分　　　　㎡
	※実測面積	㎡　　　　坪
	所有権	□自己所有地　□借地（地主:　　　　　　　　）
	所有権以外（抵当権など）	
法的制限	都市計画区域	□市街化区域　□市街化調整区域　□未線引区域 □準都市計画区域　□都市計画区域、準都市計画区域外
	用途地域	□第1種低層住居専用地域　□第2種低層住居専用地域 □第1種中高層住居専用地域　□第2種中高層住居専用地域 □第1種住居地域　□第2種住居地域　□準住居地域　□田園住居地域 □近隣商業地域　□商業地域　□準工業地域　□工業地域　□工業専用地域　□なし
	防火・準防火地域	□防火地域　□準防火地域　□法22条区域（屋根不燃化区域）　□指定なし
	建ぺい率	%
	（建築面積の限度）	敷地面積×建ぺい率／100＝　　　　㎡まで
	容積率	%
	（延べ面積の限度）	敷地面積×容積率／100＝　　　　㎡まで
	高さ制限	絶対高さ制限□有（高さ　　　m）　□無 道路斜線勾配（　　　　） 隣地斜線□有　□無 北側斜線□有（高さ　　　m以上で勾配）　□無
	計画道路の予定	□有　□無
	建築協定	□有　□無
	その他の制限	
敷地が接する道路	道路の所有	□公道　□私道（所有者:　　　　　）
	道路幅員	m（　　　　側）
	敷地と接する長さ	m
設備関係	水道	□公営　□私営　□井戸
	ガス	□都市ガス（　　　　ガス）　□プロパン
	電気	電力
	雨水・雑排水	□本管　□U字溝
	汚水	□水洗放流　□浄化槽　□汲取り
敷地と周囲との状況	境界線の距離	（図で記入）
	対角線の距離	
	土地の傾斜	
	隣地・道路との高低差	

028

売買契約の要点

土地の売買契約のポイントと注意点を知る

トクする知識

- **手付金**　現金か預金小切手で払うのが一般的
- **小切手**　預金小切手で支払う場合はコピーを取る

土地を買う場合には、土地の権利関係、私道負担の状況、取引条件（代金の支払い方等）などを明確にする必要があります。そのため不動産取引に関する専門家としての宅地建物取引士が調査を行い、取引物件の重要な事項について書面で説明します。これが「重要事項の説明」です。わからないことがあれば質問を行い、疑問点をなくしてから契約にのぞむことが大切です。そのためにも、契約の1週間ほど前には説明を受けるとよいでしょう。取引物件の内容は重要事項の説明で明らかになりますが、できれば登記事項証明書を取り寄せて、売り主が登記上の所有者であるかどうかなど、基本事項を自分の目で確認する姿勢が大切です。

売買契約の締結と同時に、売買契約書で合意した手付金を売り主に支払います。手付金の支払い方法は一般に「現金」もしくは「預金小切手」を使用します。手付金に限らず、金銭の授受に預金小切手を使用する際は、万一に備え、預金小切手のコピーを取っておくと安心です。

ここがポイント

重要事項説明書

取引物件の重要な事項を記載した書面。契約前に宅地建物取引士の資格を持つ者がこの書面で買い主に説明する義務がある

重要事項説明書の主な記載内容

	項目	内容
表示	仲介を行う宅建業者の概要	商号、代表者氏名、主たる事務所、免許番号
	説明をする宅地建物取引士	氏名、登録番号、業務に従事する事務所
	取引の態様	売買等の態様、売主・代理・媒介の区分
	取引対象物件の表示	土地（所在地、登記上の地目、面積〔登記上または実測〕） 建物（所在地、家屋番号、種類および構造、床面積） 売り主の住所・氏名
取引物件に関する事項	登記情報に記載された事項	所有権に関する事項（土地・建物の名義人、住所） 所有権にかかる権利に関する事項（土地・建物） 所有権以外の権利に関する事項（土地・建物）
	法令に基づく制限の概要	都市計画法（区域の区分、制限の概要など） 建築基準法（用途地域、地区・街区等、建ぺい率の制限、容積率の制限、敷地などと道路との関係、その他の制限など） それ以外の法令に基づく制限（法令名、制限の概要）
	私道の負担に関する事項	負担の有無、負担の内容（面積、負担金等）
	水害ハザードマップ	水害ハザードマップの有無（洪水・雨水出水・高潮の有無）
	飲用水・電気・ガスの供給施設および排水施設の整備状況	直ちに利用可能な施設か、施設整備予定はあるか、施設整備に関する特別な負担はあるかなど 飲用水の場合は公営・私営・井戸の区分、 ガスは都市ガス・プロパンの区分
	宅地造成または建物建築の工事完了時における形状・構造など	未完成物件などの場合
取引条件に関する事項	代金・交換差金及び地代に関する事項	売買代金、交換差金、地代
	代金および交換差金以外に授受される金額など	金額、授受の目的
	契約の解除に関する事項	手付解除、引き渡し前の滅失・損傷の場合の解除、契約違反による解除、ローン特約による解除、契約不適合責任による解除など
	損害賠償額の予定または違約金に関する事項	売買契約において損害賠償額や違約金に関する定めをする場合に、その額および内容を記載
	手付金等の保全の概要（業者が自ら売り主の場合）	宅建業者が自ら売り主となる宅地、建物の売買において、一定の額または割合を超える手付金などを受領する場合に義務づけられている保全措置を説明する項目で、保全の方式、保全を行う機関を記載
	支払金または預り金の保全措置の概要	支払金、預り金などを受領する場合には、その金銭について保全措置を行うか否か、行う場合にはその措置の概要を記載
	金銭の貸借に関する事項	金銭の貸借の斡旋の有無、斡旋がある場合にはその内容（取扱金融機関、融資額、融資期間、利率、返済方法、保証料、ローン事務手数料、その他）、金銭の貸借が成立しないときの措置について記載
	割賦販売に係る事項	割賦販売をする場合、現金販売価格、割賦販売価格およびそのうち引き渡しまでに払う金銭と賦払金の額を記載
	契約不適合責任に関する保証保険契約等の措置	措置を講じるか否か、講じる場合には措置の概要
その他	添付書類など	

029

登記が必要なワケ

所有者を明確にするための登記は確実に行うこと

登記とは、登記所が土地建物の状況や権利関係を登記情報として記載して、一般に公開することをいいます。A（売り主）とB（買い主）との間で、土地の売買契約が交わされた場合、登記しなくてもAとBの間では契約は法律上も有効。しかし、Bは売買によってAから土地を取得したことを登記しなければ、法律上、A以外の第三者に対して自分が所有者であることを主張できません。こうした事態を避けるため、Bは代金の支払い後遅滞なく、登記所に所有権移転の登記の申請をする必要があるのです。

申請のためには必要な事項を記載した書類を登記所に提出しますが、司法書士に作成を依頼するのが一般的です。手続き完了後、登記識別情報を受け取りますが、司法書士に依頼した場合は、その事務所から送付されるはずです。また、登記内容を確認するため、登記事項証明書を取っておきましょう。なお、目隠しシールの貼られた登記識別情報は、次に何らかの登記をする際に必要な書類ですので、シールをはがさずに大切に保管しておきましょう。

トクする知識

- **残代金の支払い**　登記に必要な書類を確認してから払う
- **抵当権**　契約書に売り主の登記抹消の義務を明記しておく

ここがポイント

登記

登記をしなくても売買契約を交わした相手には対抗できるが、それ以外の第三者に対して自分が所有者であることを主張できないので、登記が必要となる

土地の登記事項証明書の例

この所在と地番で物件を特定できます

宅地、畑、山林など、土地の現況、利用目的などに重点を置いて定められています

土地の水平投影面積で、宅地などは1m2の100分の1まで計算して記載されます。しかし、この登記面積（公簿面積）は実測面積と異なる場合も多く、売買契約では、どちらの面積で契約するかを確認します

○○県○○市○○区○○丁目○○－○○－○　　全部事項証明書　（土地）

【表題部】（土地の表示）			調製　平成○○年○○月○○日	地図番号　余白
【所在】　○○区○○丁目			余白	
【①地番】	【②地目】	【③地積】㎡	【原因及びその日付】	【登記の日付】
○○番○○	宅地	188　63	余白	余白
余白	余白	余白	余白	平成○○年○○月○○日

【権利部（甲区）】（所有権に関する事項）				
【順位番号】	【登記の目的】	【受付年月日・受付番号】	【原因】	【権利者その他の事項】
1	所有権移転	平成○○年○○月○○日 第○○○○○号	平成○○年○○月○○日相続	所有者　○○区○○丁目○番○○○号
	余白	余白	余白	平成○○年○○月○○日

【権利部（乙区）】（所有権以外の権利に関する事項）				
【順位番号】	【登記の目的】	【受付年月日・番号】	【原因】	【権利者その他の事項】
1	抵当権設定	平成○○年○○月○○日 第○○○○○号	平成○○年○○月○○日設定	債権者 利息 損害金 債務者 抵当権者

抵当権、賃借権、地上権などの権利が付着しているかがわかります

相続・売買など所有権移転の原因の履歴がわかります

030

登記の中身の見方

登記記録に記載される基本的な内容を理解しておく

不動産登記は土地や建物の所在、面積の他、所有者の住所・氏名などを一般公開することで、権利関係などの状況が誰にでもわかるようにし、取引の安全と円滑をはかる役割を果たしています。

登記記録には表題《だい》部《ぶ》と権利部（甲区《こうく》、乙《おつ》区《く》）があります。前の頁は土地の、左の図は建物の登記事項証明書の例です。

表題部は不動産の表示に関する登記と呼ばれています。土地の場合、所在、地番、地目などが、建物は所在、家屋番号など、土地・建物の物理的な現況をできるだけ忠実に公簿上に表示する役割を持っています。

権利部はその不動産の権利に関する内容が表示されます。甲区には所有権に関する事項が記載され、過去から現在までの所有者や、所有権移転の原因（売買、相続など）が順を追ってわかるようになっています。乙区には、その不動産についての所有権以外の権利（地上権、賃借権、抵当権など）が記載されます。

トクする知識

- **表題部《ひょうだいぶ》**　物理的な状況を記載
- **甲区《こうく》・乙区《おつく》**　甲区は所有権に関する事項、乙区は抵当権など所有権以外の権利に関する事項を記載

ここがポイント

登記事項証明書

登記記録の全部または一部をコピーしたもの

登記事項要約書

以前の閲覧に代わるもの。現在の権利のみ記載されている

建物の登記事項証明書の例

建物の敷地の所在・地番が記載されます

地番区域ごとに建物敷地の地番と同じ番号がつけられます

○○県○○市○○区○○丁目○○－○○－○　　　　全部事項証明書　（建物）

【表題部】（主たる建物の表示）			調製　平成○○年○○月○○日	所在図番号　余白
【所在】	○○区○○丁目○○○番地		余白	
【家屋番号】	○○番○○の○		余白	
【①種類】	【②構造】	【③床面積】㎡	【原因及びその日付】	【登記の日付】
居宅	軽量鉄骨造スレート葺2階建	1階 66 82 2階 66 82	平成○○年○○月○○日新築	余白
余白	余白	余白	余白	平成○○年○○月○○日

【権利部（甲区）】（所有権に関する事項）				
【順位番号】	【登記の目的】	【受付年月日・受付番号】	【原因】	【権利者その他の事項】
1	所有権保存	平成○○年○○月○○日 第○○○○○号	余白	所有者　○○区○○丁目○番○○○号

建物の主用途で、居宅のほか店舗、寄宿舎、共同住宅、事務所、旅館、料理店、工場、倉庫、車庫、発電所、変電所に区分され、該当しないものはこれらに準じて適当に定められます。主たる用途が複数なら「居宅・店舗」のように表示されます

①建物の主たる構成材料、②屋根の種類、③階数（階層）の3つで表示されます。なお、地階、屋階などで天井高さ1.5m未満のものは階数に算入されません

各階ごとに、壁その他の区画の中心線で囲まれた部分の水平投影面積を平方メートル単位で、100分の1未満の端数切り捨てで表示されます

031

絶対必要な確認申請

建築確認申請を行って、はじめて着工になる

建築基準法では住宅の着工前に設計図書などをそろえて、申請することが定められています。申請後、一般的な木造住宅であれば3週間ほどで確認済証（建築確認通知書）が交付され、着工となります。この申請が建築確認申請です。もちろん、建築基準法令に不適合な部分があると設計図を修正しなければ確認済証は交付されません。家が完成したら完了届を出して「完了検査」を受け、検査済証の交付、引き渡し、登記となります。なお、木造3階建てや一定規模の鉄骨造、鉄筋コンクリート造の建物は、地域によって工事中に「中間検査」を受けなければなりません。

ところで、建築基準法を満たしていない家を見かけることがあります。これらは、確認申請はしても、完了検査を受けていないものと考えられます。検査済証がなくても建物の表題登記は可能ですが、税金の特例や公的融資の利用が難しくなりますから、検査は最後まで受けるのが得策です。

トクする知識

●**検査済証がない場合**　建築基準法上は違反だが、建物の表題登記は可能。ただし、税金の特例適用や公的融資の利用が困難になる

ここがポイント

建築確認
施工前に設計図の審査を受け、確認済証を交付してもらう

中間検査
地域、規模、構造により、工事の中間で検査を受ける

検査済証
完了検査後に交付される

家を建てるのに必要な法的手続き

設計図の作成
見積り

▼

建築確認申請

① 建築確認申請書の提出
② 建築主事（確認検査員）の審査（確認）
③ 確認済証（建築確認通知書）の交付

▼

建築請負契約の締結
着工

▼

中間検査

① 中間検査申請書の提出
② 建築主事（確認検査員）の現場検査
③ 中間検査合格証の交付

▼

竣工

▼

完了届

▼

完了検査

▼

検査済証の交付

▼

建物引き渡し
残金支払い

▼

建物の登記

建築基準法では、建築確認申請や完了検査申請をすることが求められています

032

建てられる面積

家の規模の上限を決める建ぺい率と容積率を理解する

家の面積には建築面積と延べ床面積の2種類があります。建築面積は敷地のうちの家を建てるために使う面積。延べ床面積は各階の床面積の合計です。

建築面積は建ぺい率で、延べ床面積は容積率でそれぞれ制限されています。敷地面積に建ぺい率を乗じた数値が建築面積の、容積率を乗じた数値が延べ床面積の上限です。たとえば、敷地面積が１００㎡で建ぺい率50％なら建築面積の限度は50㎡、容積率１００％なら延べ床面積の上限は１００㎡となります。建ぺい率、容積率は用途地域ごとに異なる値が定められています。

建築面積は敷地が角地であれば、建ぺい率は10％加算されることがあります。

延べ床面積の上限は前面道路の幅員《ふくいん》が12ｍ以上であれば指定容積率そのものになりますが、12ｍ未満の場合は指定容積率よりも小さくなる場合があります。

なお、建物の高さにも用途地域ごとの絶対高さ制限の他、斜線制限によって規制されます。

トクする知識

- **角地**　建て坪10％増し
- **道路**　幅12m以上だと◎トク
- **RC造**　防火・準防火地域なら建て坪10％増し

ここがポイント

建築面積の上限
敷地面積×建ぺい率

延べ床面積の上限
敷地面積×容積率か道路幅×0.4(0.6)

建築面積
＝建て坪

延べ床面積
＝床面積の合計

建ぺい率と容積率の概要

<table>
<tr><th rowspan="2">種別</th><th colspan="2" rowspan="2">適用条件</th><th colspan="14">用途地域</th></tr>
<tr><th>第1種低層住居専用地域</th><th>第2種低層住居専用地域</th><th>第1種中高層住居専用地域</th><th>第2種中高層住居専用地域</th><th>第1種住居地域</th><th>第2種住居地域</th><th>準住居地域</th><th>田園住居地域</th><th>近隣商業地域</th><th>商業地域</th><th>準工業地域</th><th>工業地域</th><th>工業専用地域</th><th>無指定地域</th></tr>
<tr><td rowspan="4">建ぺい率(%)</td><td colspan="2">①一般の敷地</td><td colspan="2">30
40
50
60</td><td colspan="2">30
40
50
60</td><td colspan="3">50
60
80</td><td>30
40
50
60</td><td>60
80</td><td>80</td><td>50
60
80</td><td>50
60</td><td>30
40
50
60</td><td>30 60
40 70
50
(※1)</td></tr>
<tr><td colspan="2">②角地など(※2)</td><td colspan="8">①に10加算</td><td colspan="2">①に10加算</td><td colspan="2">①に10加算</td><td>①に10加算</td><td>①に10加算</td></tr>
<tr><td colspan="2">③防火地域内の耐火建築物など(※3)</td><td colspan="8">①に10加算</td><td>①+10</td><td>100</td><td colspan="2">①に10加算</td><td>①に10加算</td><td>①に10加算</td></tr>
<tr><td colspan="2">④上記+②+③(※3)</td><td colspan="8">①に20加算</td><td>①+20</td><td>100</td><td colspan="2">①に20加算</td><td>①に20加算</td><td>①に20加算</td></tr>
<tr><td rowspan="2">容積率(%)</td><td>前面道路の幅員≧12m
(※4)</td><td>指定容積率</td><td colspan="2">50
60
80
100
150
200</td><td colspan="2">100
150
200
300
400
500</td><td colspan="3">100
150
200
300
400
500</td><td>50
60
80
100
150
200</td><td>100
150
200
300
400
500</td><td>200
300
400
500
600
700
800
900
1000
1100
1200
1300</td><td>100
150
200
300
400
500</td><td>100
150
200
300
400</td><td>100
150
200
300
400</td><td>50
80
100
200
300
400
(※1)</td></tr>
<tr><td>前面道路の幅員<12m</td><td>基準容積率</td><td colspan="8">前面道路の幅員(m)×0.4
(第1・2種低層地域以外で、特定行政庁の指定区域内:0.6)かつ
指定容積率以下</td><td colspan="6">前面道路の幅員(m)×0.6
(特定行政庁の指定区域内:0.4、0.8)
かつ
指定容積率以下</td></tr>
</table>

※1　特定行政庁が都市計画地方審議会の議を経て指定する数値
※2　角敷地または角敷地に準ずる敷地で、役所(特定行政庁)が指定するものの内にある建築物(役所ごとの基準に適合していること)
※3　第1種・2種・準住居地域、近隣商業地域、準工業地域で①が80%の区域は100%(制限なし)。建ぺい率80%とされている地域外では準防火地域内の耐火・準耐火建築物なども含む
※4　前面道路が複数ある場合は、最大幅の道路で計算できる

延べ床面積の算定方法

道路の幅員≧12mの場合

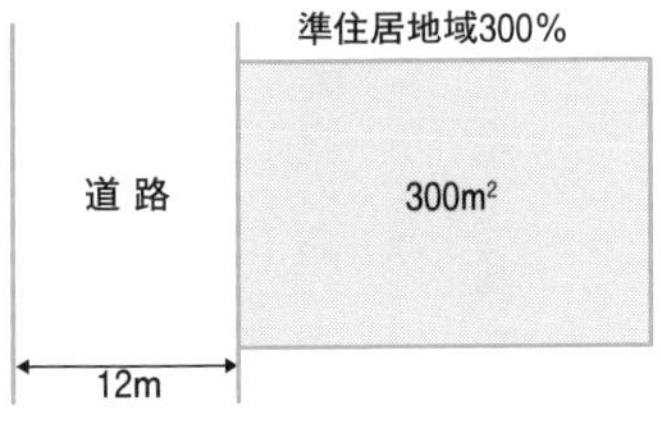

容積率の限度
基準容積率＝指定容積率＝300%
延べ床面積の限度
最大許容延べ床面積＝300m^2×300%＝900m^2

道路の幅員＜12mの場合

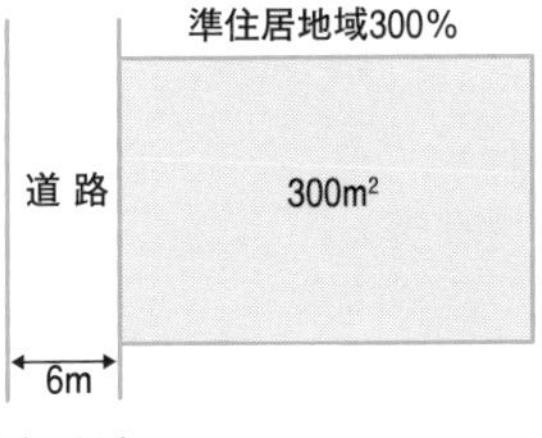

容積率の限度
前面道路による容積率、かつ、指定容積率以下
基準容積率＝6m×0.4＝240%＜300%∴240%を採用
延べ床面積の限度
最大許容延べ床面積＝300m^2×240%＝720m^2

033

面積を増やす裏ワザ

車庫や地下室、小屋裏をつくると床面積が増やせる

トクする知識

●延べ床面積

・車庫…住宅の25%まで対象外

・地下室…地上部分の50%まで対象外

床面積の上限は建ぺい率、容積率で制限されますが、駐車場や地下室を利用して床面積を増やすことは可能です。駐車場（車庫）・駐輪場は住宅部分の25％、地下室は地上部分の50％まで、宅配ボックスは延べ面積の100分の1まで、エレベータ[※]も延べ床面積計算の対象外です。ただし、地下室の緩和は住宅などの用途に限ります。小屋裏物置は、直下階の床面積の50％までなら床面積に算入されません。天井裏や床下も同様。ただし、天井の最高高さが1.4m以下で、物置など居室以外での利用に限られています。逆にこれ以上の面積や天井高の場合は「階」とみなされ、2階建て住宅でも3階建てとして扱われ、防火規制、構造規制など制限が増えます。

高さに対する制限もあります。第1種・第2種の低層住居専用地域や田園住居地域では10mまたは12mを超える住宅は建てられません。これを絶対高さといいます。その他、斜線制限による規制で建物の高さに制限が出る場合があります。絶対高さや斜線制限によって、3階建てにして床面積を増やせないことがあるので注意が必要です。

ここがポイント

小屋裏物置

・直下階の床面積の50%まで床面積に算入されない

・ただし、天井高が1.4m以下で、物置など収納スペースの利用に限る

※　いす式階段昇降機は除く

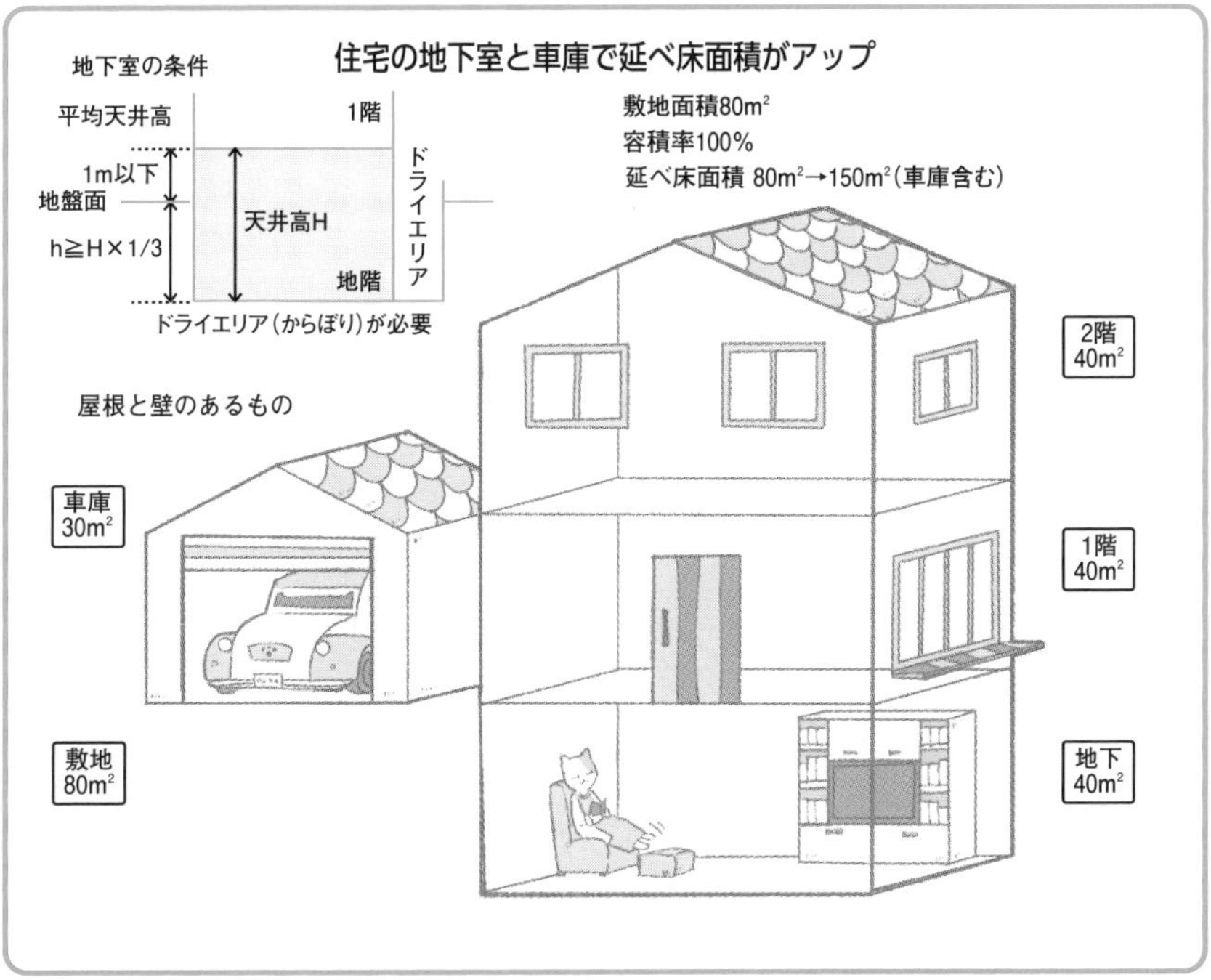
住宅の地下室と車庫で延べ床面積がアップ
地下室の条件
平均天井高
1階
1m以下
地盤面
天井高H
h≧H×1/3
地階
ドライエリア
ドライエリア（からぼり）が必要
敷地面積80m^2
容積率100％
延べ床面積 80m^2→150m^2（車庫含む）
2階 40m^2
屋根と壁のあるもの
車庫 30m^2
1階 40m^2
敷地 80m^2
地下 40m^2

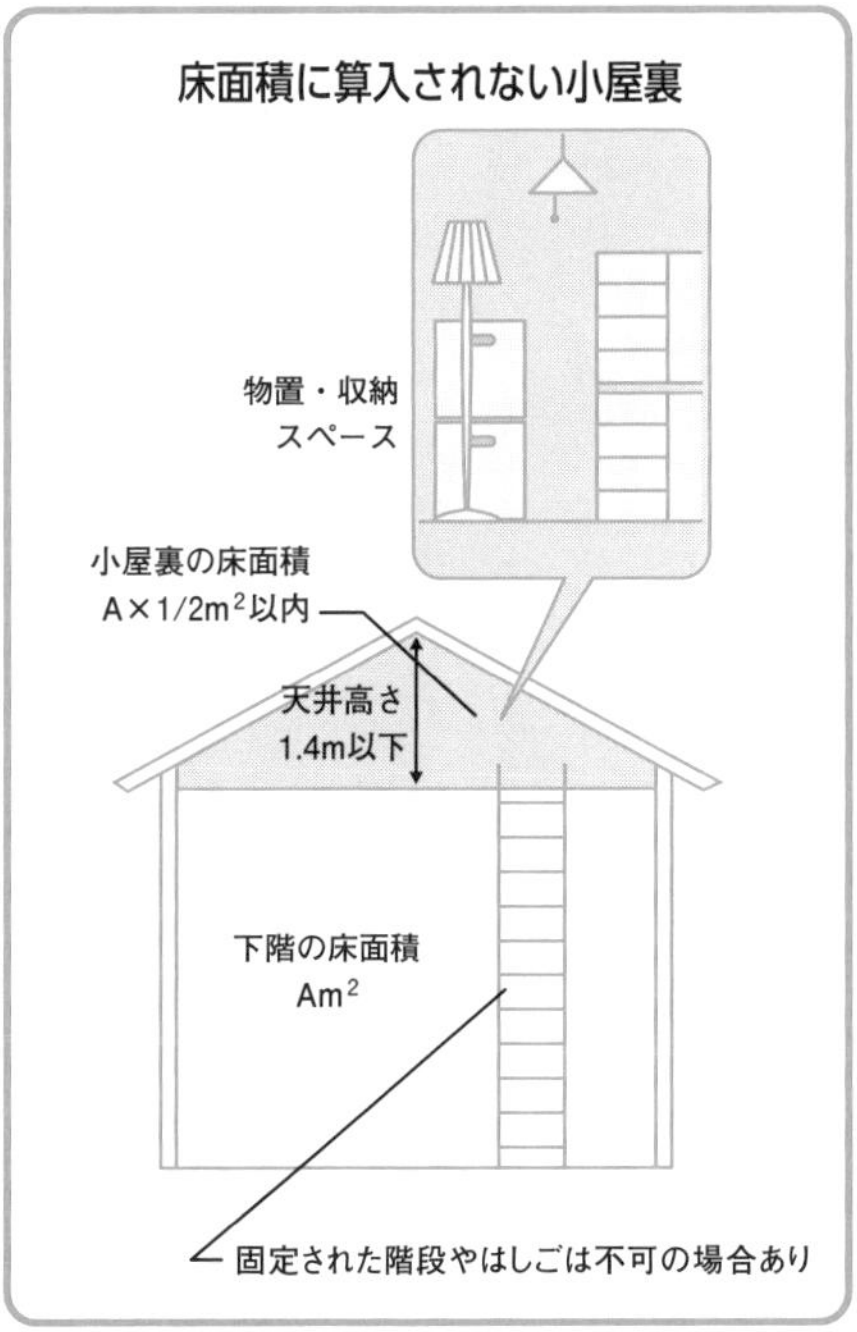
床面積に算入されない小屋裏
物置・収納
スペース
小屋裏の床面積
A×1/2m^2以内
天井高さ
1.4m以下
下階の床面積
Am^2
固定された階段やはしごは不可の場合あり

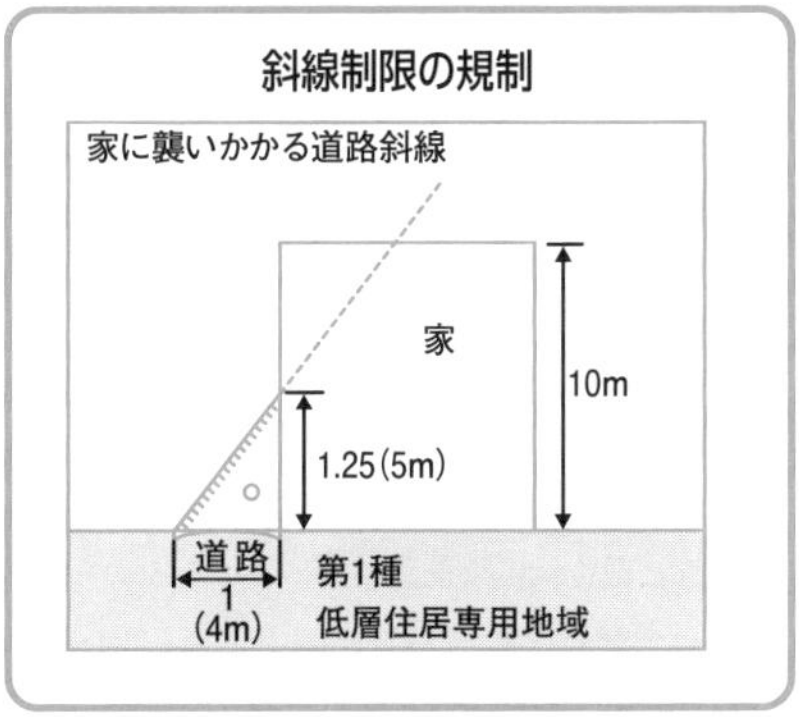
斜線制限の規制
家に襲いかかる道路斜線
家
10m
1.25（5m）
道路
1
（4m）
第1種
低層住居専用地域

034

防火規制に注意

防火地域では木造住宅に対しての規制があることを知る

トクする知識

- **防火地域で2階建て住宅を建てる場合**　延べ床面積100m²超は耐火建築物等、100m²以下は準耐火建築物等にしなければならない

都市を維持していくうえで重要なのが防火対策です。このため、地域ごとに防火地域、準防火地域、そして法22条区域（屋根不燃化区域）の３つが指定されています。これらの防火規制は、火災の延焼の防止を目的としているので、建物の材料を規制しています。どの地域に指定されているかは、都市計画図などに記載されているので役所で確認できます。

　防火地域では、延べ床面積１００㎡超の建物は耐火建築物等に、２階建て以下１００㎡以下の建物でも準耐火建築物等にしなければなりません。このため、防火地域に指定された地域に建築する場合は、耐火建築物・準耐火建築物等にするためのコストがかかります。都市部では住宅地でも防火地域に指定されているところも多く、防火規制に留意する必要があります。

　都市部以外では防火地域の範囲は限られますが、準防火地域や屋根不燃化区域は、かなり広範に指定されているので、指定の状況を必ず確認しましょう。

ここがポイント

延焼のおそれのある部分

道路中心線または隣地境界線からの距離が
・1階：3m以内にある部分※
・2階：5m以内にある部分※
が対象となる。防火仕様が必要でコストアップにつながる

※　ただし、建物と隣地境界線との角度に応じてその範囲が定められる

地域・準防火地域における規制

階数	防火地域 50㎡以下	防火地域 100㎡以下	防火地域 100㎡超	準防火地域 500㎡以下	準防火地域 500㎡超 1,500㎡以下	準防火地域 1,500㎡超
4階以上	耐火建築物	耐火建築物	耐火建築物 ＋耐火建築物相当	耐火建築物 ＋耐火建築物相当	耐火建築物	耐火建築物
3階建て	耐火建築物	耐火建築物	耐火建築物	一定の防火措置	＋準耐火建築物相当	耐火建築物
2階建て	準耐火建築物 ＋準耐火建築物相当	準耐火建築物 ＋準耐火建築物相当	耐火建築物	防火構造の建築物 ＋防火構造の建築物相当	準耐火建築物	耐火建築物
平屋	準耐火建築物 ＋準耐火建築物相当	準耐火建築物 ＋準耐火建築物相当	耐火建築物	防火構造の建築物 ＋防火構造の建築物相当	準耐火建築物	耐火建築物

延焼のおそれのある部分

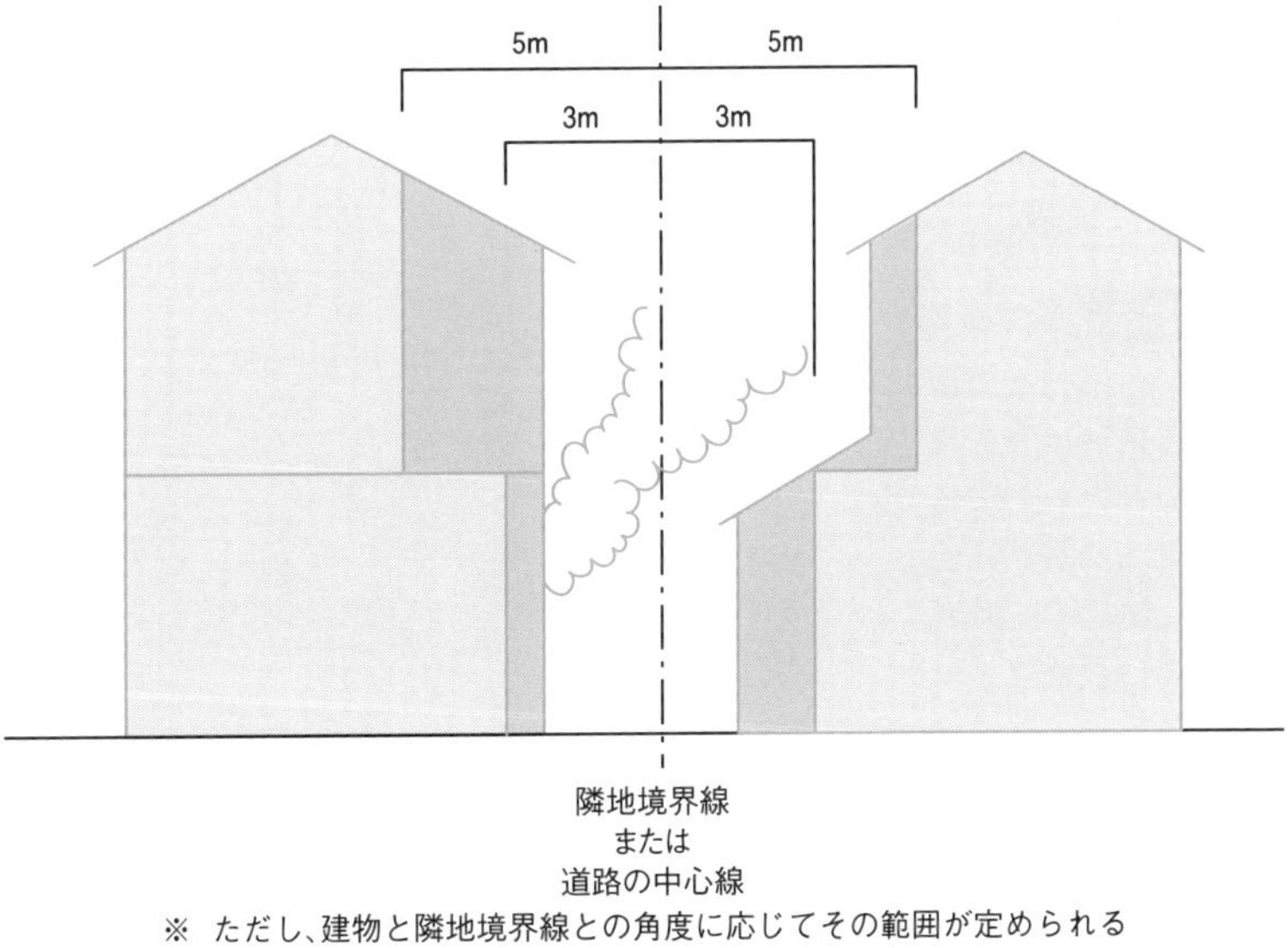

※ ただし、建物と隣地境界線との角度に応じてその範囲が定められる

035

契約の落とし穴

支払いや保証期間について、あらかじめ確認を

トクする知識

- **請負契約《うけおいけいやく》** 保証期間を伸ばす
- **施工者** 「住宅完成保証制度」に登録している施工者を選ぶと安全

工事を依頼する際は、信頼できる相手であっても必ず契約書を交わしましょう。

契約で重要なのは、いつ建物が完成し、その金額がいくらで、何回に分けて支払うかという点です。住宅の代金の支払い時期は、契約時20〜30%、上棟《じょうとう》時20〜30%、完成引き渡し時50%などさまざまです。

もう一つ重要なのが建物の欠陥や不具合があったときに、修理の要求や損害賠償の請求、契約の解除、代金の減額請求などについての契約条項がどうなっているかという点です。施工者が欠陥に責任をもつ期間は法律で決められており、新築住宅の基本構造部分（図）は品確法《ひんかくほう》により、完成後10年までです。

欠陥住宅を回避するため、住宅性能表示制度を利用するのも一つの方法。ただし費用は15万円前後かかります。

そして、もしものときのために「住宅瑕疵担保履行法」もあります。新築住宅を対象として、売主や工事会社に保険加入などが義務づけられます。この内容は、契約書や重要事項説明書などで事前に確認をしましょう。

ここがポイント

請負契約書《うけおいけいやくしょ》

契約書に「添付した設計住宅性能評価書の性能を約束したものではない（参考的資料に止まる）」などの記載があるものは要注意

品確法《ひんかくほう》での基本構造部分

構造耐力上主要な部分および雨水の浸入を防止する部分

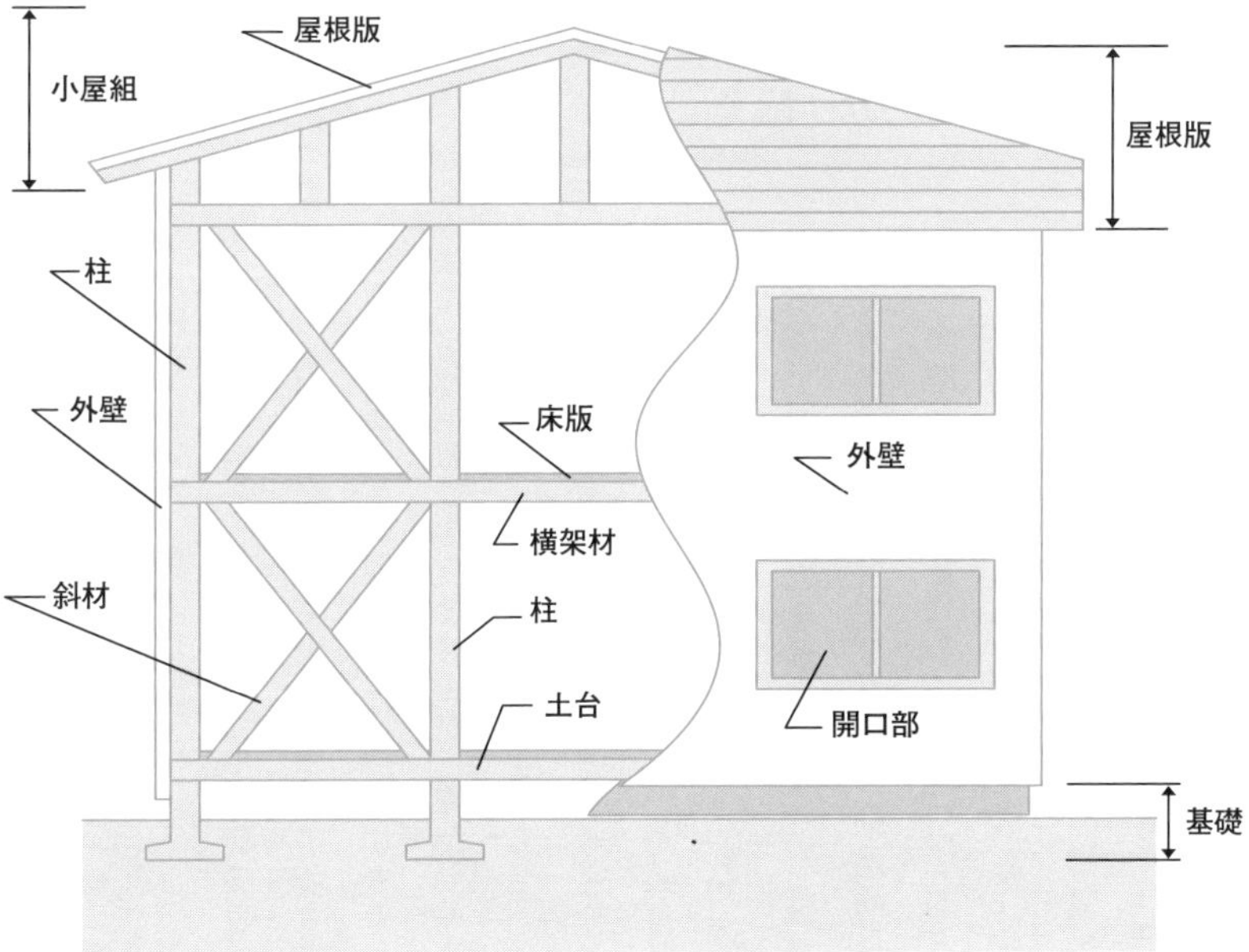

施工者が欠陥に責任をもつ期間（契約不適合責任期間）

・新築住宅の基本構造部分は品確法により 10 年。これはどのような契約を交わしても影響を受けないが、新築時に限られる
・上記以外は民法により権利行使できる時から 10 年もしくは権利行使できることを知った時から 5 年の短い方（契約不適合を知ったときから 1 年以内に通知が必要）
・品確法で定める期間以外は契約で短縮でき、通常 1 ～ 2 年になっているので、なるべく延ばすようにする
・上記の制度は施工者が倒産すると効力がなくなる

施工者の倒産などへの対処法

・「住宅完成保証制度」に登録している施工者を選べば、倒産や瑕疵の無料修理に対応できる

036

隣近所とのトラブル

トラブル回避のために民法の知識を持っておく

トクする知識

- **隣地の植栽《しょくさい》の枝が越境**
  切り取るよう相手に請求できる[※]
- **隣地の植栽の根が越境**
  自分で切り取ることが可能

隣近所とのトラブルには、相隣関係規定という、権利調整のため土地や建物の所有者の権利や義務などを定めた規定があります。民法には強制力はありませんが、万が一トラブルが発生して、近隣との交渉をすることになった際には非常に有益な知識となります。

相隣関係規定には、工事などのために隣地居住者の承諾を得て隣地を使用できる「隣地使用権」や、他人の土地に囲まれた袋地《ふくろじ》の所有者が隣地を通行できる「囲繞《いにょう》地《ち》通行権《つうこうけん》」などがあります。他にも、新築に際しては建物を境界線から50cm以上離す義務がありますが、その地域で行われていなければ必要ないこと。隣地の植栽《しょくさい》の枝や根が越境して支障がある場合は、枝を切り取るよう請求でき、根は自分で切り取ることが可能など、細かなことが盛り込まれています。

なお、日照権は法律で明文化されたものではありませんが、その被害に対して損害賠償や建築の差し止めを請求することができます。ただし、受忍《じゅにん》限度といって、社会生活上がまんすべき限度を超えたと、裁判所が判断した場合に限られているようです。

ここがポイント

境界線から新築建物までの距離

50cm以上離す義務がある
※ただし、その地域で一般的に行われていなければ必要なし

民法

裁判所の確定判決で強制力が生じる

※ 催告しても切除しない場合は自分で切り取ることが可能

第3章

住まいのイメージづくり

依頼先を選び、間取りを考える。夢をカタチにする

「こんな家に住みたい」という
頭の中のイメージを
具体的なカタチにしていく過程に入ります。
間取りのイメージをふくらませたら
家づくりの依頼先を選びましょう。
工法の特徴がわかれば、夢はより具体的に。

037

安全な木造住宅とは

木造住宅の一般的な構法の種類とそれぞれの特徴を知る

トクする知識

- **木造軸組《もくぞうじくぐみ》構法** 筋《すじ》かいなどの耐力壁をきちんと入れる
- **2×4《ツーバイフォー》工法** 壁の量とバランスで性能が決まる

日本の木造には、神社仏閣や古い民家などで用いられている昔ながらの伝統構法がありますが、熟練した技術者が少なくなっているのが現状です。私たちに身近な構法には「木《もく》造軸組《ぞうじくぐみ》構法」と「2×4《ツーバイフォー》工法」があります。

木造軸組構法は、土台《どだい》、柱、梁《はり》で建物の骨《ほね》組《ぐみ》をつくり、筋《すじ》かいという斜めの材や軸組に構造用合板《ごうはん》などを釘打ちした耐力壁《たいりょくへき》をバランスよく配置して地震や風圧に耐えるよう考えられた構法です。間取りの自由度が高く、開放的な空間にも対応できます。増改築がしやすいのが特徴です。

2×4工法は断面寸法が公称2×4インチ、2×6インチなどの木材を主に使用して「枠」をつくり、その枠に構造用合板を釘打ちして「パネル」化する工法です。このため「枠組壁工法《わくぐみかべこうほう》」とも呼ばれます。パネルが耐力壁となり、建物全体にバランスよく配置することで地震や風圧、屋根や床の荷重《かじゅう》に耐えるようになっています。木造軸組構法に比べて工期が短いのが特徴ですが、増改築は耐力壁の量やバランスを考慮するため、自由度は木造軸組構法より低いといえます。

ここがポイント

木造軸組構法《もくぞうじくぐみ》
間取りの自由度が高く、増改築もしやすい

2×4《ツーバイフォー》工法
施工が簡単で、高い技能がなくても耐震性を確保できる

木造軸組《もくぞうじくぐみ》構法の軸組

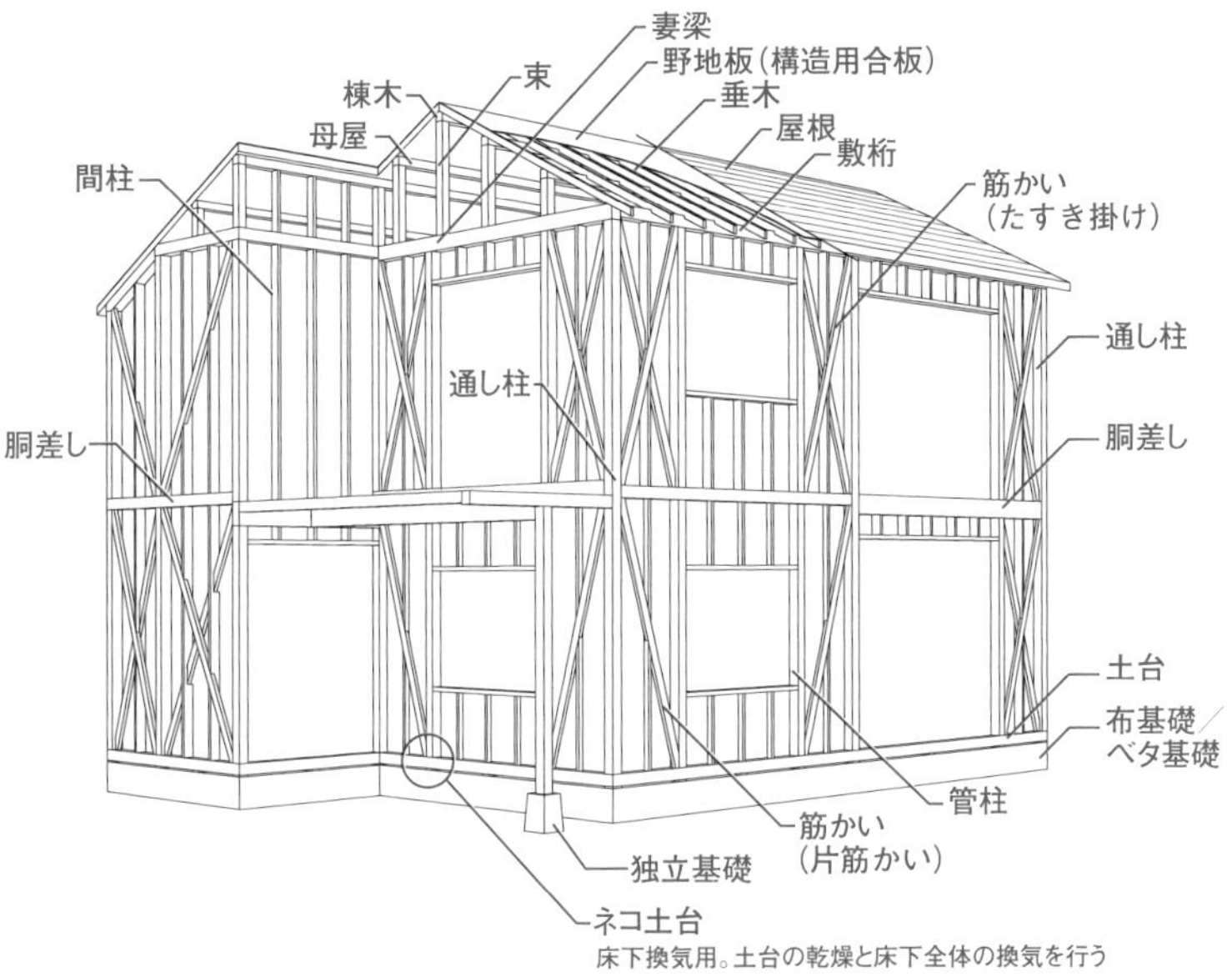

2×4《ツーバイフォー》工法の構造

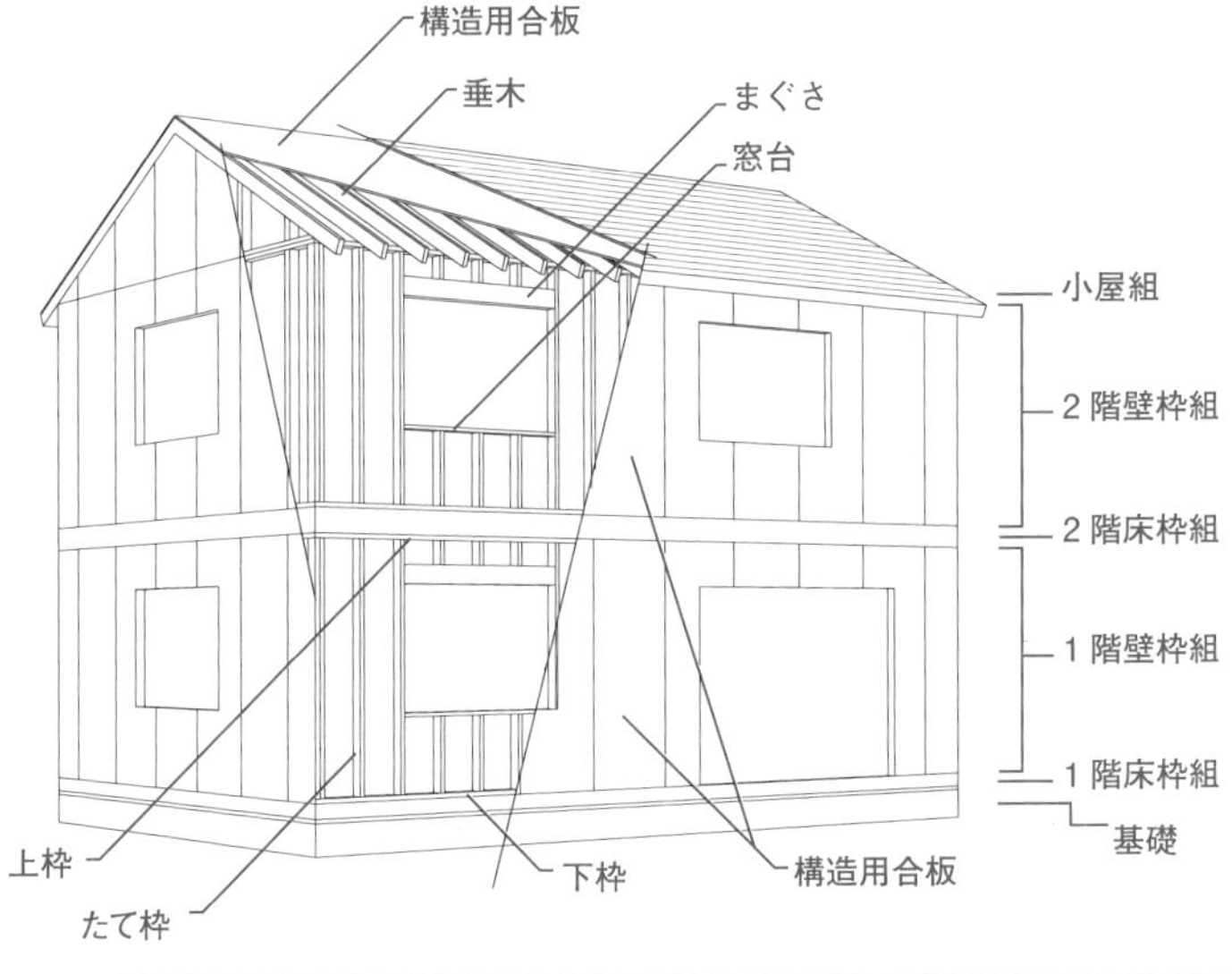

038

強いRC造と鉄骨造

鉄筋コンクリート造と鉄骨造それぞれの特徴を知る

鉄筋コンクリート造（RC造）は、鉄筋とコンクリートが一体で建物を支える構造。耐震性や耐火性にも優れているのが特徴です。柱と梁《はり》で建物を支える「ラーメン構造」と壁で支える「壁式《かべしき》構造」があります。施工は、現場で鉄筋を組み型枠《かたわく》を設置し、そこにコンクリートを流し込みます。施工の良否が建物の強度に影響をあたえることがあるので、施工管理が極めて重要です。また、コンクリートを乾燥させるため工期が長くなります。

鉄骨造には使用する鋼材の厚さや形によって「重量鉄骨造」と「軽量鉄骨造」があります。木造に比べて柱と柱の間隔を大きくとることができ、開放的空間が可能。また、RC造に比べて工期も比較的短縮できます。なお、建築の際、クレーンなどの大型機械を使用するため、前面道路が狭い敷地や旗竿《はたざお》敷地（路《ろ》地《じ》状《じょう》敷地）には不向きかもしれません。

その他には、あらかじめ部材の多くを工場生産し、現場で組み立てるプレハブ工法があります。

どの構造・工法で住まいを建てるかは、さまざまな条件を考慮して決定しましょう。

トクする知識

- **RC造**　施工管理が重要
- **鉄骨造**　重量鉄骨造は狭い敷地や狭い道路では工事が大変

ここがポイント

RC造

一番コストがかかるが、堅固な建物ができる。重いので地盤と基礎に注意する

鉄骨造

木造よりコストがかかるが、木造よりも開放的な大空間をつくれる

写真提供／八木真結子

写真提供／石川建築設計事務所

RC 造の仕組み

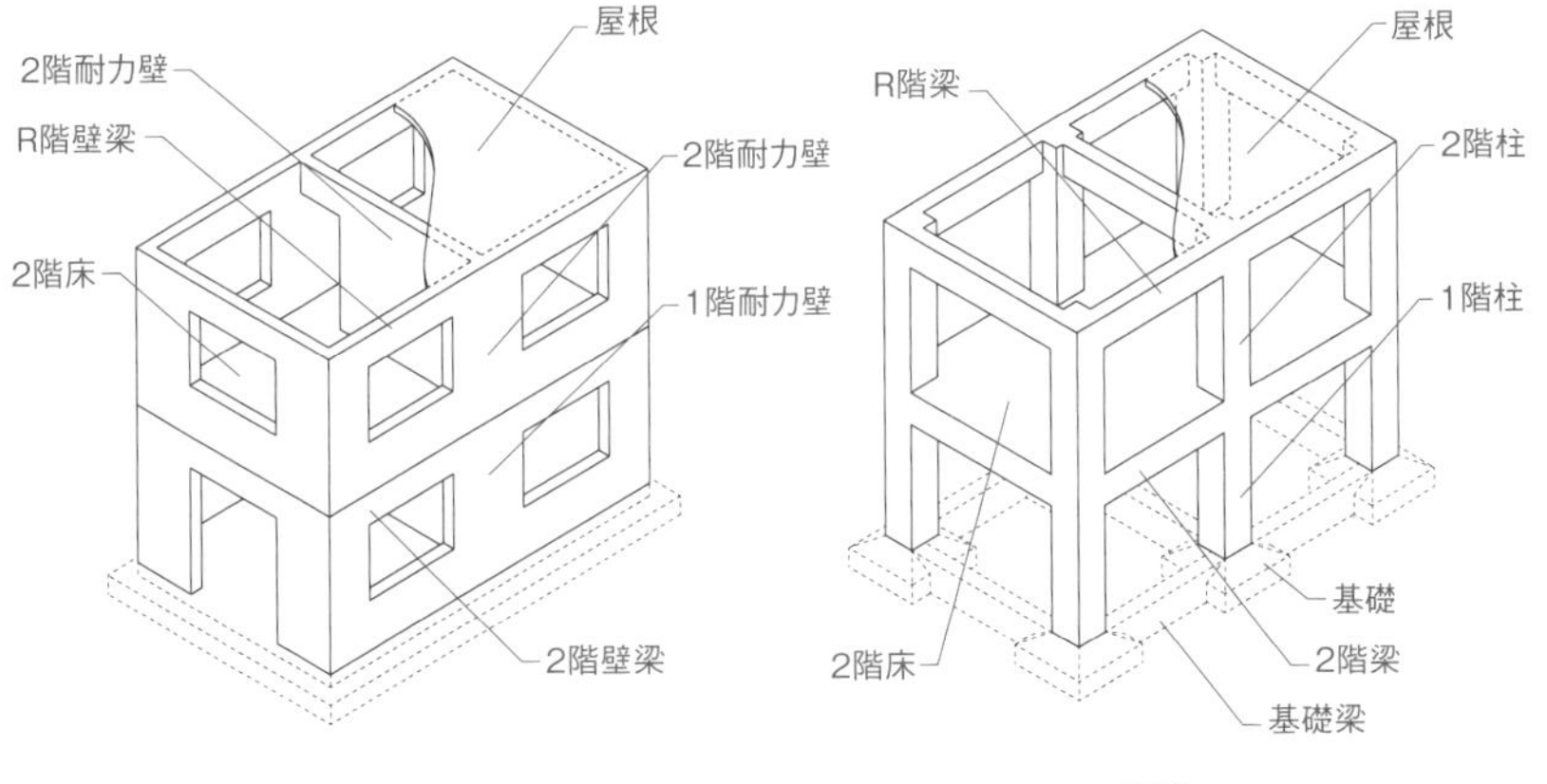

壁式構造　　ラーメン構造

039

住まいの間取り指南

LDKのプランニングで知っておきたい基礎知識

トクする知識

- **間取りのコツ**　個室を小さく、共用スペースを大きめに
- **広がりの演出**　吹き抜け、勾配《こうばい》天井、外部との連続で広く感じる

家族の好みや生活スタイルを整理し、それを間取りに上手に反映させることが大切です。

共用スペースは、できるだけゆとりある空間にすることが望ましいでしょう。広がりを感じさせる演出、風通しや日当たりを考慮します。都市部の住宅密集地では2階に共用スペースを配置して通風・採光を確保するケースも見られます。

●リビング、ダイニング　住まいの核となるリビング（L）やダイニング（D）、キッチン（K）は家族が集まる「共用スペース」として1つのまとまりで考えます。リビング、ダイニングはそれぞれ6畳からが目安。代表的なタイプに左頁の4タイプがあります。

●キッチン　キッチンのレイアウトの基本は左頁の4タイプ。ダイニングとのつながり方でオープン、セミオープン（対面）、クローズド（独立）に分かれます。オープンキッチンは料理中に家族とのコミュニケーションを図りやすいメリットがありますが、臭いや煙がLDKに流れる場合も。独立型にはその心配はありませんが、料理をする人が孤立しやすいので何を優先するかで選びましょう。

ここがポイント

密集地

2階に共用スペースを配置して採光・通風を

リビング、ダイニング

それぞれ6畳からが目安で、キッチン（3畳くらいから）を含めたつながりを検討

L・D・Kのつながり

D単独型

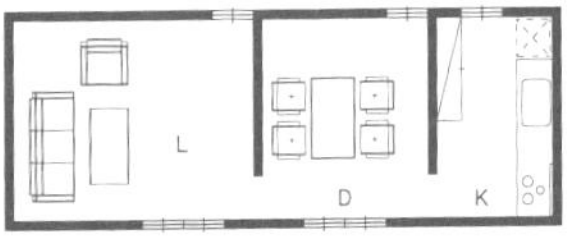

それぞれの部屋の独立性が保たれ、落ち着いた空間となる。比較的大規模の住宅向け

LD型

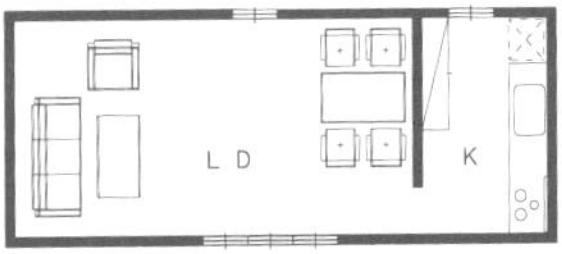

キッチンが独立しているので、キッチンとダイニングのつながり方(家事動線)がポイント。食事から、食後の団らんへの移行はスムーズ。中小規模の住宅向け

DK型

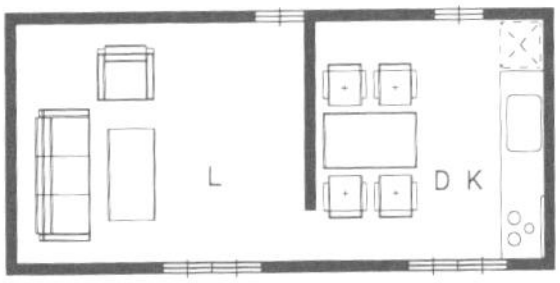

キッチンとダイニングが同室なので配膳や片づけは楽。ただし、DK空間にゆとりがない場合、食事が落ち着かなくなることも。中小規模の住宅向け

LDK型

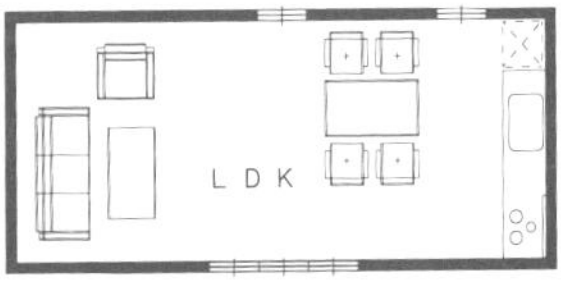

LDK全体でコンパクトにまとめることもできるため、小規模住宅でも可。料理や片づけをしながら、団らんに加わることができる。ただし、キッチンの臭いや煙がLDに拡散するので、換気がポイント

キッチンのレイアウト

Ⅰ型

狭いキッチンに対応できる。ただし、作業時の横方向の移動が大きい

Ⅱ型

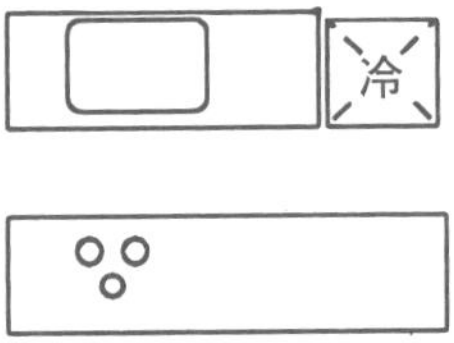

2人での作業がしやすい。横方向の移動距離が短いので、慣れると作業が楽

L型

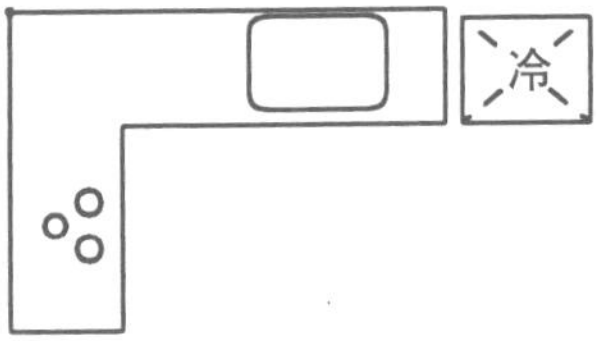

比較的狭いキッチンでも、広い作業スペースが確保できる。コーナー部分の活用がポイント

U型

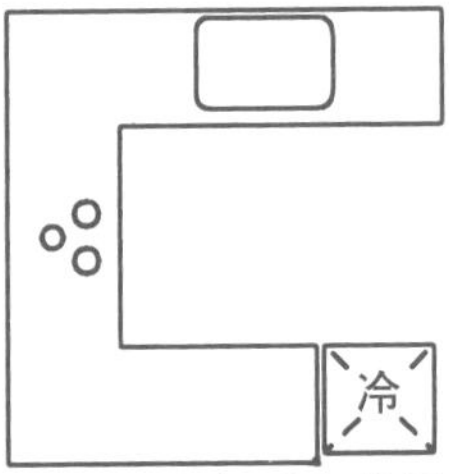

キッチンにある程度の広さが必要。U字の中を適度に狭くすると、移動距離が短くなり楽

040

個室と水まわり

各スペースの役割を考えてプランを検討する

●寝室（夫婦） ベッドなら最低でも8畳以上、布団なら6畳以上と布団を収納するための押入が必要です。寝室の配置はプライバシーの確保を優先させ、共用スペースから離れた場所に独立した部屋として配置します。

●子供室 子供の成長に伴って部屋の使い方や、部屋に求められる役割が変化します。住まいは5年、10年で建て替えるものではありませんので、将来を考えて、子供の成長に合わせて部屋に間仕切りをつけるなど、アレンジできるようにしておくのが望ましいでしょう。広さは一人当たり4畳以上が目安。なお、成長に伴う持ち物の増加に備えて、収納に余裕をもっておくことも必要です。

●浴室、洗面・脱衣室、トイレ 設置される衛生設備機器に給排水や給湯の配管が必要となるので、水まわりは1カ所にまとめた方が経済的です。左頁によく見られる組み合わせのパターンをまとめてあるので、参考にしてください。洗濯機を置くスペースは半畳弱が必要。トイレは共用スペース、個室スペースそれぞれにあるのが望ましいでしょう。

トクする知識

●寝室（夫婦） ベッドなら最低8畳、布団で最低6畳＋押入（1畳）

●子供室 子供の成長に合わせて後で間仕切りを設置できるように

ここがポイント！

水まわり

浴室（約２畳）、洗面・脱衣室（約２畳）、トイレ（1畳）合わせて４～５畳程度

洗濯機

脱衣室に置くなら、おおむね半畳弱のスペースが必要

変化する子供室

〜小学生(低学年)　→　〜小学生(高学年)　→　中学生〜

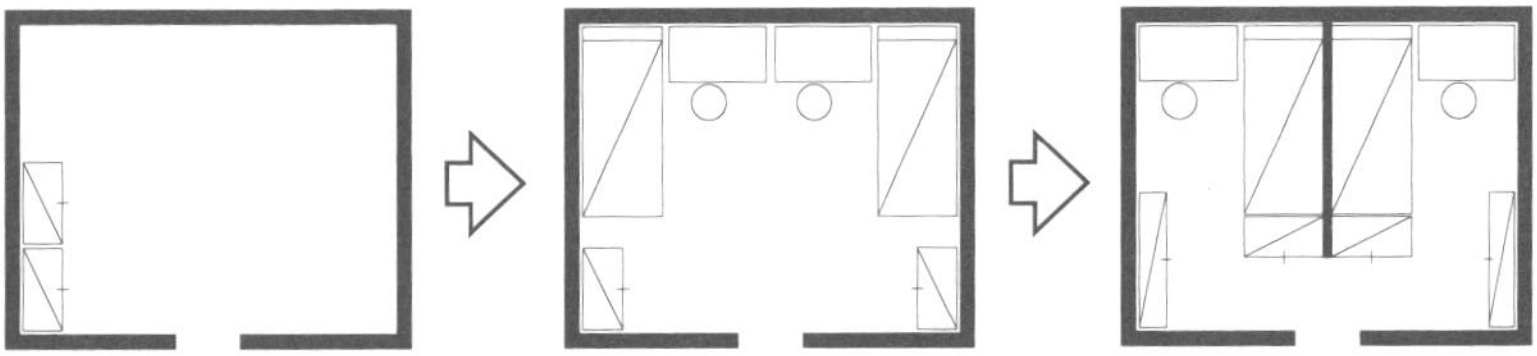

〜小学生(低学年)	〜小学生(高学年)	中学生〜
広い遊び場的な子供室。勉強は、別に設けた共用のスペースで	勉強と就寝に必要な机・いす、ベッド、収納棚を配置。個室化せず開放的に	子供の成長に合わせて個室化。勉強と就寝のためのコンパクトな空間に分ける

水まわりの配置パターン例

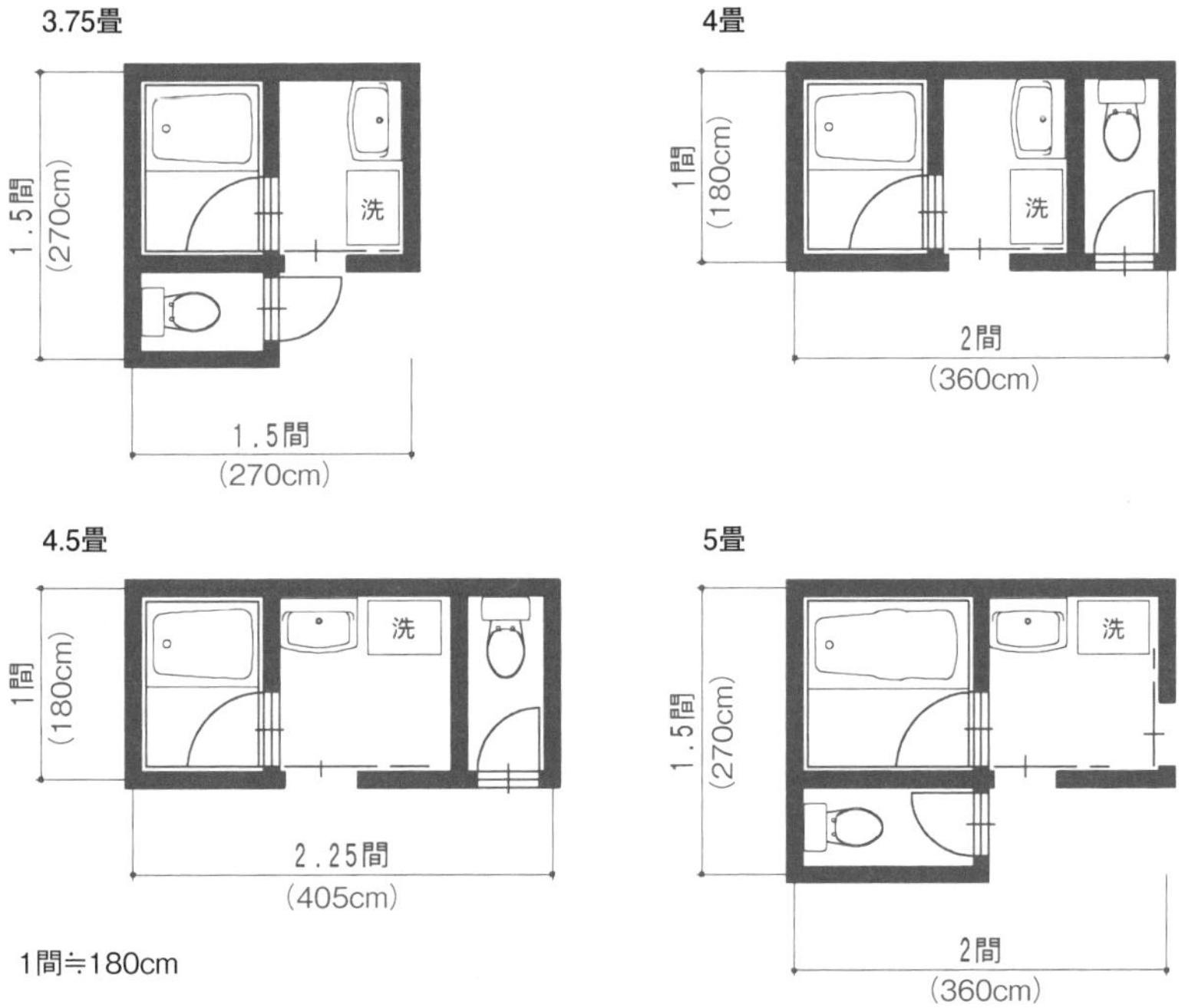

1間≒180cm

041

玄関・廊下・階段・収納

細かな部分にも配慮して、満足度の高い間取りをつくる

トクする知識

- **玄関**　天井までの収納を用意する
- **廊下・階段**　最低幅80cmを確保する

●玄関　最低限必要なスペースは2畳。来客を迎える場所ですから、できるだけ明るく、歓迎の気持ちが表れる演出をしたいもの。また、靴だけでなく傘、スリッパ、コート、場合によってはスポーツ用品や日曜大工用具をしまえる十分な収納が必要です。

●廊下、階段　間取りの無駄をなくすため、必要最小限のスペースでまとめるとよいでしょう。曲がり角が多いと出会い頭の事故につながり危険です。階段は昇りやすい勾配で、手すりを設け安全に配慮しましょう。廊下・階段ともに、幅は最低でも80cm程度確保したいものです。

●収納　物は家族の成長に合わせて増えますから、あらかじめ将来を予測して収納スペースを用意する必要があります。一方で、物を減らす暮らし方を考える必要もあります。収納には、押入から食器棚までさまざまな用途のものがあり、何を収納するかによって必要な奥行きが決まります（表）。扉や引き出しがある場合は、開閉のための動作スペースが必要になりますので、収納の配置を考える際は必ず確認しましょう（図）。

ここがポイント

収納

扉や引き出しを開ける開閉動作のスペースが必要。整理ダンス（奥行45cm）なら100～120cm、洋服ダンス（奥行60cm）なら90～150cm確保する

開閉動作に必要なスペース

整理ダンスの開閉

洋服ダンスの開閉

階段の形態

直進階段

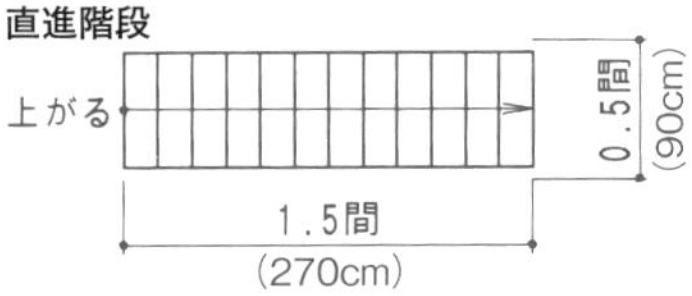

最も単純な形態だが、万一転落すると一気に下階まで落ちてしまう。手すりや踊り場などを設置したい

回り階段

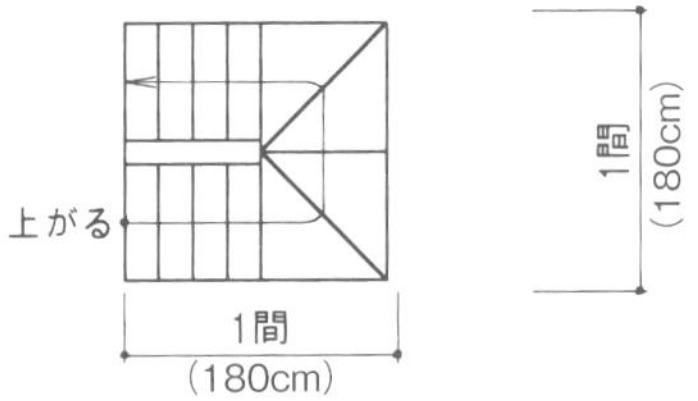

踊り場がない分、少ない面積で済む。体の向きをかえながら昇降する回転部分は特に安全に配慮したい

折返し階段

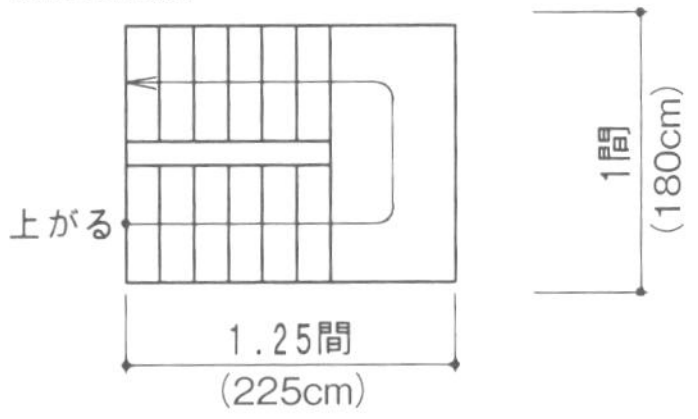

最も昇降がしやすく、比較的安全な形態。やや面積が大きくなる

1間≒180cm

収納の種類と奥行き

奥行寸法（cm）	収納の例	収納するもの
25	本棚	雑誌・本（A4判21cm、B5判18.2cm）、ファイルなど
35	下駄箱、食器棚、キャビネット	食器、調理用具、鍋、靴など
45	整理ダンス、和ダンス	和服、洋服（セーター、ワイシャツなど）、バッグ、スポーツ用品など
60	洋服ダンス、クロゼット	洋服（スーツ、コート、ジャケットなど）、座ぶとん、スーツケースなど
80	押入	布団

042

間取りをつくろう

家野さんの家づくりの例を参考に、間取りづくりを実践

家野《いえの》さんは4人家族。小学校4年生の長女と1年生の長男がいます。家を建てることになった家野さんの「間取りづくり」のシナリオは次のとおりです。

①家族の要望をまとめる
②敷地と周辺環境を把握する
③建物のだいたいの大きさをつかむ
④ゾーニング（エリア分け）を考える
⑤間取りを考える

　購入した敷地は約42坪（140㎡）。道路は東側に位置し、土地の高低差はありません。そこで、建物を北および西側に寄せ、東側に駐車スペースを配置することにしました（図）。敷地の建ぺい率は50%、容積率は100%。この場合、どれくらいの大きさの家が建てられるか、上限を出すと左頁のようになりました。

　一般的に、建物の規模が大きくなるほど費用がかかります。家野さんの場合、予算を考えて延べ床面積36坪程度として検討を進めることにしました。

　では、次の項では、ゾーニングを考えていきましょう。

トクする知識

●間取りのシナリオ

❶家族の要望をまとめる
❷敷地・周辺環境の把握と建物規模
❸ゾーニングと具体的な間取り

ここがポイント

建物面積の出し方

（72 頁参照）

・許容建築面積＝敷地面積×建ぺい率
・許容延べ床面積＝敷地面積×容積率
※建築面積＝建物の投影面積
延べ床面積＝床面積の合計

家野さんの配置計画

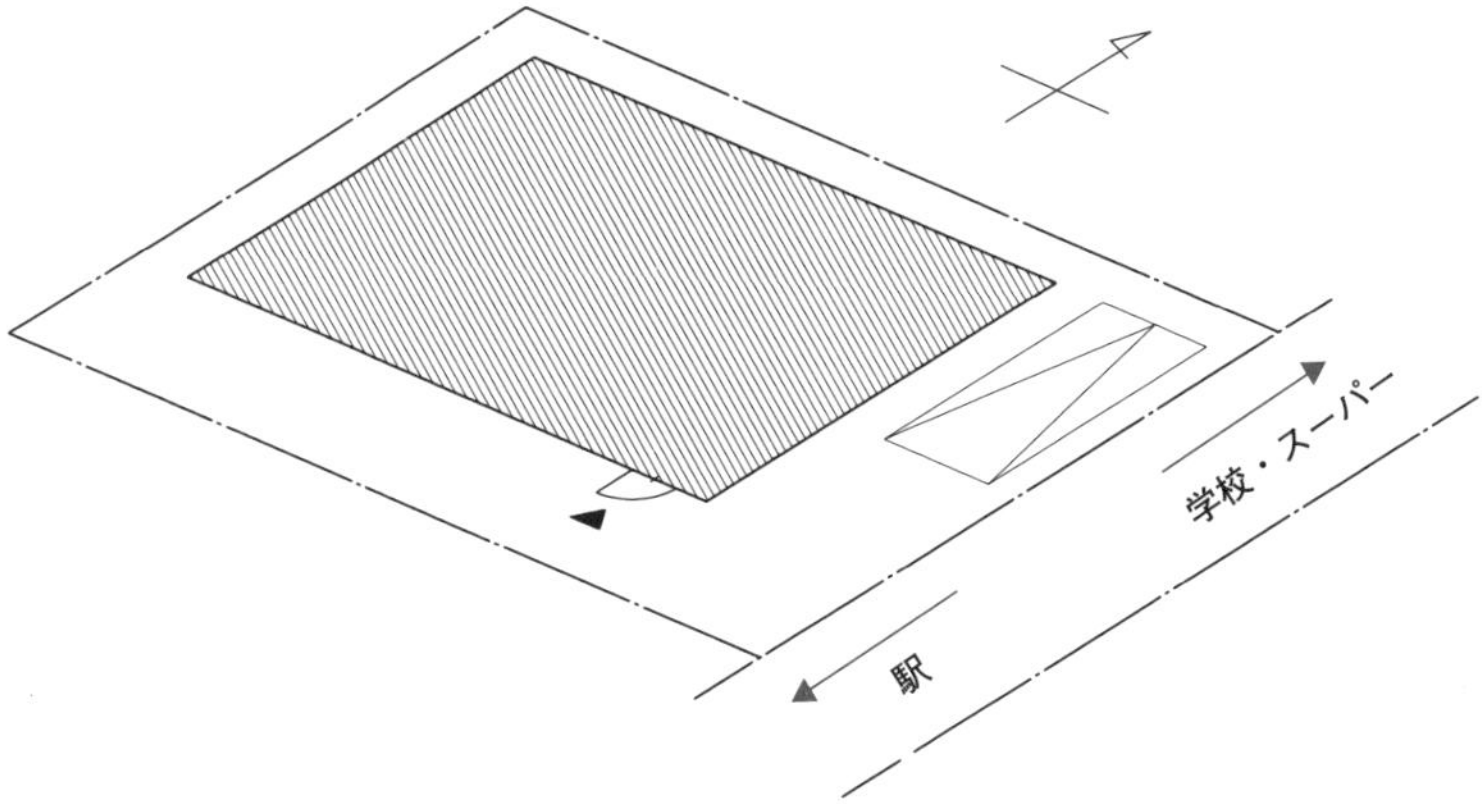

家野さんの新しい住まいへの要望

	要望事項	
パパ	1．小さくてもいいから書斎が欲しい	△
	2．車庫と日曜大工用の収納が欲しい	○
	3．子供たちが大きくなったら、子供室を別用途に使いたい	○
	4．居間の近くに和室が欲しい（ゴロ寝したい）	○
	5．2階にみんなで使える部屋が欲しい	○
	6．風呂とトイレを寝室の近くに配置したい	△
ママ	1．用途に合わせた収納が欲しい	△
	2．キッチンはあまり人に見られたくないので、独立型にしたい	○
	3．水まわりは機能的にしたい	○
	4．大きな食卓が欲しい	○
	5．吹き抜けが欲しい	○
	6．子供室へはリビングを通っていくようにしたい	○
子供たち	1．個室が欲しい	×
	2．大きな木の机が欲しい	△
	3．階段のある家が欲しい	○
	4．2段ベッドが欲しい	△

面積の計算

建築面積の限度＝敷地面積×建ぺい率＝ 140 ㎡× 50%＝ 70 ㎡（約 21 坪）
延べ床面積の限度＝敷地面積×容積率＝ 140 ㎡× 100%＝ 140 ㎡（約 42 坪）

043

超簡単！間取りの極意

家族の要望をもとにスペースをゾーニング

　玄関から入り、くつろぐ・食べる・寝る・家事をするといった生活行動がスムーズにできるよう、各部屋の役割とつながりを考えてゾーニングを行います。まずは、共用スペース、個室スペース、水まわりなどのスペースを配分。目安は床面積の各1／3ずつです。家野さんの場合は、それぞれ12坪（24畳）程度になります。

　ここで、家野さんは、住まいへの家族の要望（93頁）を見ながら、必要な部屋をリストアップ（左頁表）。前述の12坪を目安にしてそれぞれの部屋の広さの見当をつけたうえで、部屋の配置を1階と2階に大まかに割り当てていきました。

　ゾーニングで大切なのは「建物は立体で考える」こと。特に、階段の位置は上下階で揃えなければいけません。その他、吹き抜けの位置を揃える、子供室やトイレ・洗面所などの水まわりを上階に配置する場合には音の影響を考えて下の部屋を割り当てる、などの配慮も必要になります。

　家族全員で考えた結果、家野さんのゾーニングは左頁の図のようになりました。

トクする知識

●スペース配分の原則

・共用スペース……約１／３
・個室スペース……約１／３
・残りスペース……約１／３

ここがポイント

よくある失敗

・上下階で階段の位置が違う
・上下階で吹き抜けの位置が違う
・上階の子供室、トイレなどで、下階への音の影響を考慮していない

新しい住まいに必要な部屋

	区分		広さ（畳）
1階	共用スペース	リビング・ダイニング	12.0
		キッチン	4.0
		和室	8.0
	水まわりスペース	浴室	2.0
		洗面・脱衣室	2.0
		トイレ	1.0
	その他	収納	4.0
		玄関	4.0
		階段・廊下他	3.0
	小計		40.0
2階	個室スペース	寝室	7.5
		子供室	7.5
		プレイルーム	8.0
	水まわりスペース	トイレ	1.0
	その他	階段・廊下	8.0
	小計		32.0
	合計		72.0

区分別	共用スペース（リビング・ダイニング、キッチン、和室）	24畳		33.3%
	個室スペース（寝室、子供室、プレイルーム）	23畳		32.0%
	水まわりスペース（浴室、洗面脱衣室、1階トイレ、2階トイレ）	6畳	8.3%	34.7%
	その他（収納、玄関、1階階段・廊下他、2階階段・廊下）	19畳	26.4%	

ゾーニングの結果

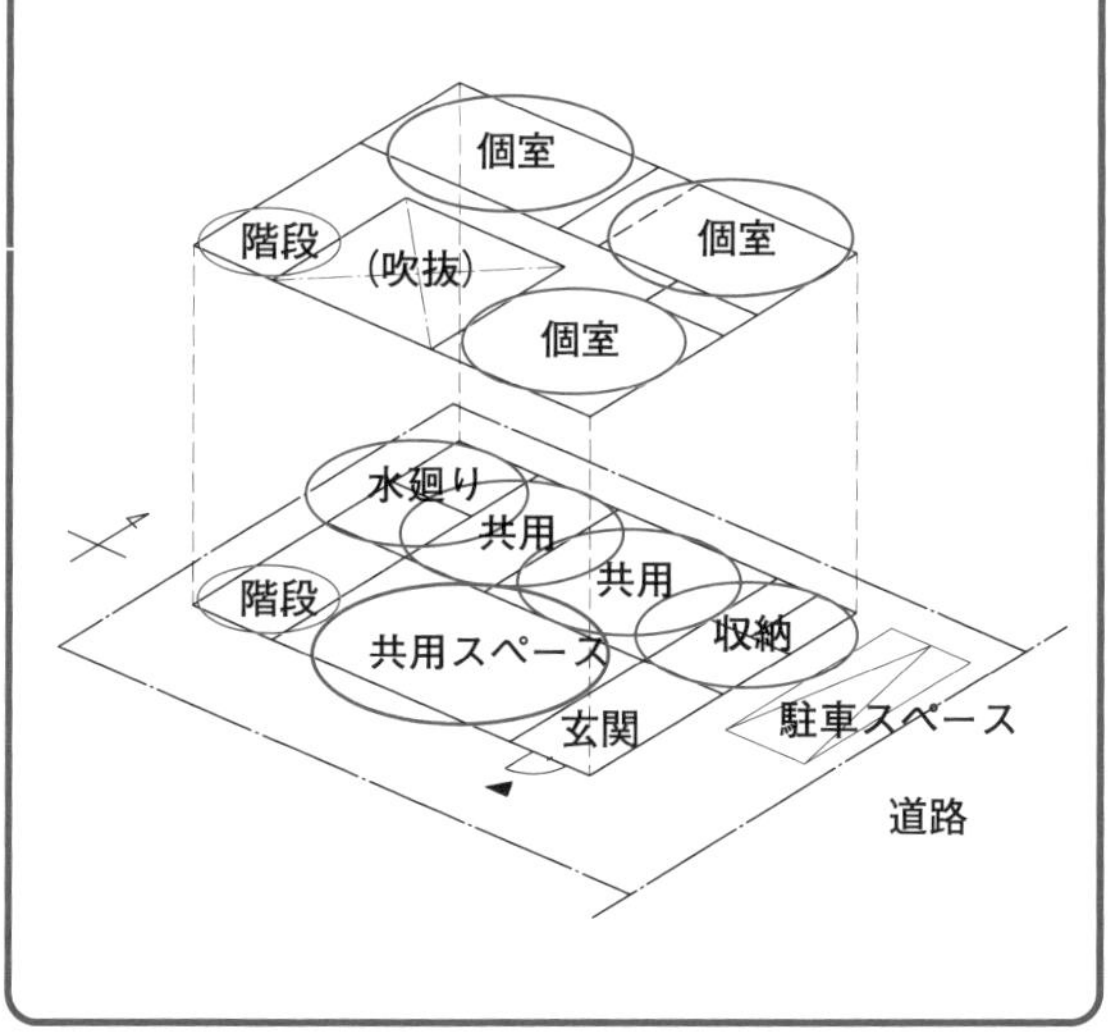

044

間取りを具体化する

ゾーニングをもとに、各部屋の広さと間取りを決定

家野さんは前項目のゾーニングの結果をもとに、左頁のような間取りを考えました。リビング・ダイニングは12畳。特に広いスペースではありませんが、大きなテーブルを中心に家族が集まるようになっています。また、8畳の吹き抜けにより、空間の広がりと2階との一体感を得られます。

キッチンは奥様の要望どおりクローズド型ですが、引き違い戸を開けておけば、リビングの様子がわかります。

2階はコンパクトな寝室と子供室に対して、多目的に使えるプレイルームを広くとり、バルコニーや吹き抜けと合わせて開放的な空間を演出しています。子供室には間仕切りを追加することが可能です。

なお、玄関から2階へ上がるには必ずリビング・ダイニングを通るなど、家族のコミュニケーションにも配慮した間取りです。

住まいへの考えは人それぞれ。すべての人にあてはまる間取りはありません。しかし、あれこれと間取りを考えるのは楽しいもの。設計者に任せるところは任せ、家族は楽しみながら間取りを考えてみましょう。

トクする知識

- **外部との連続性**　1階のリビングとダイニングを一体化して、テラスを設ける
- **1・2階の一体化**　吹き抜け

ここがポイント

- 個室をコンパクトにまとめ、その分プレイルームなどの共用スペースを充実させる
- 大テーブルで食事、勉強、家事、趣味など、家族みんなが楽しめる工夫を考える

家野さんの間取り

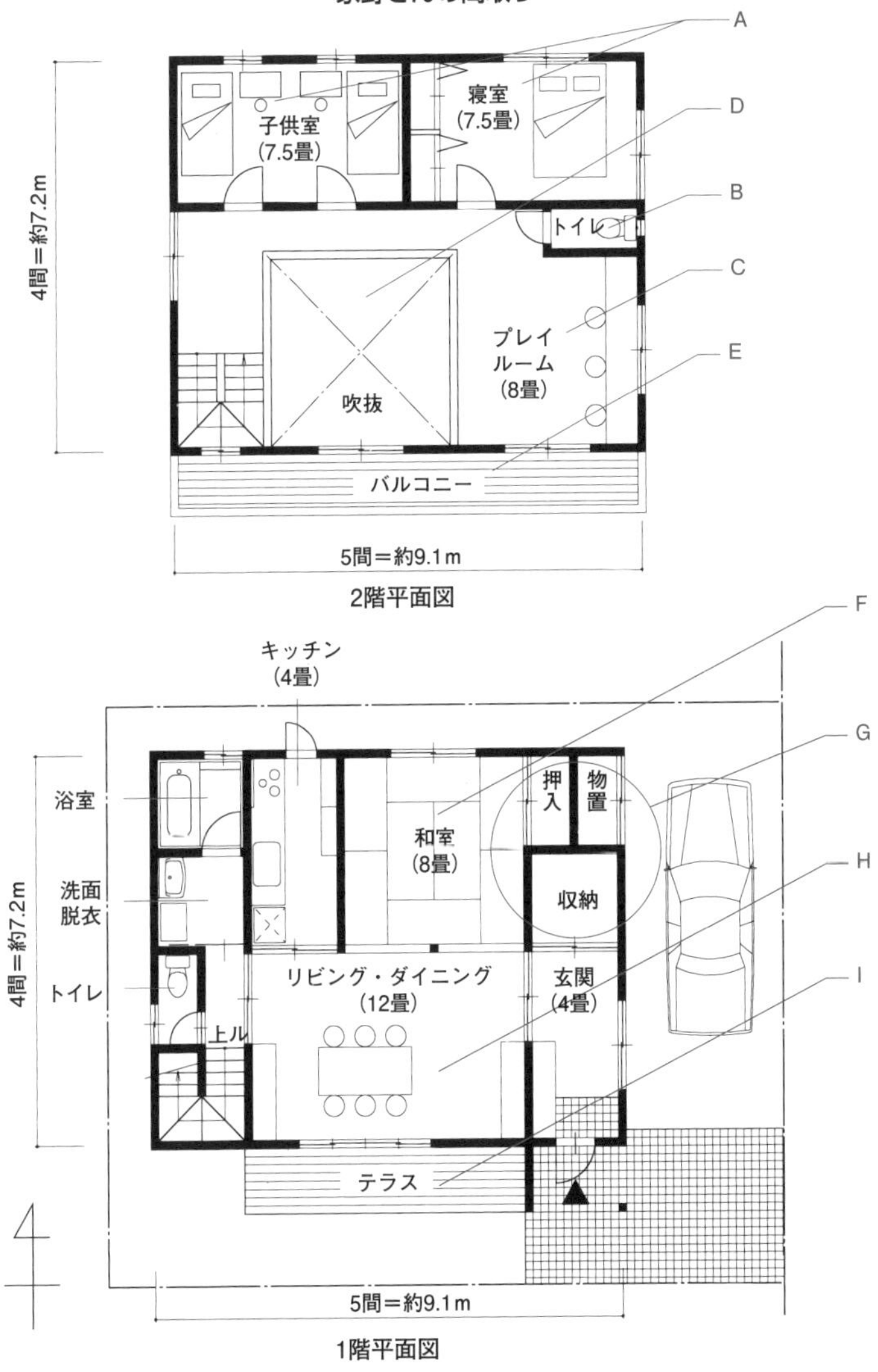

〔2F〕 A コンパクトにまとめた個室。その分、プレイルームを充実
B 共用スペースと個室スペース、両方にトイレがあると便利
C 子供たちの勉強やパパの趣味に。家族みんなで使えるスペース
D 吹き抜けにより、1・2階を一体化
E 広めにとったバルコニー

〔1F〕 F 和室でゴロ寝。予備室としても使用できる
G ゆとりある収納スペース
H 大きなテーブルで食事・宿題・家事など
I リビング・ダイニングと一体化したテラス

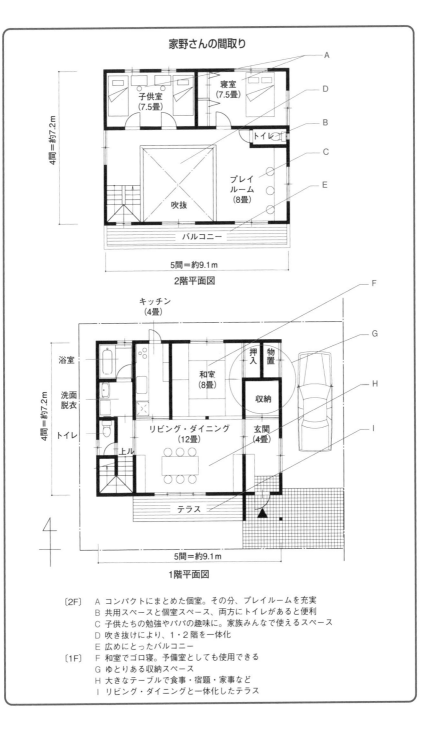

045

旗竿《はたざお》・狭小の間取り

敷地条件が厳しい場合の2つの実例プランを見てみる

ここでは条件の厳しい変形敷地の場合と、狭小敷地のプランを紹介しましょう。

実例1は竿のような細い路地部分だけが道路に接した旗竿《はたざお》敷地に建てるプラン。こうした敷地では周りに住宅が建て込んでいる場合が多く、日当たりや視線のコントロールの検討が必要です。この実例では1階への日当たりや開放感は期待しにくいため、家族が集まるリビング・ダイニング・キッチンを2階に配置しました。さらに2階部分だけやや北側に引き、隣家との距離を保つことで、南に大きな窓を設けても視線が気にならないよう工夫しています。

狭小敷地でも間取りの工夫で広がりのある空間にできます。実例2は西側が道路に面し、奥に伸びる約26坪の敷地です。2階のフロアすべてをＬＤＫに費やし窓は南側の壁の高い位置に設置することで、プライバシーを守りながら室内からは空へと視線が気持ちよく抜けます。また、太陽光は高い位置から取り込むと部屋の奥まで光が届きます。

トクする知識

- **日当たりの確保**　窓の工夫で冬でも十分な日当たりに
- **プライバシー**　南面する寝室の窓は条件により控えめに

ここがポイント

上下逆転プラン
2階を共用スペースにしてプライバシーと日当たりを確保する

ハイサイドライト
壁の高い位置に設ける窓のこと。プライバシーを守りつつ、採光を得ることができる

実例1

1 階平面

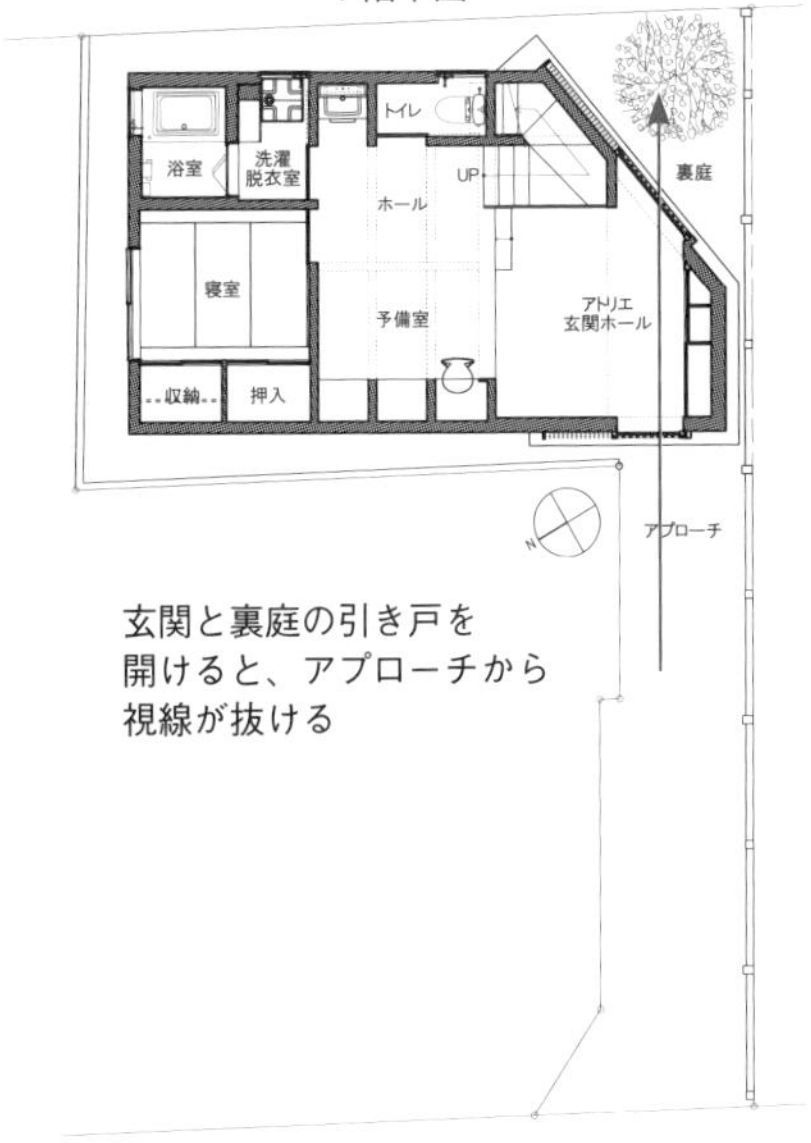

玄関と裏庭の引き戸を
開けると、アプローチから
視線が抜ける

2 階平面

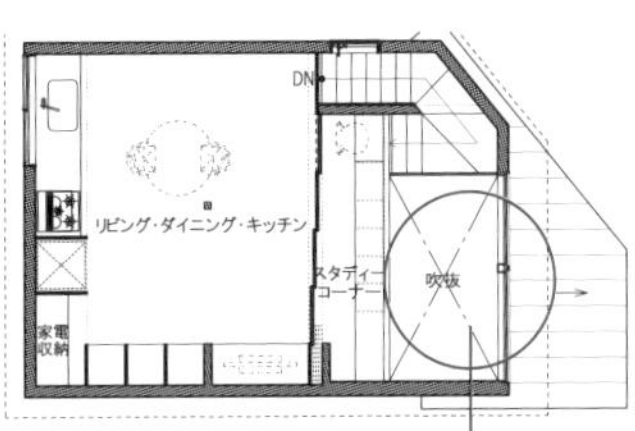

南面に設けた窓から
吹き抜けを通じて
1 階まで光が届く

国分寺の小さな住居	
家族構成	夫婦
敷地面積	88.26㎡（26.69坪）
延べ床面積	71.12㎡（21.51坪）
1階床面積	40.83㎡（12.35坪）
2階床面積	30.29㎡（9.16坪）
設計	青木律典／デザインライフ設計室

実例2

1F 平面

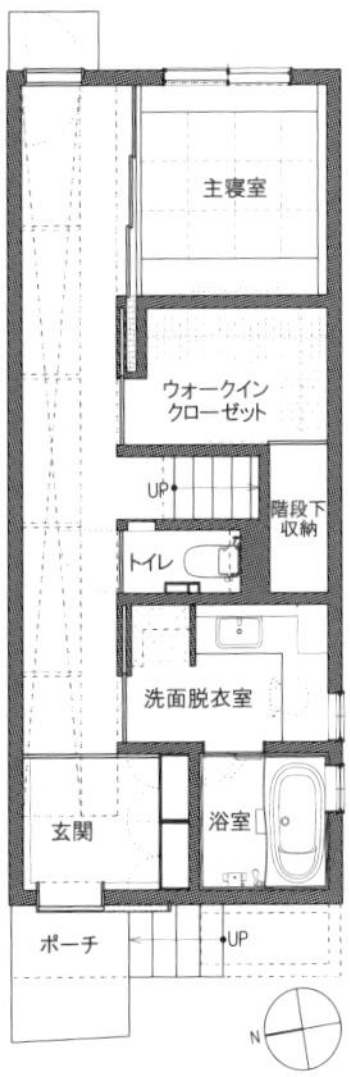

2F 平面

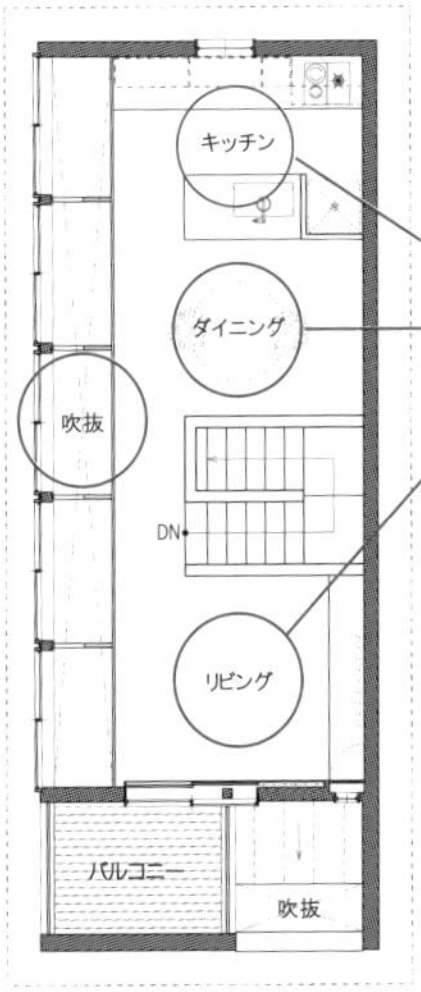

2 階はワンルームの LDK とする
ことで開放的な空間に。
北側に設けた吹き抜けから 1 階
まで光が届く

鶴川の連窓住宅	
家族構成	夫婦
敷地面積	86.12㎡（26.05坪）
延べ床面積	69.97㎡（21.17坪）
1階床面積	40.99㎡（12.40坪）
2階床面積	28.98㎡（8.77坪）
設計	青木律典／デザインライフ設計室

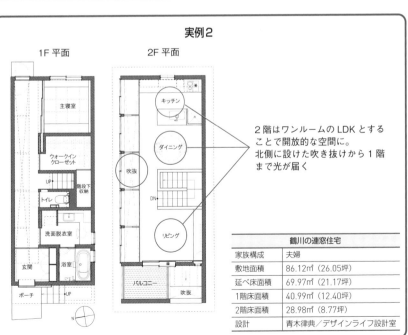

046

二世帯住宅の間取り

適度に距離感のある間取りが成功のカギ

親と子の世帯が一つの建物に同居する住宅を二世帯住宅とよびます。二世帯住宅を計画する際は、それぞれの世帯の関係性や生活リズムの違いを早い段階から共有することが大切です。

戸建の場合、上下階で世帯を分ける間取りが一般的です。実例３は１階を親世帯、２階を子世帯の住まいとして計画した二世帯住宅です。玄関は道路から見て右側が子世帯用、左側が親世帯用と分けています。

また寝室だけでなく、ＬＤＫや浴室、トイレなど一通りの機能は各階で完結させています。普段の生活はお互い独立し、ほどよい距離を保てます。一方、階段は外でなく室内に計画しました。１階納戸を通れば親世帯の居室へスムーズにアクセスできるので、介護などが必要な場合は行き来しやすいようになっています。

このようにほどよい距離感を保ちつつ、将来の変化を想定した間取りを考えるとよいでしょう。

トクする知識

● **水まわりの位置は重ねる** 上下階で浴室や洗面・脱衣室が重なるように配置すると、音の影響に配慮でき、コスト面も優れる

ここがポイント

上下分離型プラン

1階が親世帯、2階以上が子世帯の二世帯住宅。生活パターンによって玄関、階段、共用空間の設け方が異なる(228頁参照)。1階への音の問題を検討すること

実例3

2F 平面（子世帯）

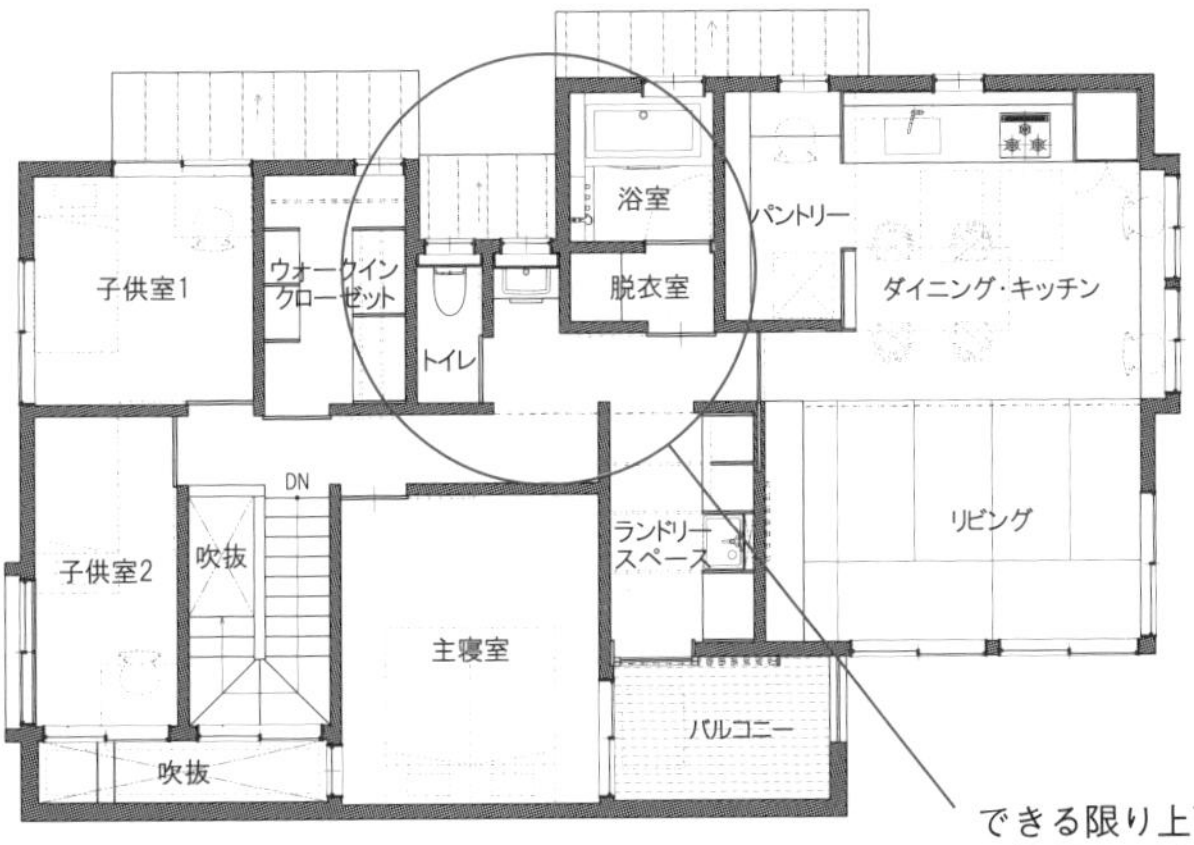

できる限り上下階で水まわりの位置を一致するように計画。音の問題に配慮した

1F 平面（親世帯）

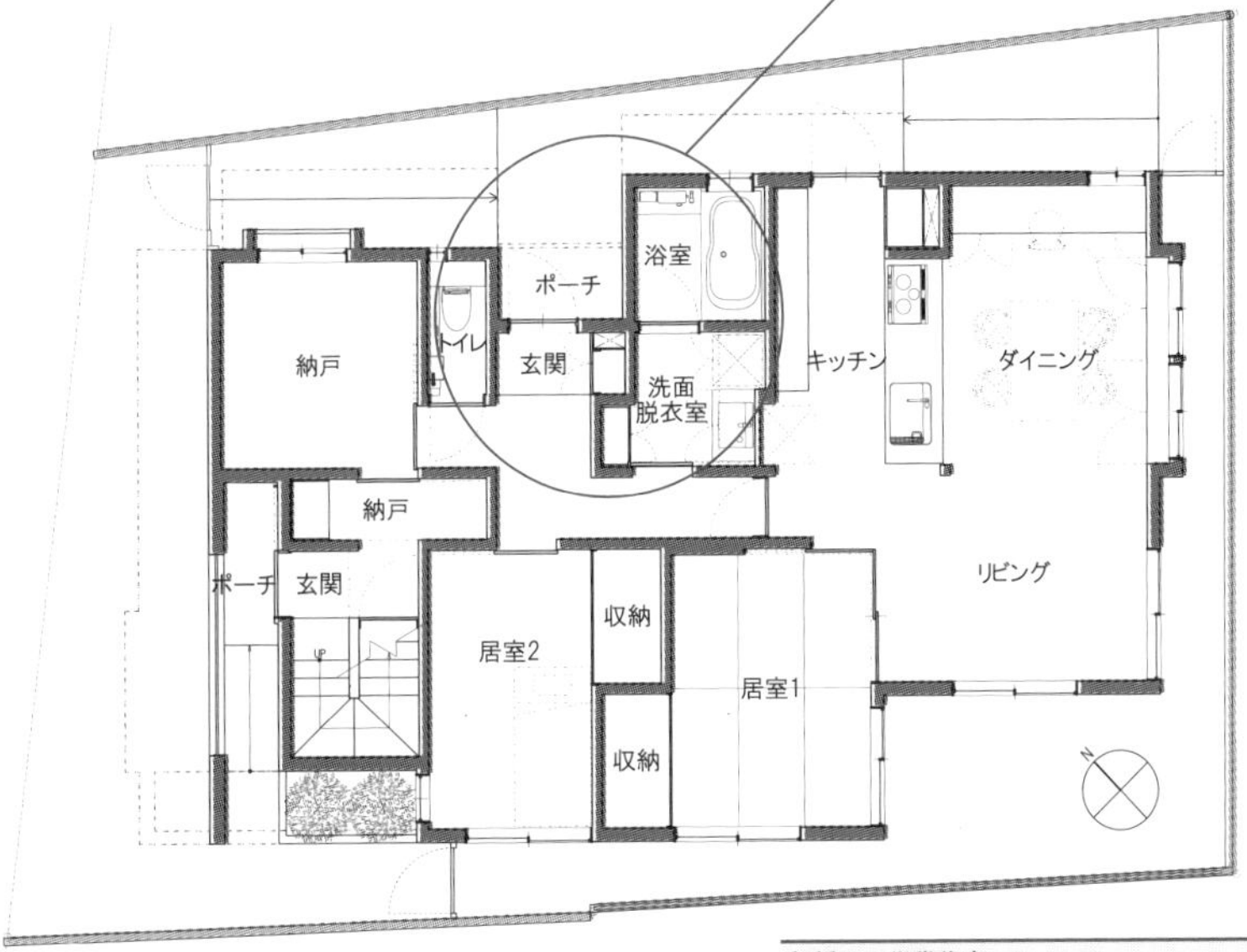

板橋の二世帯住宅	
家族構成	両親＋夫婦＋子ども2人
敷地面積	160.23㎡（48.46坪）
延べ床面積	170.70㎡（51.63坪）
1階床面積	82.38㎡（24.91坪）
2階床面積	88.32㎡（26.71坪）
設計	青木律典／デザインライフ設計室

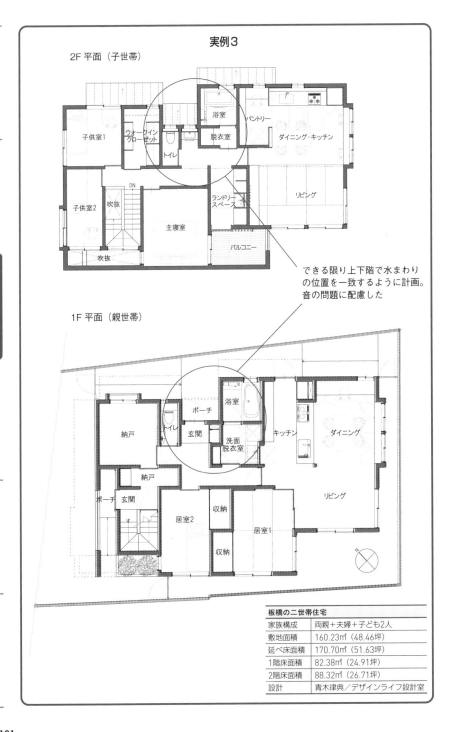

047

安心のハウスメーカー

ハウスメーカーに依頼する場合のメリットと注意点

トクする知識

- 土地探し、資金計画からメンテナンスまでサービスが充実
- 材料の品質が比較的安定していて、工期も短い

ハウスメーカーとは一般的に、広範囲な営業網を持つ大手の住宅建築会社。部材の生産や施工の工場生産比率を高めてシステム化を図っています。土地探しや資金計画、アフターサービスまで家づくり全般にわたるサービス体制がメリットです。施工は地元の協力工務店などが担当するケースが多いため、工事をチェックする体制が確立していることが望まれます。

ラフプランは営業マンがつくることが多いようです。その後、細部は設計担当者が加わりますが、ハウスメーカーで建てる家は基本的には規格化された工業製品の組み合わせのため、プランに多少の制約があることは否めません。敷地の大きさや形など、条件によっては建てられないこともあります。フリープランの場合でも、そのメーカーの構造・工法を前提としています。また、壁などの仕上げ材や建具《ぐ》は、ある程度決められた範囲から選ぶのが一般的です。

ハウスメーカーの情報は比較的得やすいといえます。左の表に情報の活用ポイントをまとめましたので参考にしてください。

ここがポイント

・協力会社の技術力で品質が左右されることも
・プランや材料選択に一定の制約がある
・営業マンの能力と相性が重要

ハウスメーカー選びの情報源

情報源	活用ポイント
住宅雑誌	商品情報や施工事例をチェックします 施工事例には、写真の他に間取り図と、床面積などの基礎データが掲載されていることが多いので、自分の家づくりの参考にしましょう
モデルハウス	実際の生活を念頭におきながら、空間や使い勝手を体感しましょう ただし、モデルハウスは広い敷地に最高のグレードで、理想的に建てられています。自分の予算や条件に合わせて冷静に判断してください また、家具やカーテン、小物などがセンスよくコーディネイトされていて、ついつい目が行きがちですが、これは住宅の質とは無関係です。これらの装飾を除いた、住宅そのものをチェックしてください 営業マンがさまざまな質問に応じてくれますので、警戒しすぎずに接してみましょう。このとき、営業マンの人柄や対応の姿勢もチェックしましょう
カタログ	商品の詳細な情報をチェックします。特に、標準仕様の内容と、その場合の本体工事費は必ず確認しましょう カタログにはモデルハウスの写真が使われる場合が多く、標準以外の仕様や設備が掲載されていることがあります。それが、どのグレードのどんな仕様かを十分理解するとともに、標準仕様の内容も把握しておく必要があります
インターネット	ハウスメーカーのホームページでは、会社情報や商品情報を調べることができます 最近では、家づくりのノウハウを掲載したり、Q＆Aコーナーを開設するなど、各社工夫を凝らしたホームページが増えています 現場見学会やオープンハウス（内覧会）、セミナーの情報も掲載されていますので、上手に活用してください 個人の発信する情報には誤った情報も含まれる場合がありますので、慎重に判断してください

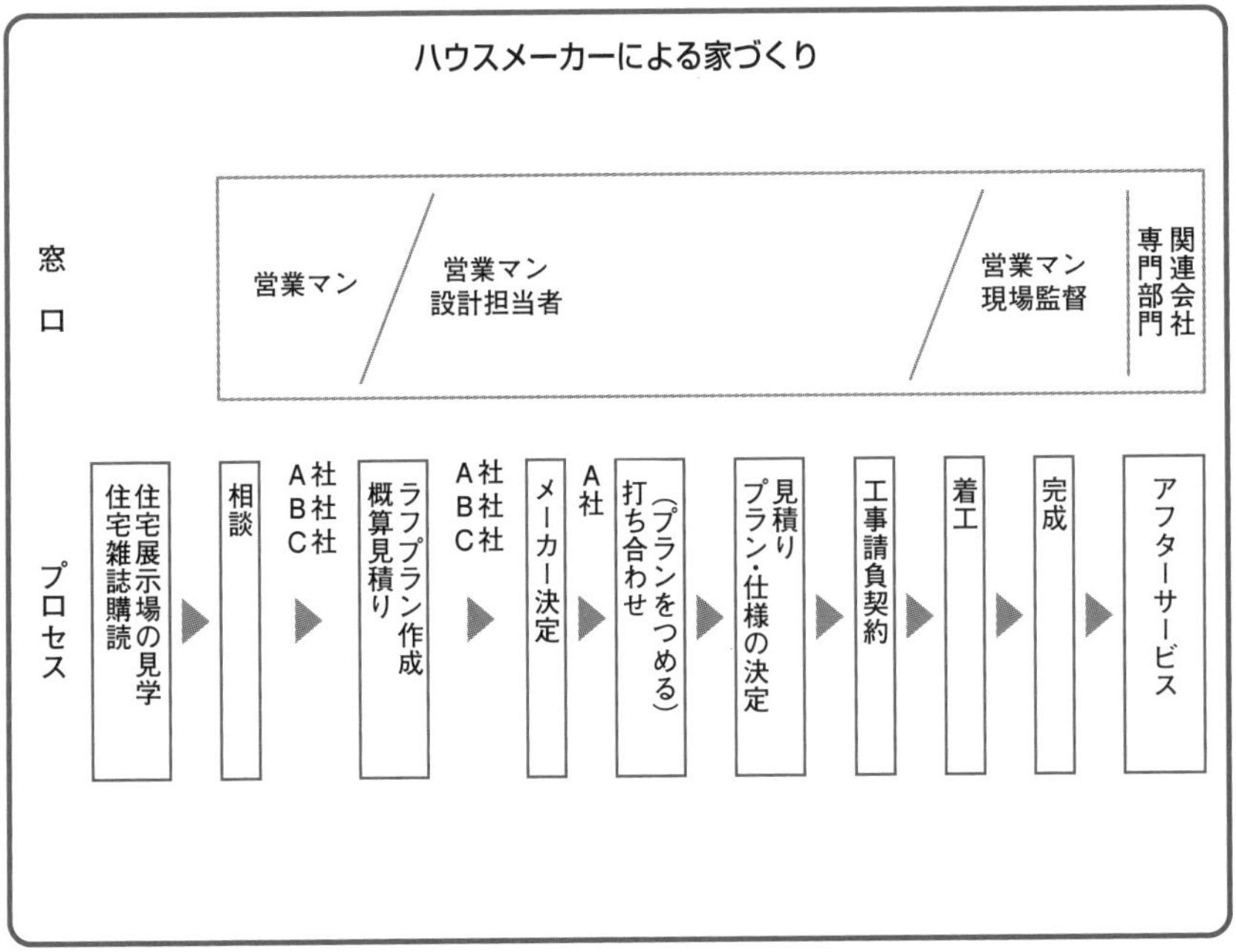

048

工務店は技と統率力

工務店のメリットと注意点、選び方のポイントを知る

トクする知識

- 建築主の希望や条件に合わせた自由設計が基本
- 小回りが利くので素早い対応を期待できる

工務店とは一般的に、営業網を比較的狭い地域に限定し、地元に密着した建築会社をいいます。規模は大小さまざまですが、社長と数名の大工、事務員という小規模経営の会社が大半を占めています。工務店は、設計から施工まで一貫して家づくりを依頼でき、小規模ならではの機動力と細かな対応がメリットです。しかし、デザインや見栄えについては、工務店側の施工のしやすさが優先されてしまうことも。デザインにこだわりがある場合は、写真を見せるなどして具体的なイメージを伝えることが必要です。

　地域密着型の工務店を支えるのは、地元の評判といっても過言ではありません。その地域で長年営業し、実績のある工務店ならひとまず信頼できるといえます。また、施工物件の見学、実際に住んでいる人の話を聞いてみるとよいでしょう。それでも不安な場合は、各都道府県の建築指導担当部署で、業務経歴や資本金を確認する方法もあります。

　工務店は、すべての工事をその会社が担当するのではありません。協力会社を取り仕切り、統率する力量も重要です。

ここがポイント

・木造軸組構法が多い(82頁参照)
・協力会社の棟梁《とうりょう》としての統率力と大工としてのスキルが重要
・設計・施工の一貫体制なので現場監理《かんり》に注意を要する

工務店選びの情報源

情報源	活用ポイント
地元の評判	近所で実際に建てられた住宅を訪ねて見学しましょう。住んでいる方は満足しているでしょうか。仕上げは丁寧に工事されているでしょうか
工務店の雰囲気	気になる工務店が近くにあれば、実際に訪ねてみましょう。会社の雰囲気がわかりますし、社長や社員と話をすることで、会社の姿勢を知ることもできます
パンフレット	カタログでなくても、会社案内のパンフレットを用意している工務店は多くあります。これまでの業務経歴や保証体制などを確認しましょう
インターネット	工務店でも、インターネットに情報をのせるところが増えています。工事現場の声をマメに更新しているものなど、業務や社員の様子を知ることができます

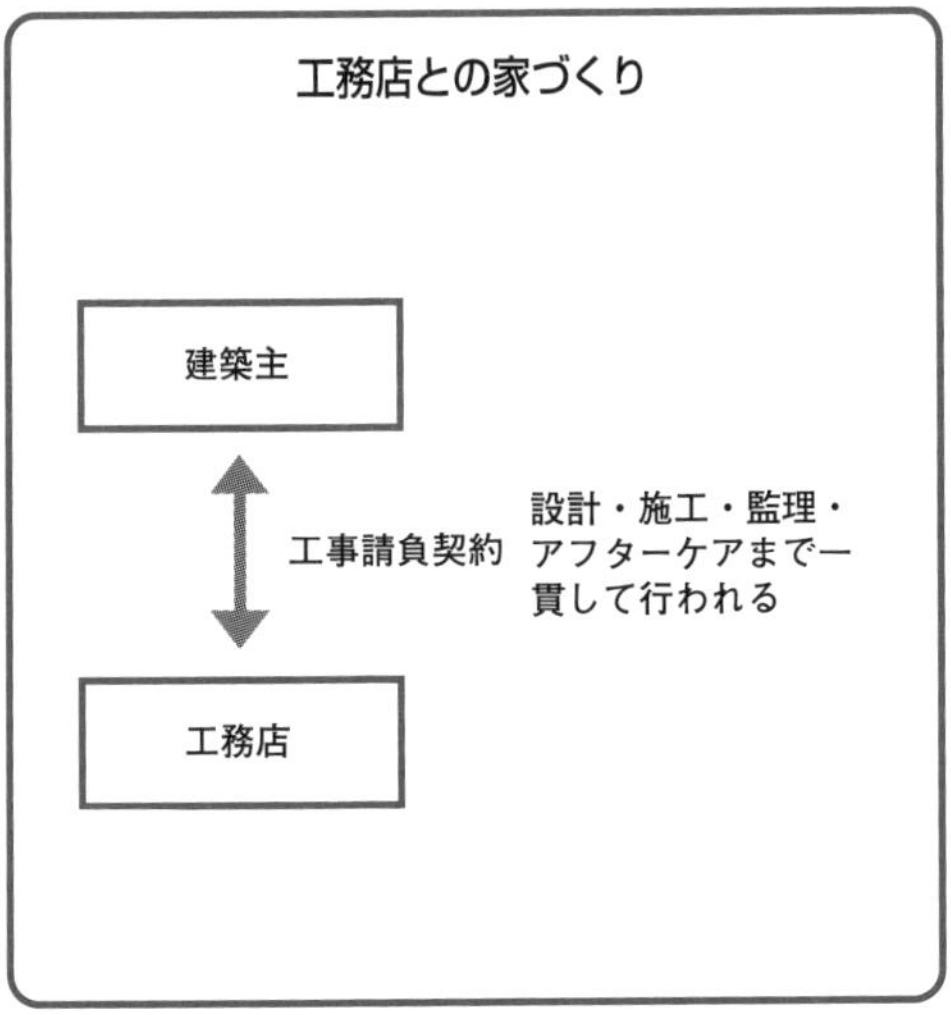

049

デザイン力の建築家

設計事務所、建築家に依頼するメリットと注意点を知る

トクする知識

- 変形狭小敷地など厳しい条件にも対応できる
- 第三者の立場で工事監理《かんり》を担当できる

設計事務所（建築家）との家づくりの場合、建築家が設計を行い、施工は工務店が行います。図のように設計と施工が別々の契約に基づいて行われるわけです。建築主が工務店を指定することも可能ですが、多くの場合は設計事務所が工務店の技量やコストのバランスを考えて手配してくれます。設計事務所に工事監理《かんり》まで委託するのが一般的です。

設計事務所との家づくりは１００％オーダーメイドです。敷地条件や予算、法規制などでの多種多様な条件にも柔軟な対応が期待できます。特に変形狭小敷地などの厳しい条件下では頼りになる存在でしょう。ただし、設計事務所によって作風や考え方は十人十色。自分の考えや好みに合った人に依頼することが大切です。左頁に挙げた情報源を参考に、気に入った家や建築家が見つかったら気軽に連絡を取ってみましょう。

設計事務所との家づくりを成功させるカギは『デザインや考え方の相性』『設計力・工事監理能力』といえます。なかでも現場を監理する能力は、住宅の質を高める上で特に重要です。

ここがポイント

・住宅性能、施工技術などの知識・スキルに個人差がある
・デザイン力と技術力は必ずしも一致していないことがある

設計事務所選びの情報源

情報源	活用ポイント
住宅雑誌 住宅・建築専門誌	住宅写真や記事を見て、作風や家づくりの考え方をチェックしましょう
インターネット	設計事務所が開設するホームページには、過去の作品や、家づくりに対する考え方が掲載されていることが多いので、得意分野や作風、考え方をチェックすることができます 現場見学会やオープンハウス（内覧会）の情報も積極的に活用しましょう その他、「設計コンペ」などを開催し、設計事務所と建築主を仲介するホームページもあります。上手に活用すれば、自分に合った設計事務所を選ぶための有効な手段と言えるでしょう
その他	地元の設計事務所を探す場合、各地の建築家協会や各県の建築士会に問い合わせてみる方法もあります

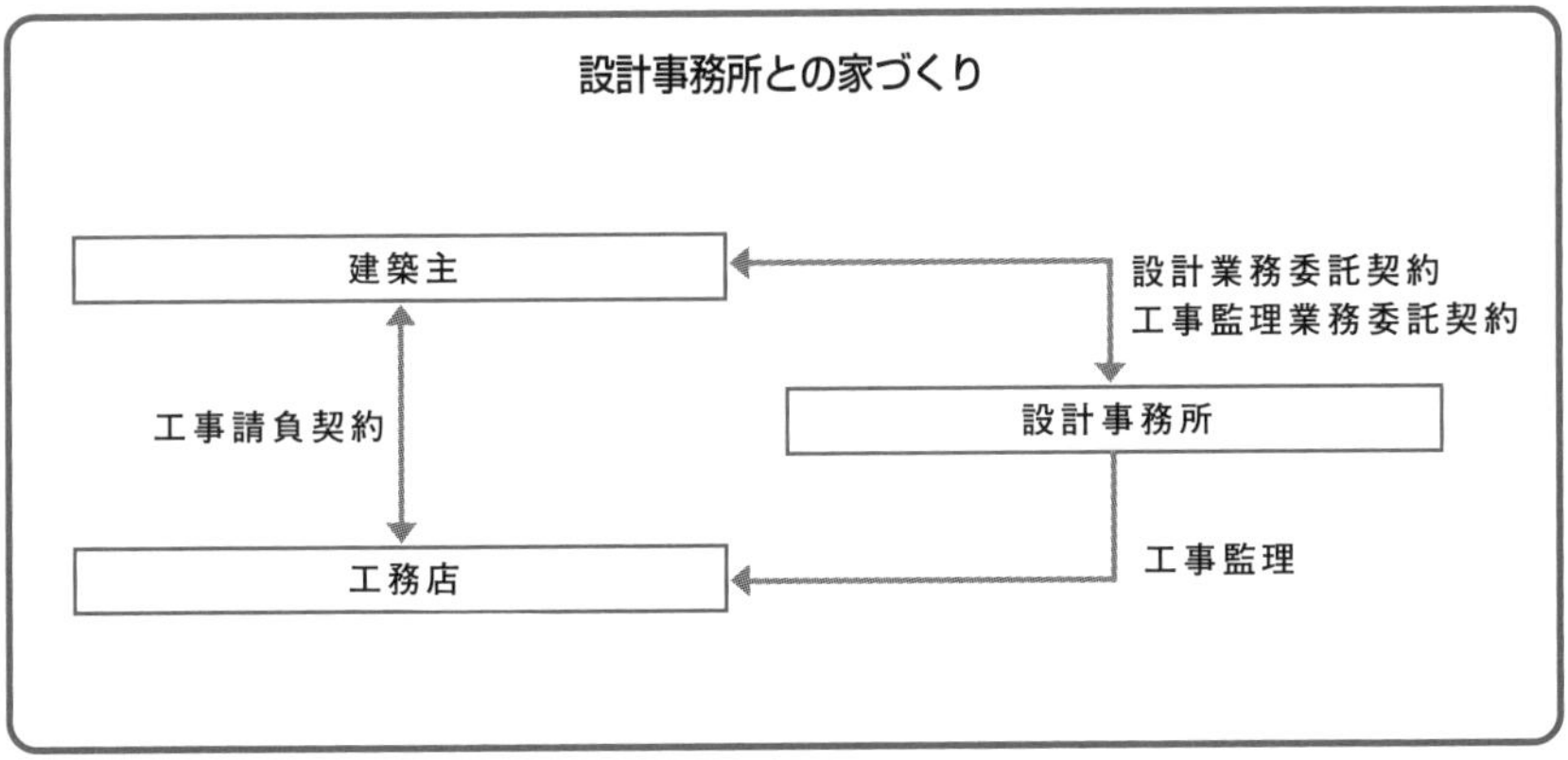

050

住まいへの要望整理

新しい住まいへの要望を3つのステップで整理しよう

トクする知識

- 現在の家族の生活スタイルを整理する
- 現在の住まいの不満を整理する
- 新しい住まいへの要望を整理する

住まいへの要望を建築士や営業マンに伝えるために、左頁からのチェックシートを利用してみましょう。

まず、家族が快適に暮らせる家をつくるために、現在の生活を見直します。ステップ1では家族一人一人の普段の生活スタイルや、団らんや食事の取り方、来客の頻度などをまとめておきます。

ステップ2では、現在の家に対する不満や改善したい点を洗い出します。部屋ごとに、どんな不満があるのか、家族全員で意見を出し合って、どんどん書き込んでいきましょう。

ステップ3では、これまで記入したチェックシートを見ながら、これから暮らしたい家への要望をまとめていきます。外観やインテリアなど住まい全体のイメージ、部屋別の要望、車庫や庭など屋外部分への希望、新しい住まいで使う家具とそのサイズを整理していきます。実際には敷地や予算の制限があるので、すべての希望を満たすことは難しいかもしれません。しかし、要望をすべて伝えていれば、プロの専門知識や経験を活かしたうえで、最善のプランを提案してくれるはずです。

ここがポイント

・既存、新規購入を含めて、家具や機器、什器の寸法を依頼先にきちんと伝えないと、うまく納まらなくなる
・家具は扉の開け方や引き出しの有無も伝えておく

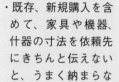

ステップ1：現在の家族の生活を見直してみよう

1 家族の生活スタイル

※記入欄が足りない場合はコピーしてお使い下さい。家族全員が記入するようにしましょう。

名前・年齢								
続柄								
職業・学校								
生活パターン 起床時間	平日	休日	平日	休日	平日	休日	平日	休日
生活パターン 朝食の時間								
生活パターン 夕食の時間								
生活パターン 入浴の時間								
生活パターン 就寝時間								
生活パターン 平日の夕食後の過ごし方（どこで、何をしますか）								
生活パターン 休日の過ごし方（どこで、何をしますか）								
趣味・習いごと								
新しい家への夢や希望								
備考（将来の独立の予定など）								

2 家族の団らん・食事のスタイル

家族団らん	家族団らんの時間	週（　　　　）日ぐらい （時間帯：　　　　）
家族団らん	家族団らんの過ごし方（どこで、何をしますか）	
食事	家族一緒の食事の頻度	週（　　　　）日ぐらい 具体的には：□朝食　□昼食　□夕食　□休日

3 接客について

来客の頻度	月（　　　　）回ぐらい
接客の場所はどこですか？	□客間　□居間　□その他（　　　）
専用の客間は必要ですか？	□必要　□必要ではない　□その他（　）

4 ペットについて

ペット	□有（種類：　　　　）　□無
ペットの居住環境（どこで、どのように飼っていますか）	

5 車について

車種		所有台数

ステップ2：現在の住まいの不満を整理してみよう

6 現在の住まいの不満

※記入欄が足りない場合はコピーしてお使い下さい。家族全員が記入するようにしましょう。

玄関	現在の広さ（　　　　　畳）	
	不満点・改善したい点	□広さは十分ですか？ □下駄箱などの収納スペースは不足していませんか？

リビング	現在の広さ（　　　　　畳）	
	不満点・改善したい点	□空間（面積、高さ）にゆとりがあり、くつろげるスペースになっていますか？ □日当たりや風通し、眺望など、居住性に不満はありませんか？

ダイニング	現在の広さ（　　　　　畳）	
	不満点・改善したい点	□広さは十分ですか？食卓まわりのスペースに余裕はありますか？ □リビングやキッチンとのつながりに不満はありませんか？

キッチン	現在の広さ（　　　　　畳）	
	不満点・改善したい点	□キッチンの使い勝手に不満はありませんか？ □ダイニングとのつながりに不満はありませんか？ □収納スペースは十分ですか？ □コンセントの数や位置に不満はありませんか？

寝室	現在の広さ（　　　　　畳）	
	不満点・改善したい点	□広さは十分ですか？ □睡眠を妨げるような問題点はありませんか？ □収納スペースは十分ですか？ □コンセントや照明スイッチの数や位置に不満はありませんか？

子供室	現在の広さ（　　　　　畳）	
	不満点・改善したい点	□広さは十分ですか？ □日当たりや風通しなど、居住性に不満はありませんか？ □収納スペースは十分ですか？

浴室	現在の広さ（　　　　　畳）	
	不満点・改善したい点	□広さは十分ですか？ □位置に不満はありませんか？ □設備機能に不満はありませんか？

洗面・脱衣所	現在の広さ（　　　　　畳）	
	不満点・改善したい点	□広さは十分ですか？ □位置に不満はありませんか？ □設備機能に不満はありませんか？ □収納スペースは十分ですか？

トイレ	現在の広さ（　　　　　畳）	
	不満点・改善したい点	□広さは十分ですか？ □位置に不満はありませんか？ □設備機能に不満はありませんか？

ステップ3：新しい住まいへの要望をまとめよう ❶

7 家づくりの計画概要

希望 依頼先	
建築予算	建築予算（　　　　　　　）万円
入居 希望日	入居希望日（　　　）年（　　　）月（　　　）日頃 その理由:

8 全体に関する要望

希望の 外観 イメージ	外観イメージ （参考資料がある場合は、誌名、号、ページなどを記入しましょう）
	庭やアプローチのイメージ （参考資料がある場合は、誌名、号、ページなどを記入しましょう）
希望の 内観 イメージ	内観イメージ （参考資料がある場合は、誌名、号、ページなどを記入しましょう）
住まいで 重視する ポイント	（A=かなり重要、B=やや重要、C=それほどでもない、 D=わからない　を記入してください） （　　）外観　（　　）インテリア　（　　）設備・機器 （　　）省エネ性能　（　　）健康・自然素材　（　　）バリアフリー （　　）耐久性　（　　）家相　（　　）コスト （　　）その他（具体的に:　　　　　　　　）

9 部屋別の要望

※記入欄が足りない場合はコピーしてお使い下さい。
家族全員が記入するようにしましょう。

玄関	広さ（　　　　　　）畳	
	要望事項	
リビング	広さ（　　　　　　）畳	
	要望事項	
ダイニング	広さ（　　　　　　）畳	
	リビングとのつながり方	□一体型（LD）　□独立型（L・D）
	要望事項	
キッチン	広さ（　　　　　　）畳	
	ダイニングとのつながり方	□一体型（DK）　□独立型（D・K）
	要望事項	
	欲しい設備・機器	
寝室	広さ（　　　　　　）畳	
	付属する部屋の希望	□書斎　□ウォークインクロゼット □納戸 □その他（　　　　　　）
	要望事項	
子供室 名前：	広さ（　　　　）畳　□個室　□共用（　　人）	
	要望事項	
	子供の独立後など、将来の予定	
子供室 名前：	広さ（　　　　）畳　□個室　□共用（　　人）	
	要望事項	
	子供の独立後など、将来の予定	
（　　　）	広さ（　　　　）畳　□洋室　□和室	
	要望事項	
（　　　）	広さ（　　　　）畳　□洋室　□和室	
	要望事項	
（　　　）	広さ（　　　　）畳　□洋室　□和室	
	要望事項	

ステップ3：新しい住まいへの要望をまとめよう ❷

浴室	広さ（　　　　　　　　）	
	要望事項	
	欲しい設備・機器	
洗面・脱衣所	広さ（　　　　　　　　）	
	要望事項	
	欲しい設備・機器	
トイレ	広さ（　　　　　　　　）	
	要望事項	
	欲しい設備・機器	□和式　□洋式　□暖房便座 □温水洗浄便座 □その他（　　　　　　　　）

10 屋外の要望事項

車庫	台数	
	要望事項	
外構・エクステリア	植えたい花や樹	
	欲しい庭の設備	□物干し　□物置　□屋外照明 □自転車置き場 □その他（　　　　　　　　）
	要望事項	
その他、ペットへの配慮など		

11 その他、新しい住まいに対する夢、希望することを自由に記入してください

12 使用する家具

※記入欄が足りない場合はコピーしてお使い下さい。家族全員が記入するようにしましょう。

	名称	サイズ（幅×奥行×高さ）	備考（色、設置場所など）
リビング			
ダイニング			
キッチン			
寝室			
子供室 名前：			
子供室 名前：			
（　　）			
（　　）			

■ 記入例

子供室（長男）	学習机、イス	1000×675×1200（mm）	
	洋服ダンス	650×600×1200（mm）	●ダークブラウン　●下部に引き出し有り
	ベッド	約2000×1000×450（mm）	（新規購入）

新しく購入する家具も記入しておきましょう

収納家具については、扉の開け方や引き出しの有無も記入しましょう

家づくりを成功させる
ワンランク上のテクニック

第4章 図面と見積り書チェック

住みたい家のイメージは1棟の建物として、細かい部分まで設計され図面にまとめられます。そしてその図面をもとに見積りが行われます。図面や見積り書は、慣れないと少々難解ですがそのチェックポイントを学びましょう。

051

設計図書とは?

新居の「図面」と「仕様書」の両方を理解しよう

新しい住まいへの希望事項を具体的に表したものが、設計担当者が作成する「設計図書」。工事を行うために必要な「図面」と「仕様書」のことです。建築主と設計担当者の意思疎通の基準になるので内容を理解しておきます。

住まいの設計図というと間取り、つまり平面図を想像しがちですが、設計図書には配置図、壁面や高さの寸法を表す図面、構造部や基礎のつくり方を示す図、材料や設備機器の取り付け位置、配線・配管の取り付け方などを表した図面も含まれます。

仕様書は、施工方法や構造、材料など図面では表せない事項を文章や数値で補足するもの。工事の予算にかかわるため具体的に内容を把握しておきます。仕様書と同様、文字と数字を中心にまとめられた資料に、工事概要書と仕上げ表があります。工事概要書には、工事名称・工事場所・敷地情報などが記載されています。仕上げ表は外部と内部の仕上げ表に分けられ、それぞれの仕上げが明記されます。これらによって建物は一定以上の性能を確保し、技術基準を守って建てることができています。

トクする知識

● **設計図書**　工事を行うために必要な図面と仕様書を合わせた書類。建築を計画・実施する際に基本となる

ここがポイント

図面

立体である建築物を平面に落とし込み、誤解や間違いなく情報を共有するのに重要

仕様書

図面では表現しづらい施工方法や材料の指定、各種指示事項などを文章や数字で表記したもの

仕様書・工事概要書・仕上げ表の例

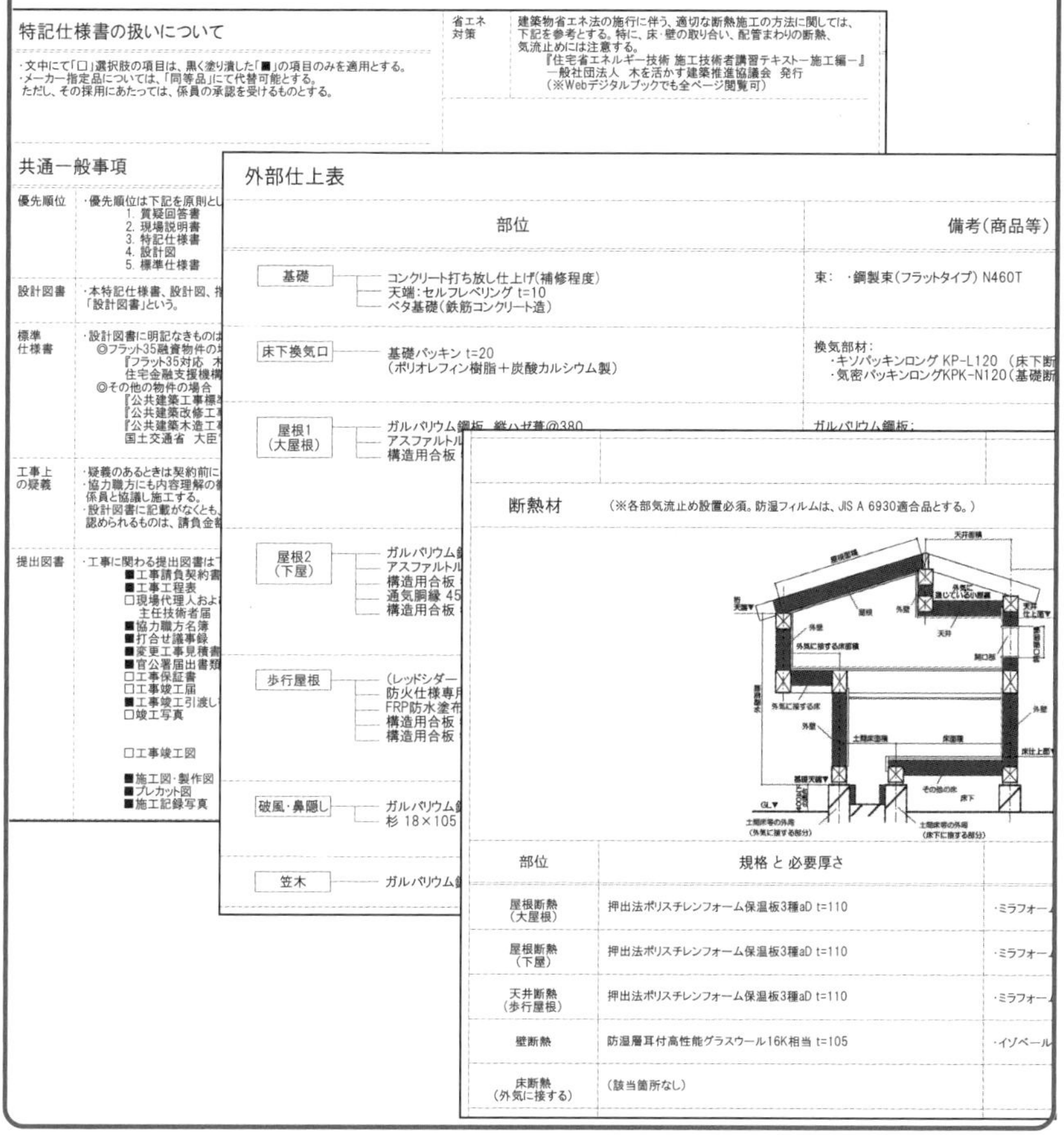
特記仕様書の扱いについて

・文中にて「□」選択肢の項目は、黒く塗り潰した「■」の項目のみを適用とする。
・メーカー指定品については、「同等品」にて代替可能とする。
ただし、その採用にあたっては、係員の承認を受けるものとする。

省エネ対策	建築物省エネ法の施行に伴う、適切な断熱施工の方法に関しては、下記を参考とする。特に、床・壁の取り合い、配管まわりの断熱、気流止めには注意する。 『住宅省エネルギー技術 施工技術者講習テキスト－施工編－』 一般社団法人 木を活かす建築推進協議会 発行 （※Webデジタルブックでも全ページ閲覧可）

共通一般事項

優先順位	・優先順位は下記を原則とし 1. 質疑回答書 2. 現場説明書 3. 特記仕様書 4. 設計図 5. 標準仕様書
設計図書	・本特記仕様書、設計図、指 「設計図書」という。
標準仕様書	・設計図書に明記なきものは ◎フラット35融資物件の場 『フラット35対応 木 住宅金融支援機構 ◎その他の物件の場合 『公共建築工事標 『公共建築改修工 『公共建築木造工 国土交通省 大臣
工事上の疑義	・疑義のあるときは契約前に ・協力職方にも内容理解の 係員と協議し施工する。 ・設計図書に記載がなくとも、 認められるものは、請負金額
提出図書	・工事に関わる提出図書は ■工事請負契約書 ■工事工程表 □現場代理人およ 主任技術者届 ■協力職方名簿 ■打合せ議事録 ■変更工事見積書 ■官公署届出書類 □工事保証書 □工事竣工届 ■工事竣工引渡し □竣工写真 □工事竣工図 ■施工図・製作図 ■プレカット図 ■施工記録写真

外部仕上表

部位		備考(商品等)
基礎	コンクリート打ち放し仕上げ(補修程度) 天端：セルフレベリング t=10 ベタ基礎(鉄筋コンクリート造)	束：　・鋼製束(フラットタイプ) N460T
床下換気口	基礎パッキン t=20 (ポリオレフィン樹脂＋炭酸カルシウム製)	換気部材： ・キソパッキンロング KP-L120 (床下断 ・気密パッキンロングKPK-N120(基礎断
屋根1 (大屋根)	ガルバリウム鋼板 縦ハゼ葺@380 アスファルトル 構造用合板	ガルバリウム鋼板：
屋根2 (下屋)	ガルバリウム鋼 アスファルトル 構造用合板 通気胴縁 45 構造用合板	
歩行屋根	(レッドシダー 防火仕様専用 FRP防水塗布 構造用合板 構造用合板	
破風・鼻隠し	ガルバリウム鋼 杉 18×105	
笠木	ガルバリウム鋼	

断熱材　（※各部気流止め設置必須。防湿フィルムは、JIS A 6930適合品とする。）

部位	規格 と 必要厚さ	
屋根断熱 (大屋根)	押出法ポリスチレンフォーム保温板3種aD t=110	・ミラフォー
屋根断熱 (下屋)	押出法ポリスチレンフォーム保温板3種aD t=110	・ミラフォー
天井断熱 (歩行屋根)	押出法ポリスチレンフォーム保温板3種aD t=110	・ミラフォー
壁断熱	防湿層耳付高性能グラスウール16K相当 t=105	・イゾベール
床断熱 (外気に接する)	(該当箇所なし)	

052

平面図は1／100

配置図と平面図の内容とチェックポイントを知る

トクする知識

- **配置図**　敷地内の建物の位置を表す図面
- **平面図**　間取りだけでなく、柱や窓などの位置も表す

配置図は、敷地内の建物の位置を表した図面です。図面には方位が示され、敷地の形状や高低差、各辺の長さが記載されています。敷地が接する道路については、その幅員《ふくいん》（道の幅）と公道・私道の区別が表されます。

平面図は、一般に言う「間取り」を表す図面です。寸法は㎜を基本とし、各部屋の用途や広さ、窓や扉、柱の位置などが記されます。

●**チェック1**　方位を確認します。配置図は原則として、北を上にして描かれています。

●**チェック2**　通《とお》り芯《しん》（柱や壁の厚さの中心線）の位置を確認します。通り芯は、位置や寸法を決める際の基準になるため重要です。

●**チェック3**　地盤面（GL）の基準高さと敷地の高低差を見ます。「±0」は高低差がないこと、「－《マイナス》100」は地盤面より、10㎝低くなっていることを示します。この記号の意味がわかると敷地の高さが読み取れます。

●**チェック4**　外壁と敷地境界までの距離を確認しておくことも大切です。道路や隣地の境界線と外壁の面が近すぎると、通行に支障が出たりエアコンの室外機を設置できなかったりと不具合が生じる場合もあります。

ここがポイント

GL
基準となる地盤面の高さのこと。敷地内の高低差をチェックする

通《とお》り芯《しん》
柱や壁の厚さの中心線で、位置や寸法などを決める際の基準となる線。工事の際はこの線を基準に位置を決める

配置図・1階平面図の例

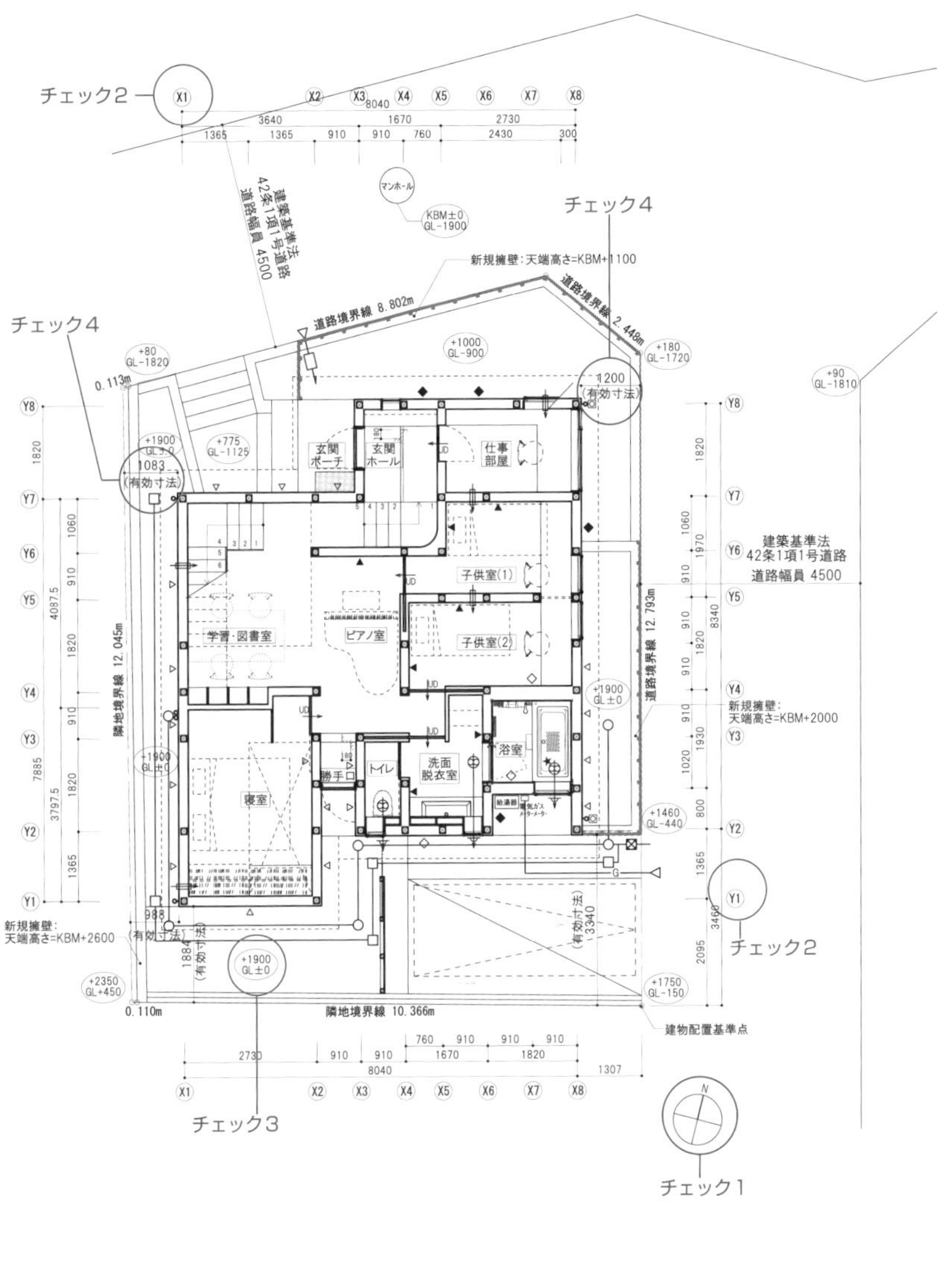
チェック2
チェック4
チェック4
チェック3
チェック2
チェック1
建築基準法
42条1項1号道路
道路幅員 4500
マンホール
KBM±0
GL-1900
新規擁壁：天端高さ=KBM+1100
道路境界線 8.802m
道路境界線 2.448m
道路境界線 12.793m
隣地境界線 12.045m
隣地境界線 10.366m
1200
(有効寸法)
1083
(有効寸法)
988
(有効寸法)
1884
(有効寸法)
3340
(有効寸法)
玄関ポーチ
玄関ホール
仕事部屋
子供室(1)
子供室(2)
学習・図書室
ピアノ室
寝室
勝手口
トイレ
洗面脱衣室
浴室
給湯器
新規擁壁：天端高さ=KBM+2000
新規擁壁：天端高さ=KBM+2600
建物配置基準点
+80 GL-1820
+775 GL-1125
+1900 GL±0
+1000 GL-900
+180 GL-1720
+90 GL-1810
+1460 GL-440
+2350 GL+450
+1750 GL-150
0.113m
0.110m
8040
3640
1670
2730
1365
910
760
2430
300
1820
1307
4087.5
3797.5
7885
1060
1970
1930
1020
800
3460
2095
8340
N

053

高さがわかる断面図

立面図《りつめん》と断面図からは、外部と内部の高さ関係がわかる

トクする知識

- **立面図《りつめん》**　建物の外観を東西南北の4面から表したもの
- **断面図**　建物を垂直に切断して内部立面を表したもの

建物の外観を東西南北の4面から表したものが立面図《りつめん》です。主に外観のデザイン、玄関や開口部の種類と位置、屋根や庇《ひさし》の形状、換気口の位置などがわかります。

断面図は、建物を垂直に切断して内部の立面を表した図面です。一般的には、建物の主要な部屋を通る、直交する2面について描かれます。地盤面、1・2階の床の高さ、天井の高さ、建物の最高の高さなど空間の構成が把握できる寸法が記されています。また、屋根勾配《こうばい》や庇、軒の出の寸法なども表されます。

部屋の大きさは平面図でわかりますが、高さについては理解しにくいもの。立面図と断面図を合わせてみると、部屋の「高さ」や「上下の位置関係」がよく理解できます。

●**チェック1**　開口部については、開け閉めの方法や面格子の有無などを確認します。雨戸を付ける場合は戸袋の有無もチェック。

●**チェック2**　屋根勾配は角度ではなく、10対3.5のように水平と垂直の比率で表します。

●**チェック3**　2階に水まわりを配置する場合、使用時の音が気になる場合があるので、下階にどんな部屋がくるかに注意。

ここがポイント

立面図《りつめん》と断面図を合わせて見ると、部屋の「高さ」や「上下関係」がよく理解できる。とくに2階に水まわりを配置する場合は、下の階への音の問題などが検討できる

立面図の例（南立図面）

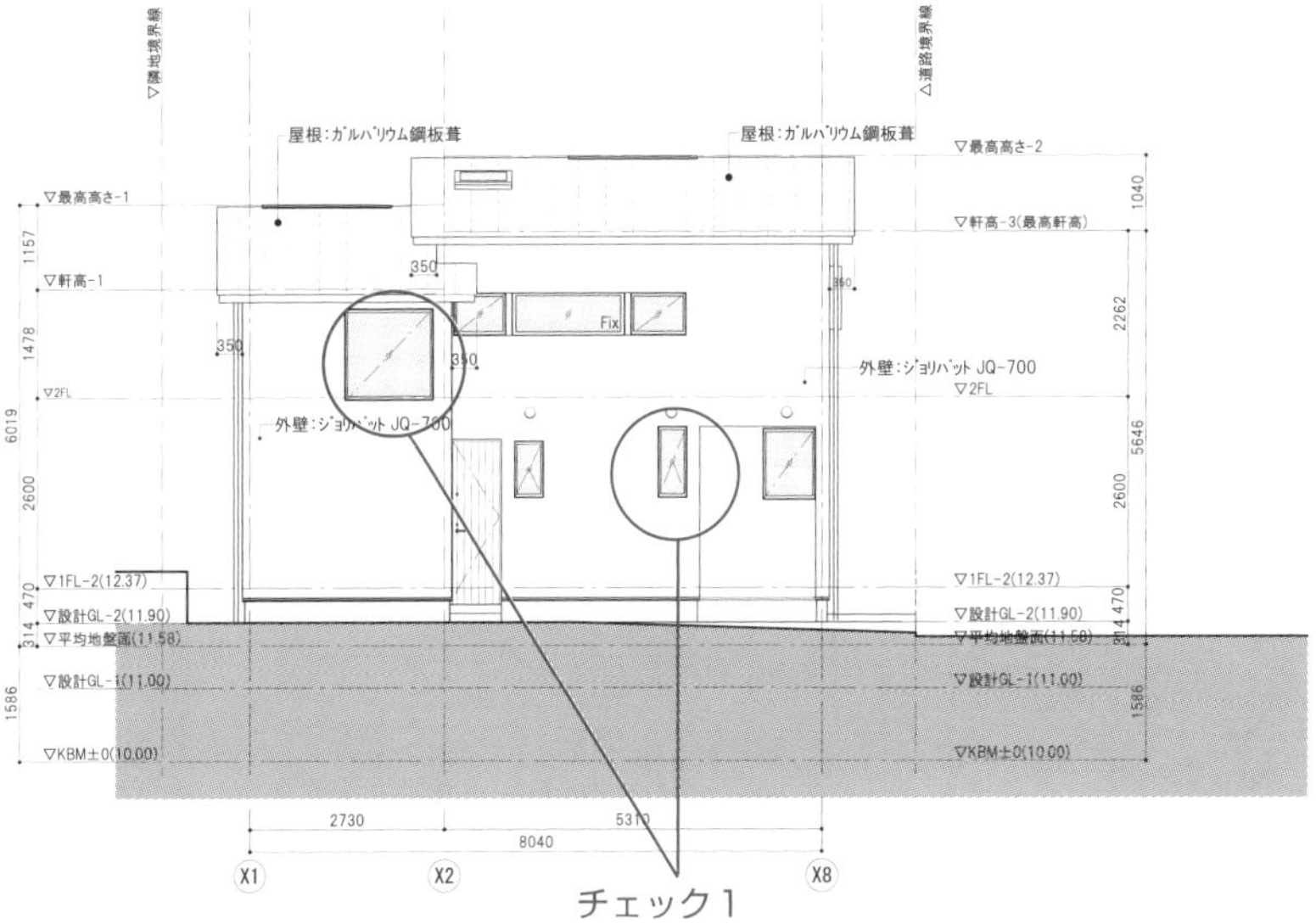

断面図の例（南北方向断面図）

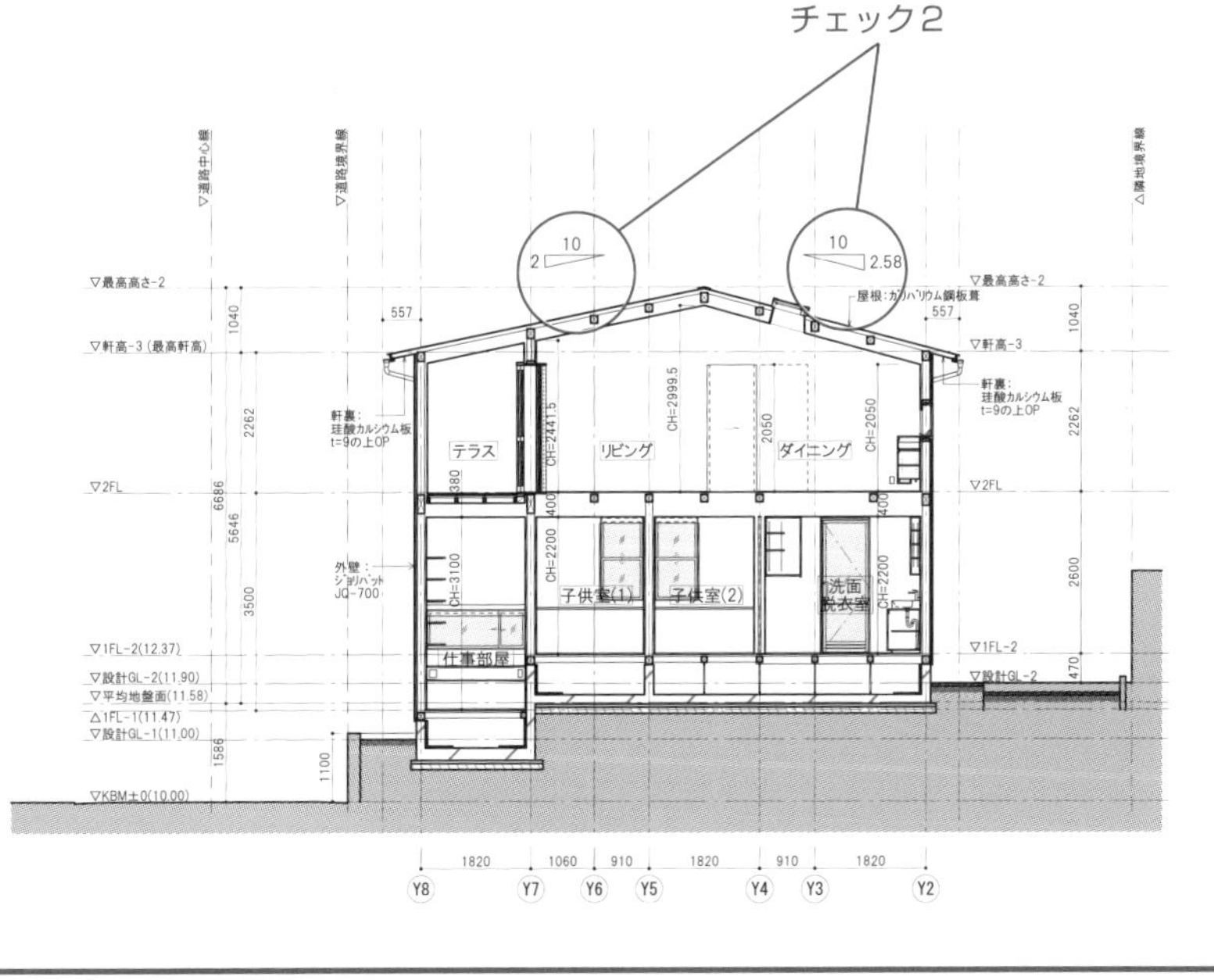

054

平面詳細図は1／50

平面詳細図は家族で読み取り細部まで理解しよう

トクする知識

- **平面詳細図**　床上1mくらいの所を水平に切って上から見た図
- **建具《たてぐ》**　建具幅の寸法、種類や扉の開き具合がわかる

基本設計が終わると、工事の実施に必要な図面を作成する実施設計に入ります。基本設計図に手を加え、縮尺を上げて各階の実施設計図面が描かれます。通常は、縮尺1／50の平面詳細図を用いて細部を決めていきます。

平面詳細図は、基本的に建物の床上1mくらいのところを水平に切って上から見た図になっています。主に、柱・壁・開口部・階段・造り付け家具が表され、フローリングの張り方向、タイルの割り方も記されます。通路幅など楽に通行できる幅か確認しましょう。

●**チェック1**　大きな家具・家電を置く部屋は、搬入に必要な寸法が確保されているか確認を。

●**チェック2**　置き家具や冷蔵庫、洗濯機など家電は点線で描かれています。自分たちが暮らしやすい位置にあるか確認を。

●**チェック3**　部屋の扉や収納の戸は、幅と枠、開く方向も示されています。扉を開いたときに十分な通路幅が確保されているかなどを確認することが重要です。

●**チェック4**　階段も寸法が細かく記載されています。

ここがポイント

破線（点線）

テーブルや椅子、食器戸棚などの持ち込み家具や電気製品などを表す。部屋に置いたときの大きさを把握し、使い勝手を検討する

1階平面詳細図の例　1/50（60%に縮小）

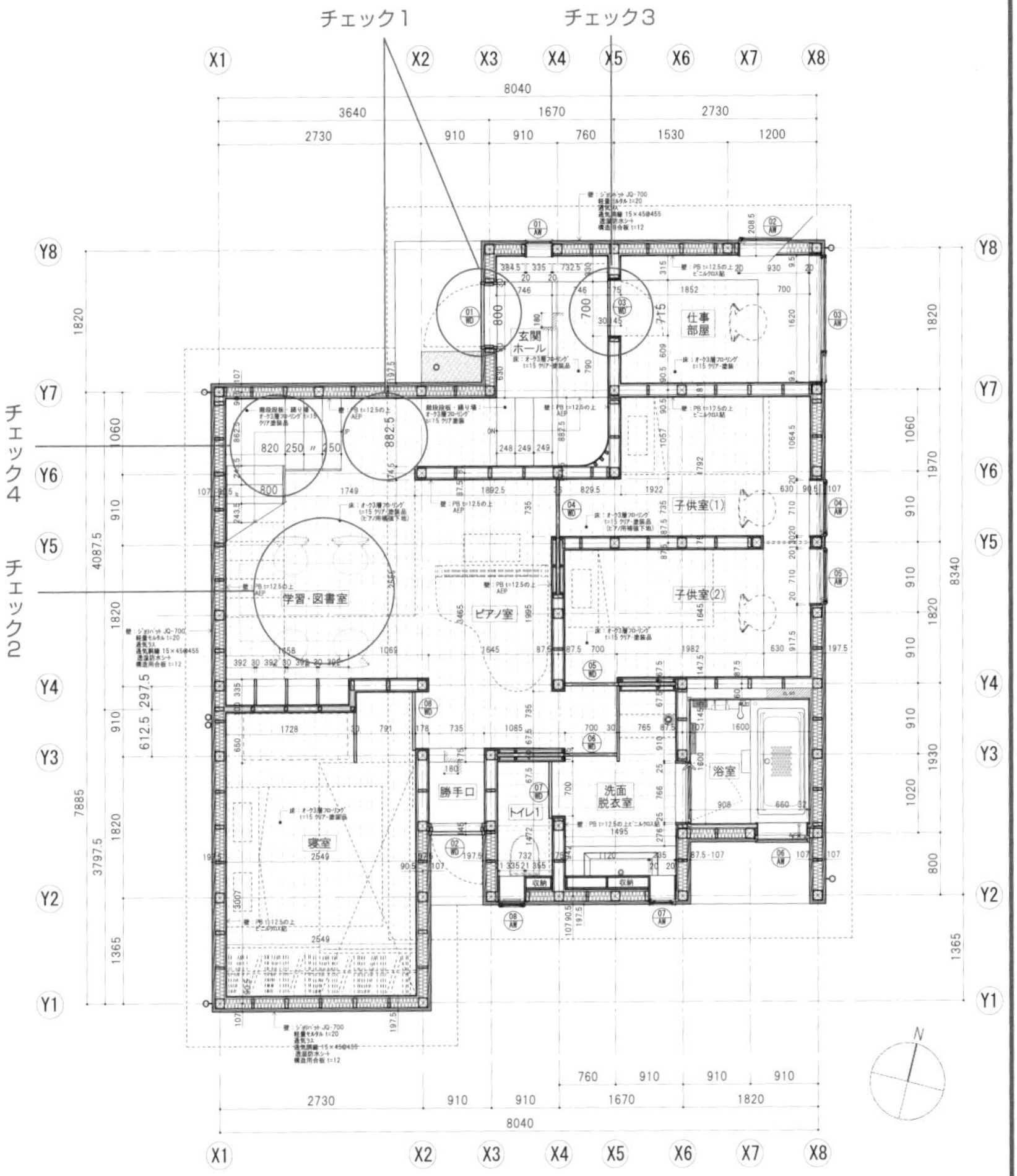

055

工事に必須の矩計《かなばかり》図

建物の構造から仕上げまで詳細に表した図面

矩計《かなばかり》図は、建物の基礎から屋根に至るまでの詳細な情報を描きこんだ垂直断面図で、各部の高さや仕上げを示す図面です。「断面詳細図」ともよばれます。

縮尺は平面詳細図と合わせることが多く、50分の1程度が一般的です。建物の基礎の構造から土台《どだい》や柱などの材質や寸法、開口部の納《おさ》まり、床・壁・天井の下地《したじ》と仕上げ、断熱材の位置・種類・厚さ、屋根勾配《こうばい》や屋根材の葺《ふ》き方、そして地盤面から各部までの高さなど、その建物の構造から仕上げまで詳細に表します。本来は建物の断面すべてを表すものですが、屋根勾配の表れる方向など、その建物の特徴を最もよく表現できる切断面を数面ピックアップする場合もあります。

●**チェック1**　断熱材の仕様は省エネ住宅の重要な要素。床・壁・天井（屋根）の断熱材の種類や厚さを確認しましょう。

●**チェック2**　雨など水の影響を受けないよう地盤面から適切な距離を取っているか土台の木材や工法を確認。

●**チェック3**　点検に十分なスペースを確保しているかなども確認を。

トクする知識

●**矩計《かなばかり》図**　基礎から屋根まで詳細な情報を描き込んだ断面図。建物の構造から仕上げまで詳細に表す、いわば「建物の解剖図」

ここがポイント

矩計《かなばかり》図の特徴は壁や床、天井（屋根）裏の詳細な様子がわかること。断熱材、床下、階段はとくに確認を

矩計図の例（南北方向での切断面）

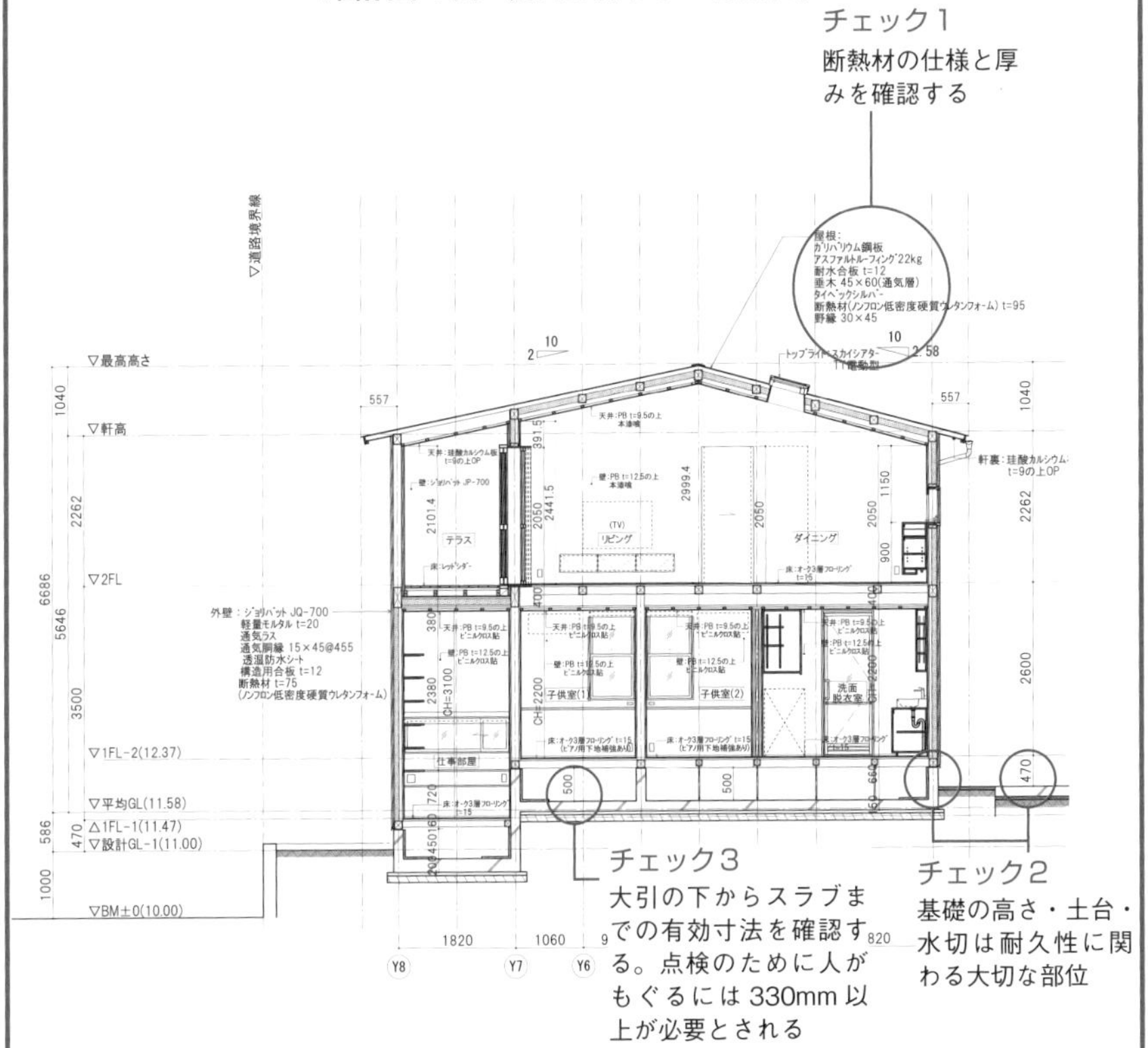
チェック1
断熱材の仕様と厚みを確認する
▽最高高さ
▽軒高
▽2FL
▽1FL-2(12.37)
▽平均GL(11.58)
△1FL-1(11.47)
▽設計GL-1(11.00)
▽BM±0(10.00)
チェック3
大引の下からスラブまでの有効寸法を確認する。点検のために人がもぐるには330mm以上が必要とされる
チェック2
基礎の高さ・土台・水切は耐久性に関わる大切な部位

056

構造図で安全確認

構造図は、伏図《ふせ》・軸組《じくぐみ》図・詳細図の3つがセット

トクする知識

- **伏図《ふせ》**　建物の構造を上から見下ろした状態で表す図
- **軸組《じくぐみ》図**　柱・間柱《まばしら》・筋《すじ》かいなど構造材を立面で表す図

基本設計が少し進んだ段階で地盤調査を行い、結果を確認して基礎の種類を決めます。住宅で用いられる基礎は、「布《ぬの》基礎」と「ベタ基礎」に大別できます。最近では床下の断熱や防湿を兼ねる「ベタ基礎」が増えているようです。地盤が弱いときは、表層《ひょうそう》改良や鋼《こう》管杭《かんぐい》打ちなどで補強します。

実施設計に入ると、平面詳細図や矩計《かなばかり》図など意匠図の作成と平行して構造についても検討し、「構造図」としてまとめます。構造図には、伏図、軸組図、詳細図、梁リストなどが含まれます。伏図には、基礎伏図・床伏図・小屋伏図などがあり、縮尺は1／100が一般的。すべて建物の構造を上から見下ろした状態で、各部材の位置や寸法が示されます。

基礎伏図は、基礎の位置や形状を表す図面です。基礎の形状や小さな丸で表したアンカーボルトの位置を確認します。左の実例に描かれた3本線の斜線はコンクリートを表す記号なので「ベタ基礎」であることがわかります。構造図には、土台・柱・梁・筋かい、耐力壁の位置などを示した軸組図や、基礎や耐力壁について記した詳細図があります。

ここがポイント

基礎伏図

建物の基礎の位置や形状を表す図。土台がのる部分は実線で描かれ、アンカーボルトの位置も記される

アンカーボルト

土台が基礎からずれないように緊結《きんけつ》するための金物

構造図の例

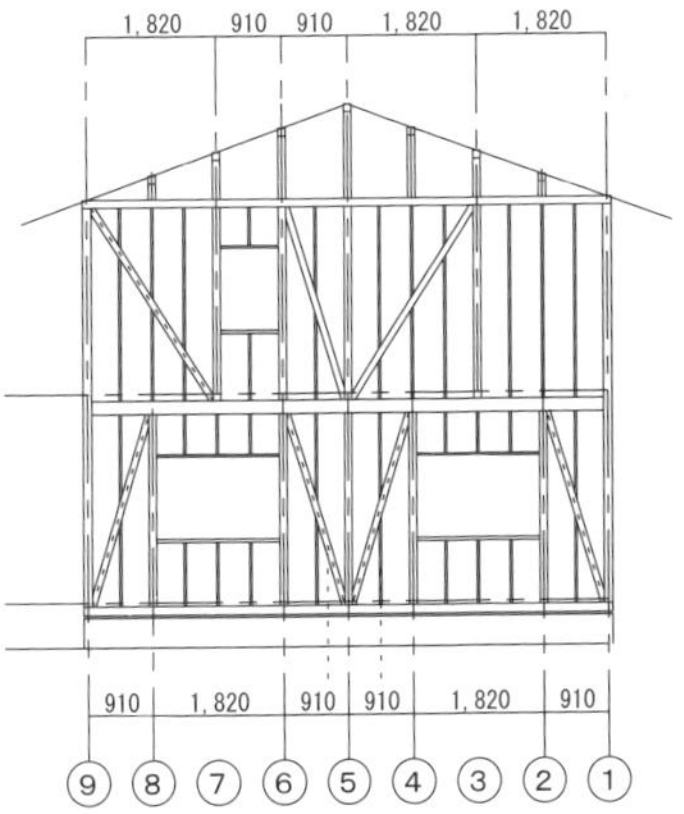

い通り軸組《じくぐみ》図

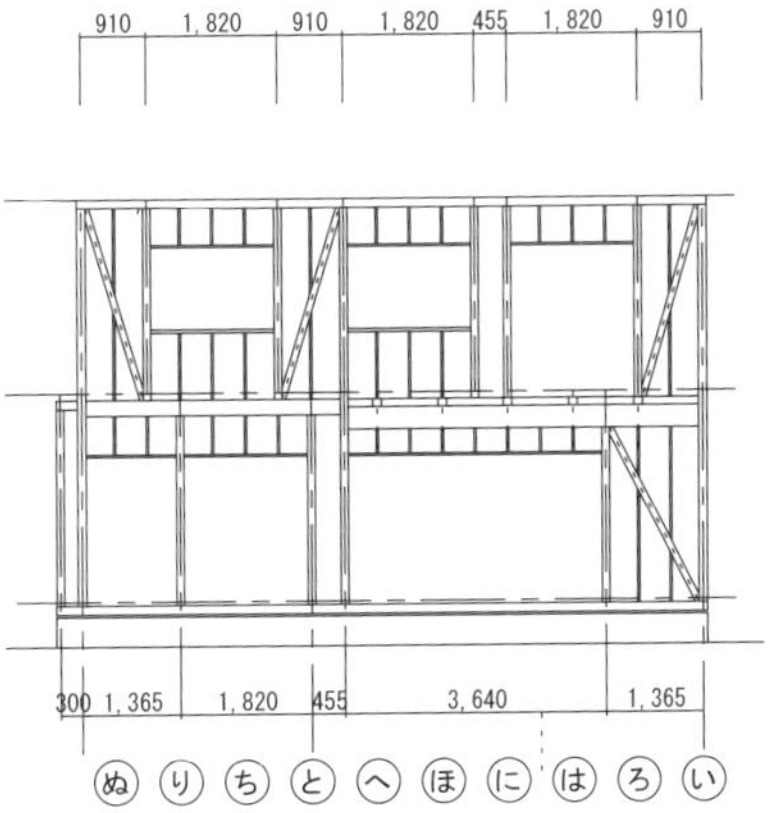

9通り軸組《じくぐみ》図

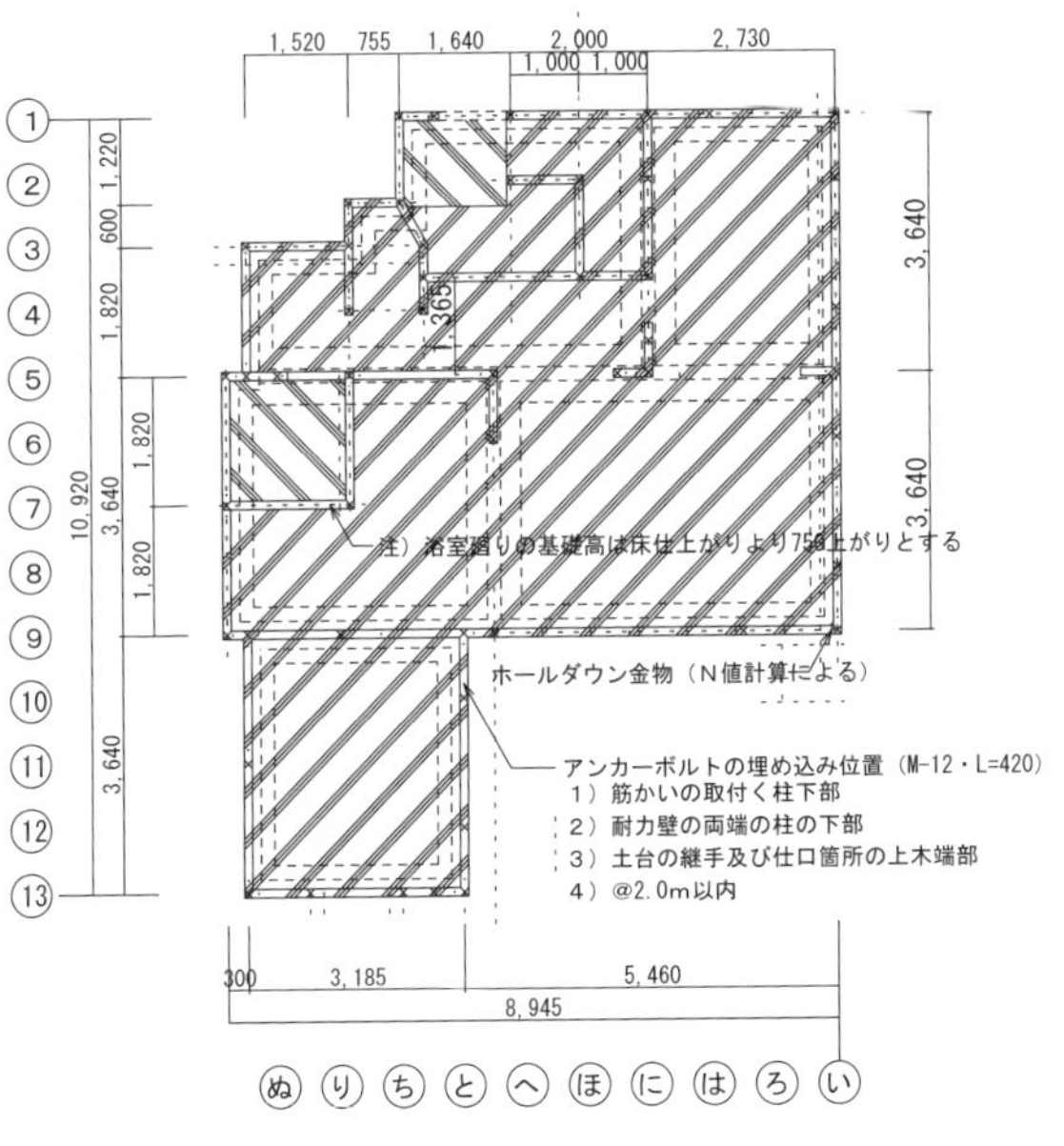

057

仕上げを見る展開図

室内の形状や仕上げのチェックに欠かせない図面

部屋ごとの壁面を1面ずつ内部から見た図が「展開図」で、仕上げの状況を表します。天井の高さ、開口部の形状や位置の他、腰《こし》壁《かべ》・造り付けの棚・カーテンボックス・廻《まわ》り縁《ぶち》などが描かれているので、室内の形状や仕上げのチェックに欠かせない図面です。壁仕上げの見積りを算出する際にもこの図面が使われます。

　展開図からはキッチンなどの詳細情報も読み取れます。カウンター高さや収納扉の開き方、スイッチ・コンセントの位置から使い勝手を確認しましょう。浴室では手すりの位置、浴槽のまたぎ寸法など細かい部分まで描かれます。手すりや棚などは壁補強の必要もあるので、展開図で寸法や仕上げを確認します。

●**チェック1**　カウンターやウォールキャビネットが使いやすい高さか否かを確認。

●**チェック2**　収納したい物が納まる奥行、幅を確保しているかをチェックします。

●**チェック3**　使いやすい場所にスイッチやコンセントが設置されているかを確認。

トクする知識

●**展開図**　部屋ごとに、壁面を1面ずつ内部から見た図のこと。室内の仕上げの状況を表す

ここがポイント

キッチン

カウンターやウォールキャビネットの高さや、造り付け食器棚の扉の開き方、スイッチ・コンセント・給湯リモコンの取り付け位置などを確認する

キッチン展開図の例

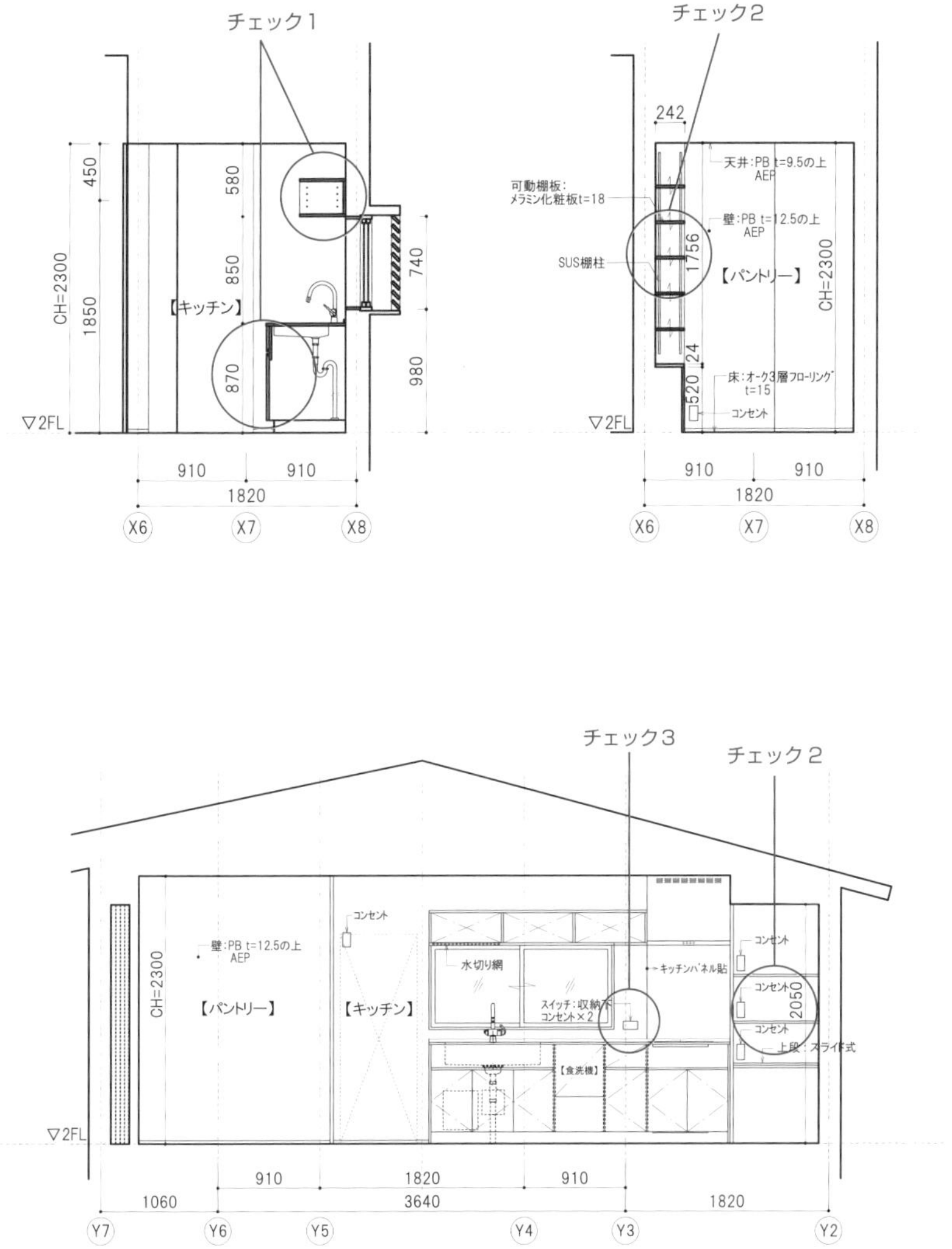
チェック1
チェック2
450
580
850
CH=2300
1850
【キッチン】
740
870
980
▽2FL
910
910
1820
X6
X7
X8
242
天井：PB t=9.5の上 AEP
可動棚板：メラミン化粧板t=18
壁：PB t=12.5の上 AEP
SUS棚柱
1756
【パントリー】
CH=2300
24
520
床：オーク3層フローリング t=15
コンセント
▽2FL
910
910
1820
X6
X7
X8
チェック3
チェック2
コンセント
壁：PB t=12.5の上 AEP
CH=2300
【パントリー】
【キッチン】
水切り網
キッチンパネル貼
スイッチ：収納下 コンセント×2
コンセント
コンセント
2050
コンセント
上段：スライド式
【食洗機】
▽2FL
910
1820
910
1060
3640
1820
Y7
Y6
Y5
Y4
Y3
Y2

058

家具詳細図のカン所

凝ったデザインの家具は、さらに細かい図面を用意する

トクする知識

- **家具詳細図**　造り付け家具の仕様や構造を確認する図面
- **依頼先**　コストは、家具屋＞建《たて》具《ぐ》屋＋大工。予算内で検討を

「造り付け家具」（造作家具）とは、建築工事のなかで大工や家具業者が制作し、取り付けを行う家具のことです。ダイニングテーブルや椅子、ソファなど独立して移動することができる家具は一般的には「置き家具」とよび、造り付け家具と区別しています。

造り付け家具の利点は、好きな材料を使い、希望のサイズで制作できるところです。つくり方は家具業者がつくる方法と大工がつくる方法があります。家具業者がつくる場合は、専門的な技術と道具を駆使するため、精度にこだわった美しい家具をつくれます。

一方、大工がつくる場合は、凝った細工は難しい場合があるものの、費用や制作期間のバランスが取れた方法といえます。

●**チェック1**　最初に高さを確認します。使いやすい高さには個人差があるので、自分でも測ってみるとよいでしょう。

●**チェック2**　布巾掛けやゴミ箱など、頻繁に使う物の置き場所も確認を。

●**チェック3**　食器棚や本棚などの収納は、必要なスペースが確保できているか、高さは合っているか確認を。

ここがポイント

取っ手

水や油のついた手で触ることが多い場所やお年寄りが使う家具は、やや大きめに

食器棚

棚の高さを3～5cm間隔で調節できるようにすると、様々なサイズの食器に対応できる

キッチン食器棚詳細図の例

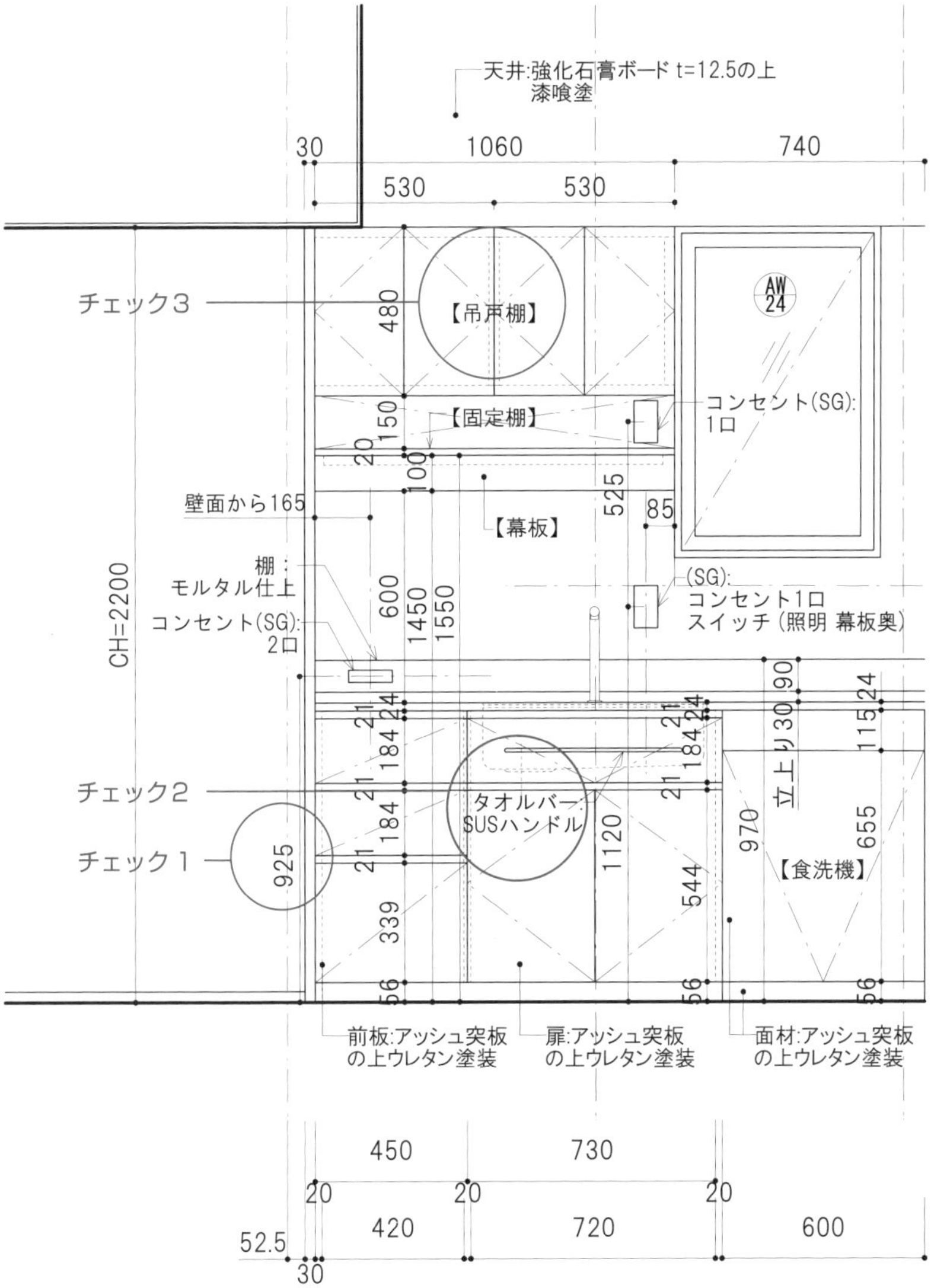
天井:強化石膏ボード t=12.5の上
漆喰塗
30
1060
740
530
530
チェック3
480
【吊戸棚】
AW
24
150
【固定棚】
コンセント(SG):
1口
20
100
525
壁面から165
85
【幕板】
棚:
モルタル仕上
(SG):
コンセント1口
スイッチ(照明 幕板奥)
600
1450
1550
CH=2200
コンセント(SG):
2口
90
24
21
24
21
24
立上り30
115
184
184
チェック2
21
21
タオルバー:
SUSハンドル
184
970
655
チェック1
925
21
1120
【食洗機】
544
339
56
56
56
前板:アッシュ突板
の上ウレタン塗装
扉:アッシュ突板
の上ウレタン塗装
面材:アッシュ突板
の上ウレタン塗装
450
730
20
20
20
420
720
600
52.5
30

059

設備図は器具表を見る

器具表は、機種の種類なども忘れずに確認しよう

スイッチやコンセント・電話・テレビ・照明器具などの配置とその配線、電気に関する事項がまとめられた平面図を電気設備図といいます。取り付け位置は展開図でチェックできるので、この図面では設備機器の種類について凡例《はんれい》を参考にしながら確認します。

水まわりに関する事項をまとめたものを給排水衛生設備図といい、給排水の経路やガス配管が表されます。しかしここでチェックするのは器具表です。最終的にショールームで機種や色を確認する際、器具表の内容と比較していけば追加や変更の目算も立てやすいでしょう。この他キッチンのレンジフードの排気口や吸気口、浴室や洗面室の換気扇などをまとめた図面として換気設備図があります。

●**チェック1**　スイッチ類の使い勝手を想定して確認します。

●**チェック2**　コンセントの位置や数を再度確認しておきます。

●**チェック3**　シーリングライトは、この位置でよいのか将来も見通して再度確認。

●**チェック4**　設置する設備や機器を記載した器具表は、機種の種類も含めてチェック。

トクする知識

●**電気設備図**　スイッチや電話・照明器具など電気に関する図

●**給排水衛生設備図**　給排水の経路やガス配管などを表す図

ここがポイント

器具の追加・変更

最終的にショールームで機種や色を確認する際、器具表の内容と比較していけば、追加や変更の目算も立てやすい

設備図　1／100（60%に縮小）

電気設備図

凡例　　注）ｺﾝｾﾝﾄの数字は口数

蛍光燈	═ 40W ═
ﾀﾞｳﾝﾗｲﾄ	Ⓓ
ﾌﾞﾗｹｯﾄ	Ⓑ
ｼｰﾘﾝｸﾞﾗｲﾄ	Ⓒ
天井扇	⊠
壁換気扇	8
スイッチ	●
コンセント	⊖ 2
ｱｰｽ付ｺﾝｾﾝﾄ	⊖ 2E
ｴｱｺﾝｺﾝｾﾝﾄ	⊖ AC
防水ｺﾝｾﾝﾄ	⊖ W
電話	Ⓣ
テレビ	Ⓥ
ｲﾝﾀｰﾎﾝ	Ⓘ
ﾌﾛﾘﾓｺﾝ	F

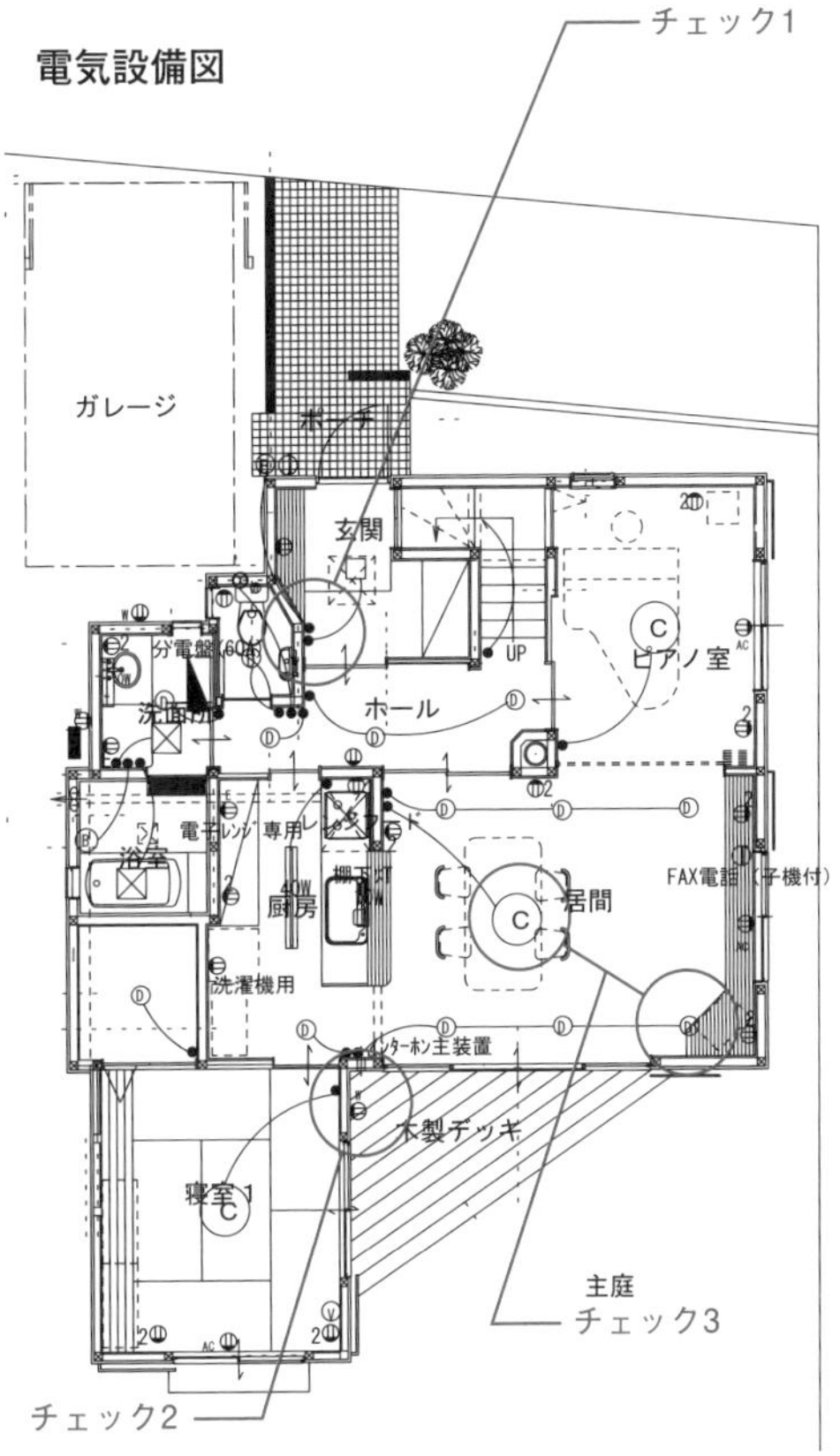

チェック4

器具表

キッチン	キッチン流し台	ｻﾝｳｪｰﾌﾞ BM2400 W651（吊戸700）	浴室	浴槽	TOTO PGS1310＋PCA1301
	混合水栓	同上ｼﾝｸﾞﾙﾚﾊﾞｰ水栓FA235H-SW		混合水栓	TOTO TMJ40AX
	ガスカラン	15A 砲金コック		シャワー水栓	TOTO TMJ40CX
洗面所	ｶｳﾝﾀｰ式洗面器	TOTO ｱﾝﾀﾞｰｶｳﾝﾀｰ式 L537		浴室キャビネット	TOTO YSB10S＋YSB11
	混合水栓	TOTO ｼﾝｸﾞﾙﾚﾊﾞｰ TL681UX		手摺	
	鏡			ﾊﾞﾘｱﾌﾘｰﾄﾞｱｾｯﾄ	TOTO EWBS603
	洗濯パン	TOTO PWP640N＋PJ2006	2階ﾄｲﾚ	洋式便器	TOTO C770B＋S770B
	横水栓	TOTO TW10		暖房便座	TOTO TCF104
トイレ	洋式便器	TOTO C780B＋S790B		アクセサリー	TOTO YH51+TS115
	ウォッシュレット	TOTO TCF651	洗面ｺｰﾅｰ	ﾌﾚｰﾑ式洗面器	TOTO L525
	手洗い器	TOTO L812＋TL812-1PX		キャビネット	TOTO YMC3501
	アクセサリー	TOTO YH51+TS115			
	手摺		屋外	ガス給湯器	OM対応型
	キャビネット	TOTO YSC16		ウォッシュパン	三菱樹脂 S型（460×420×130） 2台
居間	ガスカラン	9φ 壁ｺﾝｾﾝﾄｶﾗﾝ		ｶｯﾌﾟﾘﾝｸﾞ付横水栓	TOTO T250DH

060

外《がい》構《こう》図で庭づくり

外構《がいこう》図は外観の見栄えや内からの眺めも考慮して

プランニングの最初の段階から、建物と外《がい》構《こう》は一体として計画します。これをゾーニング（94頁）といいます。外構図には、門・塀《へい》・車庫・テラスやデッキの他、表札や郵便受けなど付属物の配置、植物をどこに植えるかという植栽《しょくさい》計画も描かれます。

浄化槽や排水管の経路、インターホンや門灯・庭園灯の配線は先に説明した各設備図に記されますが、外構の仕上げにも影響しますので、外構図と照らし合わせて位置関係をチェックしましょう。

また、窓を通しての眺めや日差しの入り方、周囲からの視線や外観の見栄えも外構計画に大きく影響されます。植物はその生育条件を検討して種類や大きさを決めましょう。

●チェック1　門扉・門柱まわりでは、表札や郵便ポスト、インターホンなどが集中するため、配置や高さをチェックします。ポーチや駐車スペースでは、表面の材料だけでなくその下の仕様も確認しておきます。

●チェック2　樹木の高さも確認します。例ではフェンスと同じ高さの樹木を植えることで、庭の眺めを損ねない配慮をしました。

トクする知識

●**外構図《がいこう》**　門や車庫、テラス、植《しょく》栽《さい》など敷地の外まわりを詳細に表した図

ここがポイント

要点

窓からの眺めや日差しの入り方、周囲からの視線、植物への日当たりなどを検討する

よくある失敗

シンボルツリーを予定していた位置に、排水管が通っていて、植えられない

外構図　1/60（40%に縮小）

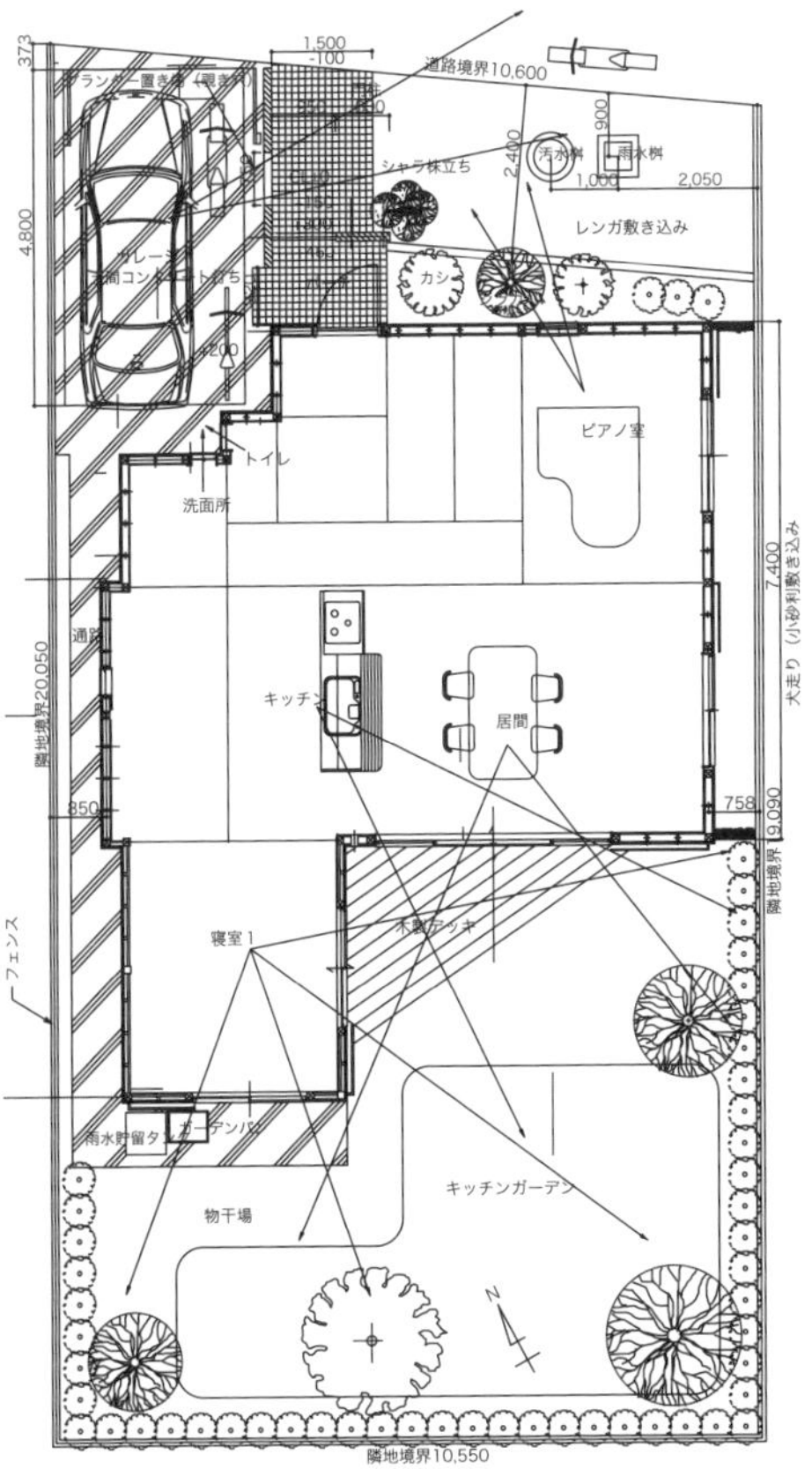

ガレージ床詳細図 1/10（50%に縮小）

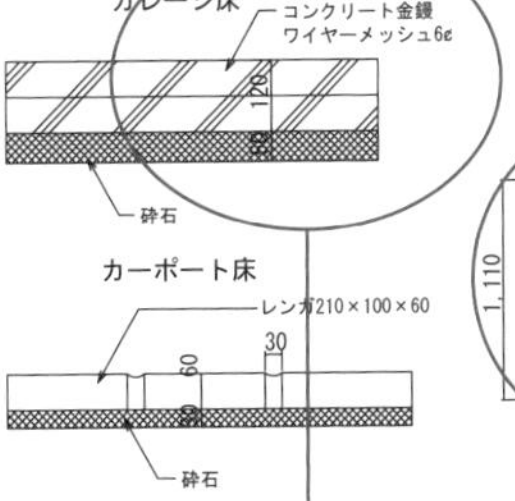

フェンス詳細図 1/30（50%に縮小）

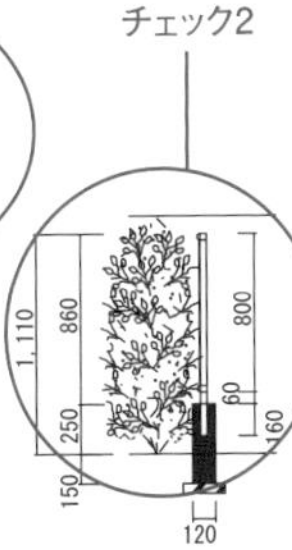

門柱壁詳細図 1/30（50%に縮小）

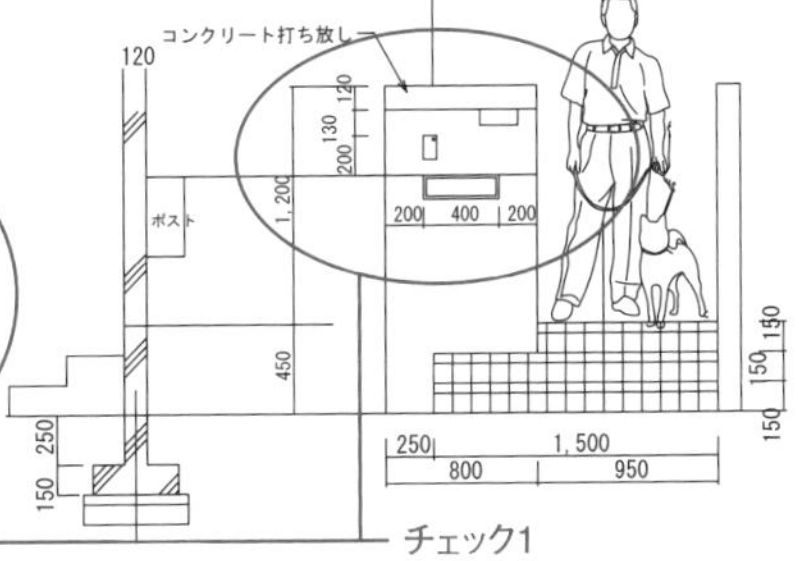

061

見積り書の読み方

見積りの方法は依頼先によって3種類ある

トクする知識

●**見積り書**　工事費の総額を提示するだけでなく、費用の内訳を明確にして、使用する材料のグレードなどを確認する書類

見積り書の役割は、単に総額を提示するだけでなく費用の内訳を明確にして使用材料のグレードや工事範囲を確認すること。建築主と施工会社の意思疎通のベースになるものです。正確な見積りを作成するには詳細な図面や仕様書・仕上げ表が必要。見積り書は依頼先によって次の3種類に分けられます。

(1) 部位別見積り

ハウスメーカーの自由設計の見積り書に多い方法。躯体《くたい》や屋根、建具《たてぐ》など建物の部位ごとに下地《したじ》から仕上げまでの費用を算出したもので、項目が少ないため金額を大枠でとらえるのに適しています。

(2) 工種別見積り

工務店などで、工事の種類ごとに金額をまとめる方法。住宅の場合は表のように工事の分類を簡略化して構成するのが一般的です。

(3) 設計事務所が行う見積り

設計事務所に依頼して家を建てる場合、実際の工事を請け負うのは施工会社です。見積り書は施工会社が作成するため会社ごとに異なります。経験の有無や図面の解釈で金額に差が出るので、比較検討して選択します。

ここがポイント

部位別見積り

自由設計のハウスメーカーの場合に一般的。屋根や建具《たてぐ》など部位ごとに算出

工種別見積り

工務店の一般的な見積りで、下請けの工事会社ごとに集計して費用を算出

部位別見積りの項目例

仮設工事
土工・基礎工事
躯体工事
屋根工事
外装工事
内装工事
開口部・建具工事
その他工事

工種別見積りの項目例

	種目	工事内容
見積り額	A：建築本体工事	仮設工事
		土工・基礎工事
		木工事
		屋根・板金工事
		石・タイル工事
		左官・吹付工事
		建具工事
		内装工事
		塗装工事
		雑工事
	B：設備工事	住宅設備機器工事
		電気設備工事
		給排水衛生設備工事
	C：付帯工事	解体・宅地造成工事
		外構・造園工事
		暖冷房・空調工事
		ガス・浄化槽工事
		その他
	D：諸経費	（A＋B＋Cの 10％前後）

摘要（木工事）
構造材
造作材
板材
銘木
床・フローリング
合板類
断熱材
釘・金物
大工手間

062

見積り書の中身

見積り書は工事費内訳書など3種類の書類から構成される

見積り書の書類は次の3種類。それぞれの特徴を押さえて内容を理解しましょう。

(1) 御見積書(表紙)

見積り金額の他に工事名・工事場所・工事期間・見積り書の有効期限・支払い条件が記載されています。

(2) 工事費内訳書

各工事科目の金額を「一式」としてまとめ、建築本体工事、設備工事、付帯《たい》工事、諸経費と大別して表示します。付帯工事とは、事例ごとの特別な工事という意味。諸経費とは、会社を運営するのに必要な現場経費、一般管理費などをいい、10%前後が一般的です。

(3) 工事費内訳明細書

工事費内訳書に記載された工事科目ごとに、使う材料の種類、その数量と単価、あるいは労務費などを細かく記載したものです。

見積り書の中身を簡単に説明しましたが、工事会社への支払い以外にも費用がかかります。10~21頁に詳しく記載しましたが、家づくり総費用の15~20%の「別途工事費」、5%前後の「諸費用」とさまざまな費用が必要になることを忘れないようにしましょう。

トクする知識

● **諸経費** 工事会社を運営するのに必要な現場経費、一般管理費、営業利益などをいい、工事費の10%前後が一般的

ここがポイント

諸経費の注意点

「原価でサービスします」といって、この比率が極端に少ない場合は、その分が他の工事科目に振り分けられている場合が多いので注意が必要

工事費内訳書

No./ 工事種目	工事科目	数量	単位	単価	金額
A．建築本体工事	1. 仮設工事	1	式		642,526
	2. 土工・基礎工事	1	式		1,522,641
	3. 木工事	1	式		7,138,500
	4. 屋根・板金工事	1	式		1,700,450
	5. タイル工事	1	式		439,850
	6. 左官工事	1	式		631,596
	7. 建具工事	1	式		2,360,332
	8. 内装工事	1	式		1,049,780
	9. 塗装工事	1	式		1,894,228
	10. 雑工事	1	式		1,306,550
B．設備工事	1. 住宅設備機器工事	1	式		1,146,242
	2. 電気設備工事	1	式		1,789,593
	3. 給排水衛生設備工事	1	式		1,113,400
C．付帯工事	1. 外構工事	1	式		1,313,498
	2. ガス工事	1	式		160,100
D．諸経費		3	%		1,990,714
計					26,200,000

※ 諸経費は工事費や会社規模によって異なる

工事費内訳明細書（基礎工事の例）

No./ 名称	摘要	数量	単位	単価	金額
1. 布基礎 RC 造	W120	70.00	m	14,000	990,780
2. 防湿コンクリート屋内	厚 60	65.19	㎡	4,000	260,760
3. 束石設置屋内		38.00	カ所	900	34,200
4. 基礎パッキン		70.00	カ所	1,000	70,000
5. 高基礎 RC 造浴室	W120	6.12	m	15,000	91,800

御見積書（表紙）

御見積書

O邸　新築工事

下記の通り御見積申し上げます。

見積金額	￥26,200,000-　円也
消費税額	￥2,620,000-　円也
合計金額	￥27,510,000-　円也

工事場所	○○県○○市○○町○○-○○
見積年月日	○○年○○月○○日
お支払条件	着工時○%、上棟時○%、竣工時○%
有効期限	30日
備　考	この見積書に記載無き事項は 全て別途工事とします。

063

見積りの取り方

依頼した見積りは、同じ条件にそろえて比較検討する

ここからは設計事務所による家づくりの事例を取り上げ、実際に工務店からとった見積り書を見ながら、工事費内訳明細書の見方や比較のポイントを解説します。

いちばんの注意点は、工務店によって見積り書の書式や項目に違いがあるということです。そこで両者の見積りを比較しやすいように、それぞれ仕分け直して比較表を作成します。

では具体的に比較表を見てみましょう。左ページに載せたのはZ邸の例です。工務店2社から見積りをとり、内容を仕分けし表にしました。

項目を比較すると、A社の金額が高い工事もあれば安い工事もあります。これは、各社に得意不得意があるなど理由があるはず。質問して疑問をなくしましょう。

(1) 仮設工事

仮設《かせつ》工事とは足場組み、仮設電気・水道の設置、養生《ようじょう》、掃除・片付けなど建物を建てるのに必要な準備仕事のこと。完成後に形として残らないのでわかりにくいですが、仕事の善し悪しを左右する重要な工事です。

トクする知識

- **工務店の見積り**　工務店ごとに書式が異なるので、相《あい》見積りでは仕分け直して比較表を作成するとわかりやすい

ここがポイント

仮設《かせつ》工事

足場組み、仮設電気・水道の設置、養生《ようじょう》、掃除・片付けなど、建物を建てるのに必要な準備仕事。完成後に見える形として残らないが、職人の仕事の善し悪しを判断できる

DATA

Z邸データ
敷地面積／206.46m^2
建築面積／76.80m^2
延べ床面積／125.40m^2
家族構成／夫・妻・長男が同居。長女は月に1回ぐらい泊まりに来る。次男は地方の国立大学生
予算／最初は2,000万円だったが、いずれ2世帯との話があり2,500万円とした

設計事務所が作成する概算予算表（例）

工事種目	工事科目	坪単価	金額	比率	備考
建築本体工事	1. 仮設工事	1.80万	700,000	4.0%	
	2. 土工・基礎工事	3.96万	1,500,000	8.8%	
	3. 木工事	22.50万	8,500,000	50.0%	
	4. 屋根・板金工事	1.80万	700,000	4.0%	
	5. タイル工事	1.35万	500,000	3.0%	
別途費用	1. カーテン・ブラインド		250,000		
	2. 造園		300,000		前庭・垣根のみ
	3. 地鎮祭		50,000		
	4. 地盤調査		50,000		
	5. 不動産取得税		250,000		
	6. 登記費用		200,000		
	7. 引越し費用		200,000		ピアノ含む
	計		1,300,000		

Z邸工事費見積り比較表［※］

工事種目	A社	B社	特記	予算
1. 仮設工事	676,344	501,705		700,000
2. 基礎工事	1,602,780	1,572,220		1,500,000
3. 木工事	8,541,326	8,920,260	同額なら紀州材の方がいい	8,500,000
4. 屋根・板金工事	1,789,944	793,200	外断熱通気工法の差	700,000
5. タイル工事	463,000	415,550		500,000
6. 外壁工事	991,254	428,400	規格品と仙台での折り曲げ加工の差	500,000
7. 左官工事	664,838	629,830		600,000
8. 建具工事	2,484,560	2,477,140		2,500,000
9. 内装工事	691,040	502,200		500,000
10. 塗装工事	1,002,670	519,400	吹き付け材の差・B社に誤り	500,000
11. 雑工事	582,199	0	木工事に算入	500,000
A．建築本体工事小計	19,779,959	16,759,905		17,000,000
1. 住宅設備機器工事	1,096,571	1,075,750	概算には造り付け家具も含めている	1,350,000
2. 電気設備工事	928,852	940,280		1,100,000
3. 給排水衛生設備工事	1,172,000	863,330		950,000
B．設備工事小計	3,197,423	2,879,360		3,400,000
1. 外構工事	1,382,630	1,554,690		1,250,000
2. 空調工事	954,930	781,000		900,000
3. ガス工事	168,530	172,900		150,000
C．付帯設備工事小計	2,506,090	2,508,590		2,300,000
計．A＋B＋C	25,483,472	22,147,855	330万円の差	22,700,000
D．諸経費	716,528	3,322,700	判断が難しい	2,300,000
	(2.8%)	(15%)		(10%)
合計	26,200,000	25,470,555	差額 729,445	25,000,000

※ 見積金額は物価や流通価格に応じて変化するため、必ずしも現在の価格を示している訳ではない

064

木工事で差が出る!?

木工事は費用全体に占める割合が高く、価格差が出やすい

（2）木工事

建物の骨組《ほねぐみ》、下地《したじ》や仕上げなど木を使う工事全般を木工事といいます。木造住宅では、費用全体に占める割合が最も高く、大工の手間代（建方労務費《たてかたろうむひ》）も計上されています。

（3）屋根・板金工事

屋根板金工事とは、主に鉄の板を切ったり曲げたり、加工をして行う工事のこと。材料の単価と数量が間違っていないかを確認しましょう。

（4）金物工事

金物《かなもの》工事は、板金とは異なる鉄の素材を使用する工事。階段や手摺など厚みのある金属素材を用いる工事を指します。

（5）左官工事

左官工事とは、土や砂、石灰などと水を練り合わせた材料を使用した塗り壁または吹き付け工事のことをいいます。左記ではモルタル下地の上に弾性系の仕上げ材料を吹き付ける仕様としたため、左官工事の項目の中に下地と仕上げの両方が計上されています。

トクする知識

- **人工《にんく》**　坪当たり何人の大工が必要かを示す単位。高級住宅6人、一般住宅5人。アパート4人が目安

ここがポイント

建方労務費《たてかたろうむひ》

坪当たり69,300円（2万1千円×3.3m^2）の場合、1人平均（親方と弟子や見習の2～3人が一組）13,860円の手間賃を取る大工が5人必要ということで、公庫仕様の平均的な住宅

工事費内訳明細書

木工事の例

工事項目	規格	数量	単位	単価（円）	金額（円）
1. 屋根下地	構造用合板 12 × 3 × 6	78	枚	1,500	117,000
2. 軒天仕上	ケイカル板 10 × 3 × 6	12	枚	2,030	24,360
3. 外壁下地	構造用合板 12 × 3 × 10	4	枚	3,750	15,000
4. 外壁下地	構造用合板 12 × 3 × 9	52	枚	3,260	169,520
5. 耐力壁下地	構造用合板 12 × 3 × 9	10	枚	3,260	32,600
6. 壁下地	PB t=12.5	70	枚	550	38,500
7. 壁下地	PB t=9.5	18	枚	450	8,100
8. 壁仕上	ラワン合板 12 × 3 × 6	22	枚	2,700	59,400
9. 壁仕上	ラワン合板 3 × 3 × 6	18	枚	920	16,560
10. 壁仕上	シナ合板 12 × 3 × 6	6	枚	4,120	24,720
11. 床下地	構造用合板 24 × 3 × 6	28	枚	2,650	74,200

屋根・板金工事の例

工事項目	規格	数量	単位	単価（円）	金額（円）
1. 屋根　竪ハゼ葺き		49	㎡	5,900	289,100
2. 軒先ケラバ		36	m	1,050	37,800
3. 破風板		36	m	3,500	126,000
4. 換気棟		8	m	7,500	60,000
5. 雨押え		5.5	m	3,800	20,900
6. 雪止め		14.5	m	5,400	78,300
7. 下屋　竪ハゼ葺き		8.5	㎡	5,900	50,150
8. 軒先ケラバ		11	m	1,050	11,550
9. 破風板		11	m	3,500	38,500
10. 雨押え		6	m	3,800	22,800

金物工事の例

工事項目	規格	数量	単位	単価（円）	金額（円）
1. 階段手摺鋼材費、加工費	スチールフラットバー	1	式		85,000
2. 搬入取付費		1	式		20,000

左官工事の例

工事項目	規格	数量	単位	単価（円）	金額（円）
1. 外壁下地	通気ラス モルタル t=20	116	㎡	4,500	522,000
2. 外壁仕上	ジョリパット JP-700 リシン仕上	116	㎡	2,400	278,400
3. 玄関床仕上	モルタル金鏝押え	11	㎡	3,500	38,500

065

見積り金額の判断

金額に大きな差が出たら設計変更をすることも

(6) 電気設備工事

幹線《かんせん》引込工事、弱電設備工事、電灯コンセント工事、照明器具工事、アンテナ工事など。図面と照らし合わせて確認します。

(7) 給排水衛生設備工事

給排水衛生設備工事には、給水設備工事、給湯設備工事、排水設備工事、衛生機器設備工事などがあります。とくに衛生機器設備工事では品番や数量を確認してください。

(8) 空調換気設備工事

空調設備工事は、エアコンなどの空調工事と、換気扇や給気口などの換気工事からなります。この他では、造り付けの収納家具や床下収納、表札やポスト、物干しパイプなど、仕分けしづらい「雑工事」もあります。

〈注意点〉 どの見積り書でもとくに注目すべきは、①正しい仕様であるか②単価は妥当か③数量は適切であるかの3点です。ただし、見積り金額は、今までの仕事の実績や経験の他、図面の理解によっても異なる場合があります。気になる点は、質問、調整するとよいでしょう。

トクする知識

● **相《あい》見積り**　3社で相見積りを取ると、上下で1割程度の差が出ることが多い

ここがポイント

予算との差額

最低見積り額と予算の差が1割以内なら、値段の交渉や軽微な設計変更で予算内に収めることができるが、それ以上の差になると大幅な設計変更になることが多い

工事費内訳明細書

電気設備工事の例

工事項目	規格	数量	単位	単価（円）	金額（円）
1. 仮設工事		1	式		40,000
2. インターホン配線、取付		1	箇所		8,000
3. 電灯配線工事		24	箇所	2,800	67,200
4. コンセント工事		1	式		264,400
5.TV 用配線		3	箇所	9,500	28,500
6.TEL 用配管、配線		2	箇所	9,000	18,000
7.LAN 用配管、配線		2	箇所	16,000	32,000
8. 分電盤工事	22 回路、予備 2 回路	1	箇所		80,000
9. 弱電盤工事		1	箇所		25,000
10. インターホン機器		1	箇所		41,000
11. 換気扇電源工事		4	箇所	3,000	12,000
12. 煙感知器		4	箇所	5,700	22,800
13. 熱感知器		1	箇所		7,000
14. 幹線引込工事		1	式		60,000
15. 東電申請費		1	式		16,000
16. 照明器具工事		1	式		194,600
17. 照明器具取付費		1	式		100,000
18. アンテナ工事		1	式		90,000
19. 諸経費		1	式		175,000

column

設計変更は慎重に

変更と段取り

設計や仕様の変更は、「設計中」と「施工中」の2つに分けられます。設計中の変更の多くは、施工者の見積りと折り合わないことから生じます。予算に応じて、多少の変更が出るのはやむを得ませんが、ついでだからと変更を繰り返さないようにしましょう。施工中の変更はトラブルのもととなります。工期や工事費が増えたり、また無理な変更のしわ寄せが施工におよび、建物の品質を落としてしまうなどいろいろな問題が生じます。設計変更の申請が必要になる場合もあります。些細なことに思えても、構造にからんでいたりすると変更は難しくなります。

また現場の状況も考えなければなりません。「段取り八《はち》分《ぶ》」という言葉がありますが、段取りとは工事が円滑に進むように先の工程を見越して材料の調達や職人の手配などを前もって行うこと。現場は建築主が考えるよりはるか先に進んでいることがあるのです。

施工中の安易な変更はこうした段取りを狂わせることになり、工事の遅延や工事費の増額につながります。変更してほしいところが出てきたら、なるべく早めに依頼先に相談しましょう。

図面や見積りをとってから

変更を依頼するときは、必ず現場責任者や設計者（工事監理《かんり》者）に伝えましょう。変更箇所の図面や見積りをとり、追加の工事費や工期などを確認し、納得してから進めます。その記録は書類できちんと残し、建築主と施工者、設計者の3者が保管します。この確認を怠ったまま進めるとトラブルのもとになるので注意しましょう。

設計変更と現場の工程

変更したい内容	設計段階		工事段階					備考
	基本設計	実施設計	基礎	架構組立	屋根	下地	仕上げ	
間取りや面積などの変更	←→	◀▶						・構造の変更を伴うような変更は難しい
外装材の変更	←→	←→	◀▶					・下地の変更を伴うような変更は難しい
内装材の変更	←→	←→	←→	◀▶				・下地の変更を伴うような変更は難しい
コンセントやスイッチの変更	←→	←→	←→	←→	◀▶			・下地工事段階で確認しておくことが大切
設備器具の変更	←→	←→	←→	←→	←→ ◀▶	◀▶		・配管工事や性能の変更を伴うような変更は難しい
照明器具の変更	←→	←→	←→	←→	←→	←→ ◀▶	◀▶	・配線工事の変更を伴うような変更は難しい
備考		◀▶ 見積り・確認申請	◀▶ 構造材加工	◀▶ 材料や職人の手配は、その都度行う	◀▶	◀▶	◀▶	・材料や職人の手配は現場より早く進んでいる

※　現場によって異なることも多いので、目安として使用ください
（←→ 変更の可能性がある、◀▶ やむを得ない場合には変更が可能となることもある）

第5章

工事現場の流れ

現場着工！
いよいよカタチになっていく

いよいよ「工事」の段階に入ります。
どんな素敵な家でも、いいデザインでも
すべては現場で決まります。
夢のカタチを実現させるために
たくさんの職人が力を合わせる
現場を見てみましょう。

066

工事現場の流れ

全体の流れを把握して、建築主がやるべきことを理解する

家を建てる敷地は、既存の建物や障害物など、何もない平らな地面でなければなりません。敷地をこうした状態に整えることを更地《さらち》にするといいます。新しい敷地に家を建てる場合は、この作業はすでに済んでいるはずですが、問題は建替《たてか》えの場合。古い家の解体は、規模によっては建設リサイクル法による分別解体・再資源化が求められます。さらに建替えでは、工事中の仮住まいを探したり、引越しも工事の前と後の2回必要になります。

工事現場の大まかな流れは、図のようになります。着工から完成までにかかる期間は、工法や工事の規模にもよりますが、木造軸組《じくぐみ》構法では、およそ4～6カ月が目安です。また、外構《がいこう》工事は予算の都合で後回しになりがちですが、家の工事と一緒に進めることができれば、施工上のムダが少なくなってコストダウンにつながります。

そして、家が完成する頃にはさまざまな手続きが重なります。近隣への挨拶、役所や学校への届け出、ガス・水道・電気などの手配、転居届など引越しまでにすることは山ほど。当日あわてないように準備しておきましょう。

トクする知識

●**建替《たてか》え**　新築と異なり仮住まいを探したり、引越しや手続きなどが2回あることを知っておく

ここがポイント

家づくりのスケジュール

工事の前後にも届け出や引越しなど建築主がやるべきことはたくさんある。工事現場の大まかな流れを知って家づくり全体のスケジュールを組むとよい

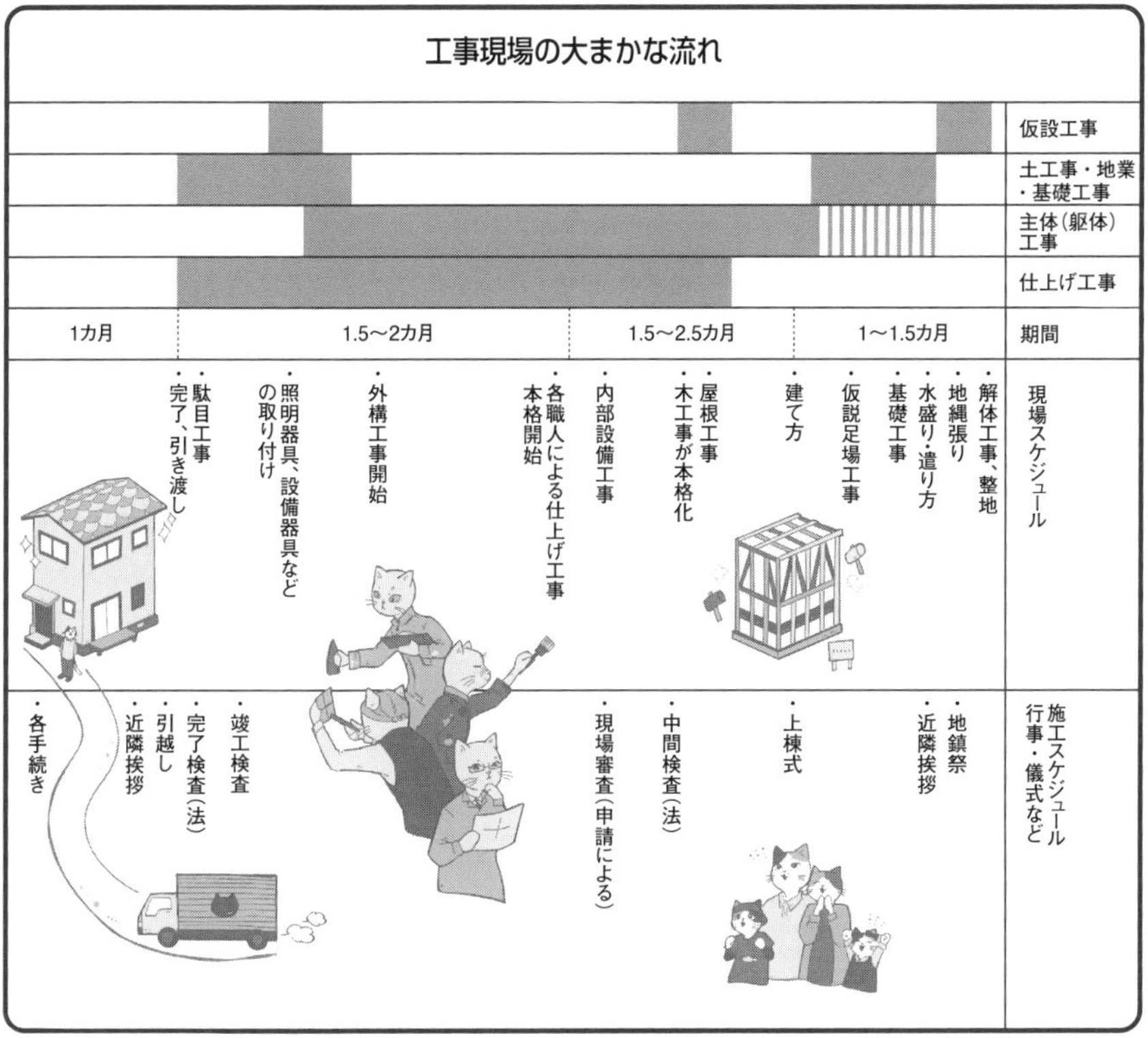

「建《たて》替《か》え」の注意点

解体工事	「手壊し」か「機械壊し」かで予算や時間が違ってくる （壊す家の規模や構造および残したい建具や樹木などがあるかどうかなど） 残したいものがある場合は、その一時保管場所の確保と、その責任者が誰かをはっきりしておく 解体業者が新しい家の施工業者と同じ業者かどうか （違う場合は、お互いの工程についての打ち合わせが大切）
引越し	工事の前と後の２回（荷造りに工夫） 仮住まいの確保
手続き	解体除去届を役所へ提出 建物滅失登記（法務局） 借地の場合は地主の承諾書が必要 壊す家と同じ（またはそれ以上の）規模や構造で、新しい家が建てられるかどうか、法的規制の変更の有無を確認 規模によっては建設リサイクル法の申請が必要

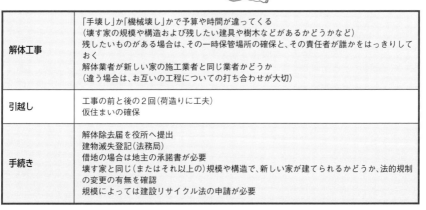

067

木造軸組《じくぐみ》構法の現場

建《た》て方《かた》から仕上げまで木造軸《じく》組《ぐみ》構法の工事の流れを知る

木造軸組《じくぐみ》構法は、柱や梁《はり》、土台《どだい》などを組み合わせた骨組《ほねぐみ》（架構《かこう》ともいう）が基本です。この骨組に壁などを付けていくため、増改築しやすいのが特徴です。

現場ではまず、基礎コンクリートの上に土台を据え付けます。次に柱を立て、梁を渡し、小屋を組んで棟木《むなぎ》を載《の》せると骨組が完成。この工程を建《た》て方《かた》といいます。骨組が完成したら、屋根工事、外部の窓や外壁の下地《したじ》工事へと進みます。続いて床や壁、天井などの下地部分の工事となり、同時に電気の配線工事や水道の配管工事などが途中に入ります。その後、階段やドアなどの枠をつくる内部造作《ぞうさく》工事へと続き、これが終わると大工工事はほぼ終了で、仕上げの職人にバトンタッチ。およそ4～6カ月程度で家が完成します。

木造軸組構法では、柱と土台・梁で囲まれた四角の中に筋《すじ》かいという斜めの材を入れたり、構造用合板《ごうはん》などを張り付けて地震などによる揺れを抑える、いわば耐震対策が施《ほどこ》されます。できるだけ釘を使わずに木材を接合する「木組《きぐみ》」でつくられる伝統構法系もあります。

トクする知識

●**軸組《じくぐみ》構法**　在来《ざいらい》工法や伝統構法に分かれ、さらに種類が分かれる。それぞれ施工の手順が違う

ここがポイント

耐力壁《たいりょくへき》

地震や風などの水平力から建物を守る壁。壁の中に筋《すじ》かいを入れたり合板《ごうはん》などの面材を張る。この壁をバランスよく配置して適切な施工をすることで、地震力に耐えられる

木造軸組構法の現場の流れ（例）

期間	1〜1.5カ月目	2〜3カ月目	4〜6カ月目
工事工程（現場）	・地縄張り ・地鎮祭 ・水盛り・遣り方 ・基礎工事 ・木材搬入 ・建て方、上棟式	・屋根工事 ・外部サッシ取り付け ・外装工事 ・断熱工事 ・内部配管工事 ・内部配線工事	・各職人による仕上げ工事 ・内部造作工事 ・足場外し ・塗装工事 ・内装工事 ・内部建具工事 ・家具工事 ・照明器具、設備器具などの設置 ・竣工検査、駄目工事 ・完成

在来《ざいらい》（筋《すじ》かいの場合）

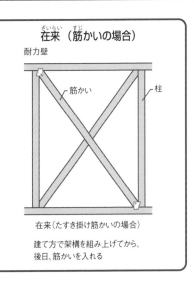

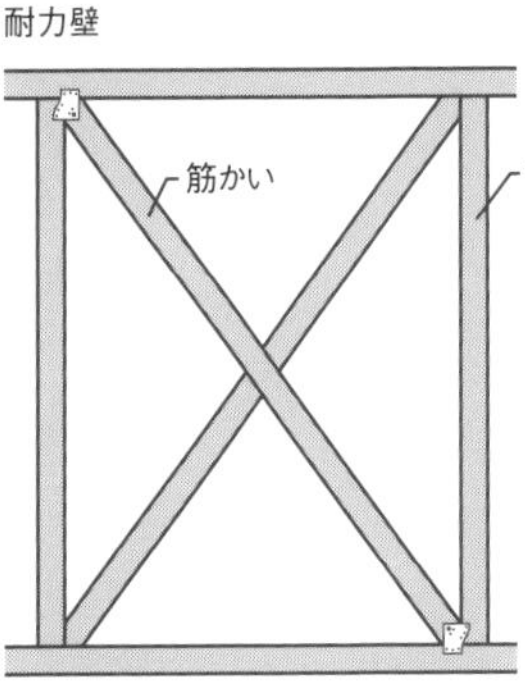

在来（たすき掛け筋かいの場合）

建て方で架構を組み上げてから、
後日、筋かいを入れる

木造軸組構法の骨組《ほねぐみ》

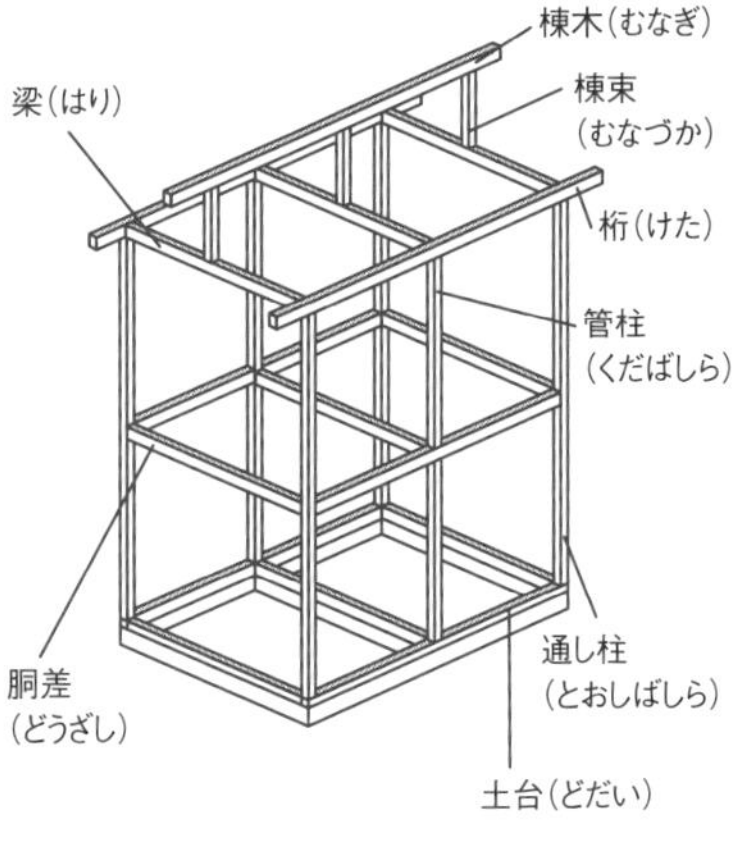

建《た》て方《かた》途中——柱と梁《はり》の接合

写真提供：あすなろ建築工房

068

2×4《ツーバイフォー》工法の現場

現場での作業は徹底して省力化され、高い生産性が特徴

2×4《ツーバイフォー》工法は基準部材の公称断面が2インチ×4インチであることから名づけられました。法律上の名称は枠組壁工法《わくぐみかべこうほう》。枠をつくり、合板《ごうはん》などの面材を張って壁をつくります。

現場では基礎工事の後に、軸組《じくぐみ》構法と同様に土台《どだい》の据え付けから始めます。次に1階床の枠組をつくり、面材を張り付けてパネル状に。この床面が壁枠組《かべわくぐみ》（壁体《へきたい》パネル）をつくる作業台になります。壁枠組を建て起こしていく順序も合理的で、外周壁《がいしゅうへき》から内壁《うちかべ》、大きい壁から小さい壁と順序よく進みます。1階が完成したら2階も同様に組み立て、小屋組《こやぐみ》を完成させて構造体ができあがります。そして屋根工事や外部建具《たてぐ》取り付け、天井下地《したじ》、内壁の石膏ボード張り付けと続き、造作《ぞうさく》工事や内・外装を仕上げて完成。配線や配管はボードを張り付ける際に施工します。

この工法は、壁がバランスよく配置されているのが特徴。構造部材の組み立てがすべて釘や金物で緊結《きんけつ》され、別名釘打ち工法といわれるほど。現場の大工作業は徹底して省力化されるため現場の生産性が高く、工期は2.5〜3カ月と他の工法と比べると短くできます。

トクする知識

● **釘打ち工法**　2×4《ツーバイフォー》工法の別名。このように言われるほど、釘の種類や数、打ち方が細かく決められている

ここがポイント

2×4《ツーバイフォー》工法

間取りの変更が容易でない反面、壁がバランスよく配置されるようになっているのが特徴。大工の加工作業も徹底して省力化し、現場での生産性が高く、他の工法と比べ工期が短い

2×4《ツーバイフォー》工法の現場の流れ（例）

期間	1カ月目	2カ月目	3カ月目
工事工程（現場）	・地縄張り ・地鎮祭 ・水盛り・遣り方 ・基礎工事 ・土台据え付け ・1階床枠組 ・1階壁建て起こし ・2階床枠組 ・2階壁建て起こし ・小屋組	・上棟式 ・屋根工事 ・外部サッシ取り付け ・外装工事 ・内部配管工事 ・内部配線工事 ・断熱材工事 ・内壁石膏ボード張り ・内壁造作工事 ・塗装工事	・内装工事 ・内部建具工事 ・家具工事 ・照明器具、設備器具などの設置 ・竣工検査、駄目工事 ・完成

2×4工法の仕組み

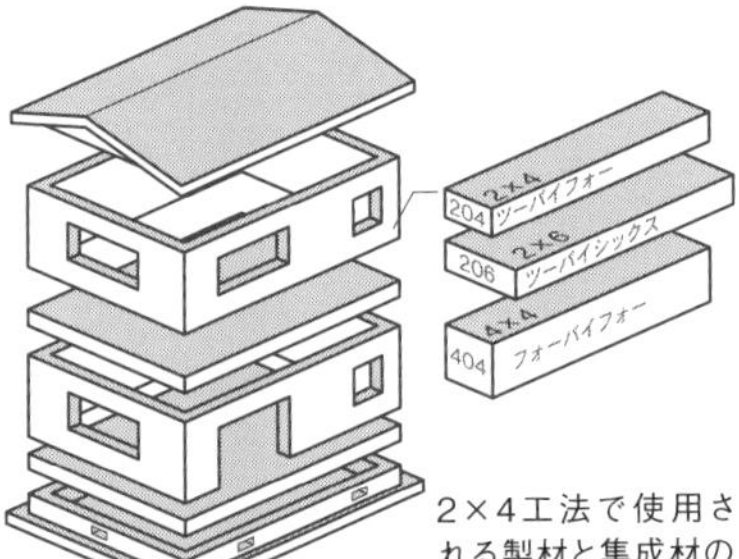

箱のように組みあげていく

2×4工法で使用される製材と集成材の断面寸法はいろいろあります

外壁の建て起こし

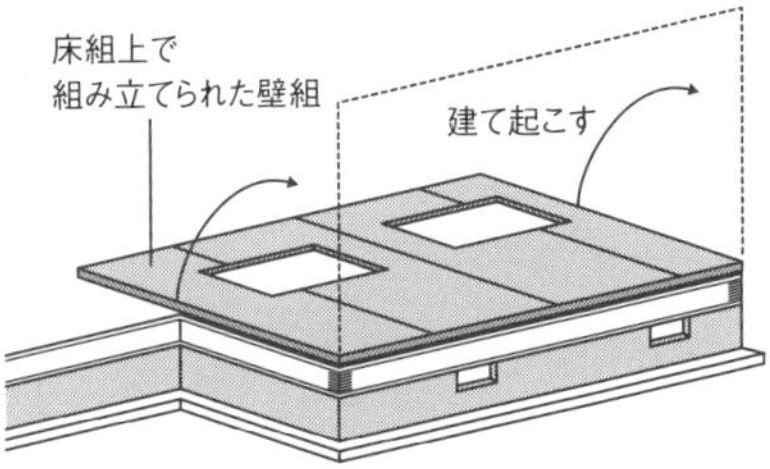

1階壁枠組《かべわくぐみ》の建て起こしの様子

069

ログハウスの現場

木材の乾燥・収縮の性質に対応した、適切な施工が大切

丸太（ログ[log]）材などを積み上げて壁をつくる構法を丸太組《たぐみ》構法といい、一般には「ログハウス」と呼ばれます。北欧で古くから発達した構法で、丸太の断熱性を利用した寒冷地生まれの住宅構法です。

丸太組構法の基礎工事も木造軸組《じくぐみ》構法とほとんど同じ。基礎工事と並行して丸太材の加工が作業場で進められ、準備ができたら現場に輸送されてきます。ログの建《た》て方《かた》は、丸太材などを直角に交互にかみ合わせて横積みに。同時に電気の配線工事を行い、ベランダ工事や塗装工事をして、床組《ゆかぐみ》や造作《ぞうさく》工事、雑《ざつ》工事、設備工事などの一般工事に入ります。

この構法は日本では正倉院《しょうそういん》の校倉《あぜくら》造りで知られますが、木材の乾燥・収縮の性質を生かした調湿機能に優れ、主に倉庫の構法として利用されてきました。ログハウスを建てるには敷地の選定段階から十分な時間を取ることが必要です。丸太の加工工程も重要で、国産材を国内で加工、原木を輸入して国内で加工、あるいはカナダやアメリカで加工したものを輸入するなど、どれを選ぶかで日程は大きく変わり、工期の目安は3～10カ月と広範です。

トクする知識

● **工期の目安**　国産材を国内で加工するか、原木を輸入して国内で加工するかで工期が異なり、3～10カ月が目安

ここがポイント

ログハウスの注意点

木材の乾燥・収縮の性質をうまく利用した構法で、この性質がこの構法の弱点にもなる。適切な施工が、住み始めてからの問題を防ぐ

丸太組《まるたぐみ》構法の現場の流れ（例）

期間	1カ月目	2カ月目	3カ月目
工事工程（現場）	・地縄張り ・地鎮祭 ・水盛り・遣り方 ・基礎工事 （・ログの加工は別の場所で） ・木材搬入 ・土台据え付け ・ログ建て方 ・床組	・内部配管工事 ・内部配線工事 ・小屋組 ・ログ塗装工事 ・屋根工事 ・外部サッシ取り付け ・断熱材工事	・内部造作工事 ・内装工事 ・内部建具工事 ・家具工事 ・照明器具、設備器具などの設置 ・竣工検査、駄目工事 ・完成

丸太材の収縮と対応

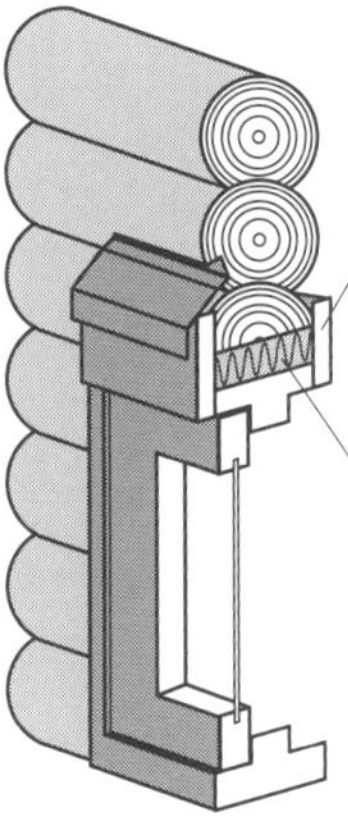
額縁（がくぶち）
収縮対応スペースを幅広の額縁で隠すようにする（外壁部は断熱材を充填する）

丸太材収縮に対する適切な措置が大切

丸太材の加工・搬入経路の違い

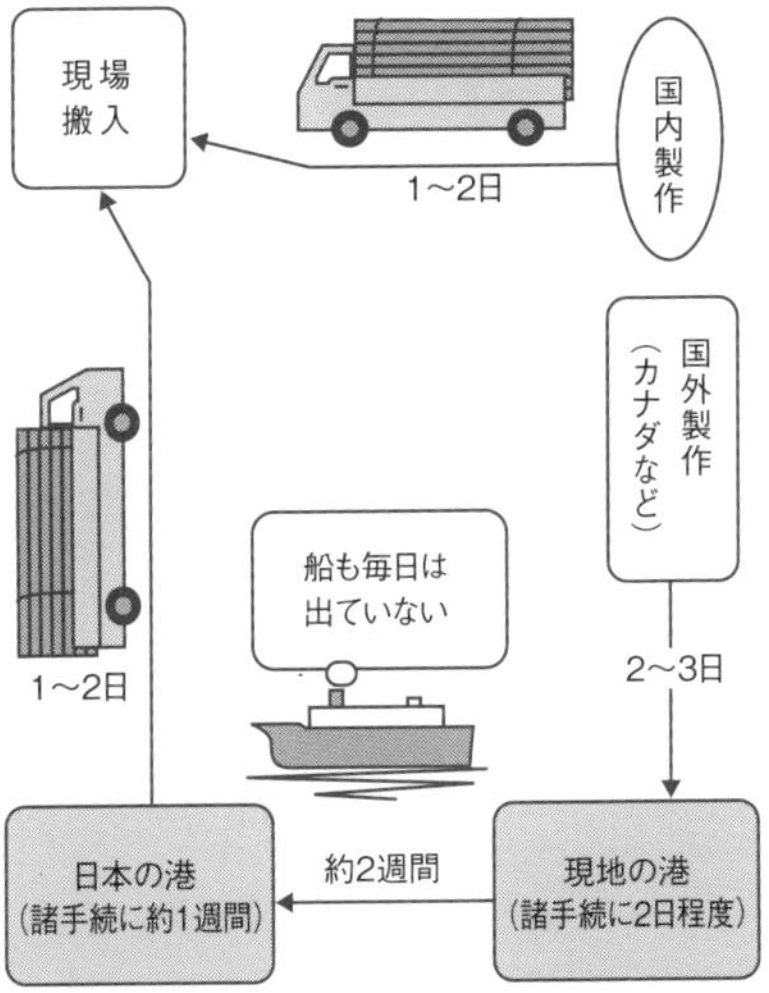

ログハウスの建《た》て方《かた》の様子

写真提供：小倉工務店

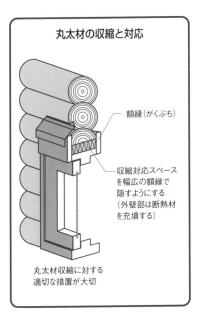

070

RC造と鉄骨造の現場

鉄筋コンクリート造(RC造)と鉄骨造の工事の流れを知る

トクする知識

- **RC造の工期の目安** 6カ月
- **鉄骨造の工期の目安** 4カ月、ただし現場に入る前の準備段階の工程が工期に大きく影響する

　鉄筋コンクリート造（RC造）の一般的な住宅は、自重が大きいため木造建築よりしっかりした基礎が必要です。続く躯体《くたい》工事では柱・梁《はり》・壁・床の鉄筋《てっきん》を組んで型枠《かたわく》を設置し、ミキサー車で運ばれてきたコンクリートを流し込みます。コンクリートの打設《だせつ》の善し悪しは、建物の寿命に大きな影響を与えます。施工が良くないとコンクリートにひび割れが入り、雨水の浸入によって強度が落ちたり、内部の鉄筋が腐食することも。きちんと施工するには天候を考慮し、コンクリートが固まる時間（養生《ようじょう》期間）を十分に取ることが大切です。全体の工期の目安は6カ月程度。

　鉄骨造（S造）は、低層から高層までさまざまな規模の建物に用いられます。現場では基礎工事終了後に鉄骨材料が搬入され、溶接やボルトで接合し、組み上げられます。最終的にボルトを本締《ほんじ》めして鉄骨工事が終了。次いで造作《ぞうさく》工事や内装工事に入ります。鉄骨は火災時の温度上昇で強度が落ちたり、変形しやすい材料。防火制限のある地域では耐火被覆材《たいかひふくざい》を吹き付けます。錆びにも弱く防錆《ぼうせい》処理も必要です。現場での工期は4カ月程度です。

ここがポイント

RC造の注意点

コンクリートの善し悪しが、建物の寿命に大きな影響を与える

鉄骨造の注意点

鉄骨は熱や錆びに弱いので、適宜、耐火被覆《たいかひふく》や塗装による防錆《ぼうせい》処理が必要

鉄筋コンクリート造（RC造）の現場の流れ（例）

期間	1カ月目	2カ月目	3カ月目	4カ月目	5カ月目	6カ月目
工事工程（現場）	・地縄張り ・地鎮祭 ・水盛り・遣り方 ・基礎工事	・給排水工事 ・1階土間コンクリート打設 ・1階柱、壁、2階床下梁の型枠組み立て	・1階壁の配筋 ・配線工事 ・2階床の配筋・型枠 ・1階壁コンクリート打設 ・2階、屋上躯体鉄筋コンクリート工事	・外部サッシ取り付け ・防水工事 ・断熱材工事 ・内部木工事	・内部建具工事 ・家具工事 ・内部仕上げ ・電気工事	・照明器具、設備器具などの設置 ・竣工検査、駄目工事 ・完成

鉄骨造の現場の流れ（例）

期間	1カ月目	2カ月目	3カ月目	4カ月目
工事工程（現場）	・地縄張り ・地鎮祭 ・水盛り・遣り方 ・基礎工事 ・ベースコンクリート工事 （工場で、原寸図作成の上、部材作成） ・給排水工事 ・鉄骨部材搬入	・鉄骨建て方 ・ボルト本締め ・2階床コンクリート工事 ・屋根工事 ・設備工事 ・外部サッシ取り付け ・内部木工事 ・外壁工事	・断熱材工事 ・配線工事 ・内部造作 ・内装工事 ・内部建具工事 ・内部塗装	・内部仕上げ ・照明器具、設備器具などの設置 ・竣工検査 ・完成

配筋《はいきん》とコンクリート打設《だせつ》の様子

鉄骨造の建《た》て方《かた》の様子

071

現場立ち会いについて

現場チェックは面倒がらずにポイントを押さえて行おう

建築主が現場に立ち会い、様子をチェックすることは大切なことです。なかでも地縄張《じなわば》り時、建《た》て方《かた》・上棟《じょうとう》時、外部建具《たてぐ》取り付け、竣工《しゅんこう》時はぜひ立ち会いたいポイント。忙しくて現場に行けないという場合は、施工者に工事写真などの資料の提示を求めます。不明な点は納得いくまで説明を受け、疑問が残らないようにしましょう。

また、建築基準法では「建築主は建築士である工事監理《かんり》者を定めなければならない」として、建築主に代わって現場をチェックする仕組みをとっています。施工者の立場ではない「第三者」の工事監理者であれば検査する目も厳しくなります。チェックの内容によっては建築主も一緒に立ち会いましょう。

せっかく建てた新居ですから、長く快適に住み続けたいもの。ただ、生活をするにつれて汚れや傷み、故障が生じるのはやむをえないことです。初期段階で発見できれば比較的簡単な補修で済むこともあり、そのためには、建物の各部位あるいは設備機器などの定期点検を習慣づけることが大切でしょう。

トクする知識

● **現場へ行けない場合**　施工者に対して、工事写真などの資料の提示を求める

ここがポイント

工事監理《かんり》

建築主の立場から現場で設計図どおりの施工が行われているかを確認することをいう

施工管理

施工者の立場から、工事が適切になされているかどうかを確認することをいう

工事の流れと現場チェック

工事工程	現場立会いの主なチェックポイント	
地縄張り、地鎮祭	◎	・敷地の境界線を確認し、その印の境界杭の位置も確認する ・敷地境界と建物との間隔が図面どおりになっているか確認する ・隣の家と新築する家との位置関係を確認する
基礎工事	○	・基礎の寸法を確認する ・鉄筋の配筋やアンカーボルト、換気口の位置などを確認する
建て方、上棟式	◎	・柱や梁などの材料の寸法や材種などを確認する
屋根工事完了	○	・筋かいの位置（耐力壁の位置）など耐風・耐震の構造を確認する ・屋根の防水工事の様子を確認する ・土台や柱などの防腐・防蟻処理状況を確認する
外部建具取り付け	◎	・スイッチやコンセントの数や位置などが図面どおりか、数が適当かどうかを確認する ・給水栓やガス栓などの数や位置が図面どおりかを確認する ・窓の位置や高さを確認する ・断熱材（床、外壁、天井）の施工状況を確認する
木工事完了～仕上げ工事	○	・建具の開き勝手を確認する ・造り付けの棚や家具を確認する ・現状での工事の仕上がり具合を住んだつもりで確認する ・台所、浴室、洗面所などの設備機器などを確認する
竣工検査	◎	・建物内外の清掃、後片づけや整理の様子を確認する ・内外装で壁・外部建具の塗装ムラや傷、汚れやクロスのはがれなどを確認する ・建具の開閉動作がスムーズかどうかを確認する ・設備機器などの作動状況やキッチン・トイレや浴室などの排水や水の流れを確認する

◎：ぜひ立ち会いましょう
○：できれば立ち会いましょう

・現場では材料の入手や職人の手配などの都合で、工程に変更が出ることがあります。立ち会いは前もって連絡をとって確認してから行きましょう
・作業工程は現場によって違うので、早めに予定を聞いておく方が無難です
・分からないことは説明を受けるなどしましょう

072

近所への挨拶まわり

工事の前は施工者と一緒に、引越しの挨拶は既婚者なら夫婦で

工事前の近隣への挨拶まわりは、ぜひやっておきたい大切なこと。現場の職人と近所の人たちの関係を良好に保つためにも重要です。「御挨拶」と表書きをつけたタオルや菓子折などの手みやげを持っては施工者と一緒にまわり、工事の日程などを説明しながら騒音が出そうな日が分かれば事前に伝えておきます。挨拶の範囲はお隣だけとは限りません。現場の交通状況などによっては、少し先までしておいた方がよい場合も。特に建《た》て方《かた》の時などは、大工や手伝いの人など人数が多くなり、加えて材料の搬出入などで車の出入りも激しくなります。また、工事中は普段より車の往来が多くなりますから、通勤や通学の人に支障が出ないよう施工者側にも配慮してもらうことが大切です。

引越し後の挨拶は、当日か翌日には済ませましょう。一戸建ての場合は向かいの3軒と両隣程度でよいとされています。ただ工事中に迷惑をかけたお宅へも挨拶した方がよいでしょう。「御挨拶」と書いたのし紙を付けた簡単な品物を持参するのが一般的で、住まう家族全員で出向くのが望ましいです。

トクする知識

- **近隣挨拶の範囲**　一戸建ての場合は、向かいの３軒と両隣程度でよいと言われているが、敷地が面しているお宅や、工事車両が迷惑をかけるお宅にも！

ここがポイント

近隣挨拶

施工者と一緒にまわり、工事の日程などの説明をしながら、騒音などにより迷惑をかけることを事前に伝えて、工事中の近隣紛争などのトラブルを防ぐ

引越しの挨拶

「向こう3軒、両隣」あとは、どうしようかしら

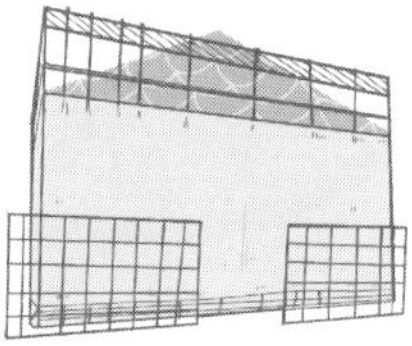

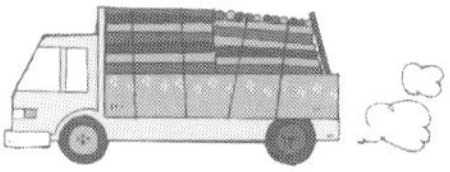

工事前の挨拶

建て方の日程など、工事の説明をする

建築主が工事責任者を紹介

現場は朝が早いので、早朝から音がうるさいことなどをお詫びする

073

地鎮祭《じちんさい》

建築工事に先立って行う、工事の安全を祈願する儀式

トクする知識

- **神主へのお礼**　3万～5万円程度
- **棟梁《とうりょう》・鳶《とび》の頭《かしら》への祝儀《しゅうぎ》**　1万～1.5万円程度
- **その他の関係者**　5千円程度

　地鎮祭《じちんさい》とは、文字通り神を鎮《しず》めるという意味。これからの工事の安全を祈願する儀式で、建築工事に先立って吉日に行われます。神式の場合、地域の神社の神主を招き、祓《はら》い清めてもらいます。儀式に参加するのは建築主とその家族、棟梁《とうりょう》や、基礎工事を行った鳶《とび》、設計者、施工者などの工事関係者です。

　地鎮祭までには、境界石《きょうかいせき》や境界杭の位置を確認しておきます。これらが入っていない場合は測量して杭や石を入れますが、この時には隣家の人にも立ち会ってもらいましょう。地鎮祭の神主へのお礼は3万～5万円程度を包み、式が終わった後に渡します。供え物を神主に用意してもらった場合は「御供物料《おそなえものりょう》」、神主が遠方から見えたときは「御車代」をお礼とは別に渡します。

　また、棟梁や鳶の頭《かしら》など工事関係者へのご祝儀を考える場合は1万～1万5千円程度が目安の額です。儀式の準備は施工者に依頼しますが、御神酒《おみき》や洗米《せんまい》、塩、山の幸、海の幸などの供え物は通常は建築主側が用意します。滞りなく式を行うためには、前もって施工者などに相談しておくとよいでしょう。

ここがポイント

施工者への相談

しきたりやお金のこと、神主の手配など分からないことや、地域による違いもあるので、滞りなく地鎮祭《じちんさい》を行うためにも、前もって施工者などに相談しておくとよい

地鎮祭《じちんさい》の儀式の主な流れ

❶

修祓の儀（しゅうふつのぎ）と
降神の儀（こうしんのぎ）
軽く頭を下げて、神主の
お祓いを受けます

❷

祝詞奏上（のりとそうじょう）
神主が祝詞を奏上します

いつ、どこで、だれが、
何を建てるか、また
設計者や施工者の名前など
をあらかじめ伝えておくと、
当日、神主は、これらを盛り
込んだ祝詞（のりと）を奏上
（そうじょう）してくれます

❸ ①刈初めの儀（かりぞめのぎ）
②穿初めの儀（うがちぞめのぎ）
③鍬入れの儀（すきいれのぎ）

❹

玉串奉奠（たまぐしほうてん）
神主から玉串を受け取り、神前に捧げ、
二拝二拍手一拝して戻る。
建築主、建築主の家族、設計者、施行者
の順に行います

❺

撤饌（てっせん）
神主がお酒の入った瓶子（へいし）の
ふたをしめ、祝詞を奏上します

※　地域の習慣や神社により異なることがあります

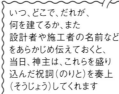

074

基礎をつくる

更地《さらち》に地縄《じなわ》を張って建物の位置を決め、基礎工事を行う

木造軸組《じくぐみ》構法の工程を追っていきます。

更地《さらち》の状態の敷地で、建てる家の大きさや位置などを設計図と照らし合わせながら、縄やビニールひもを張り渡して建物の形を地面に落とします。これを地縄張《じなわば》りといいます。

その後、基準となる高さを決め、仮設《かせつ》工事の作業を行います。これが終わると基礎をつくる作業に入ります。

木造住宅の基礎は、1階の床下全体を鉄筋コンクリートの底板で覆うベタ基礎が最も一般的です。ただし、現場によっては逆T字型の断面をした布《ぬの》基礎が採用されることもあります。どちらの基礎形式でも、まずは地盤を掘り下げ、底を十分に突き固めたら、砕石を均一に敷き並べて突き固めます。この上に捨てコンクリートを打ち、基礎の位置や幅などの線を印す墨出《すみだ》しという作業を行います。この墨出しの線に従い、鉄筋を組む配筋《はいきん》工事、基礎の形に型枠《かたわく》を組む型枠工事を行い、コンクリートを流し込みます。この他にも、基礎と建物を緊結《きんけつ》するアンカーボルトの据え付けなど、さまざまな作業があり、これを基礎工事といいます。

トクする知識

● **地縄張《じなわば》り**　建物の全体の大きさや内部（1階）の主な部屋割など、建物の形を直接地面に落とすこと

ここがポイント

地縄張《じなわば》り

建築主も立ち会って、建物の大きさや隣地との位置関係などを直に確かめておくことで、住み始めてからの住み心地や隣家との関係を確認できる

木造軸組《じくぐみ》構法の工程①（例）

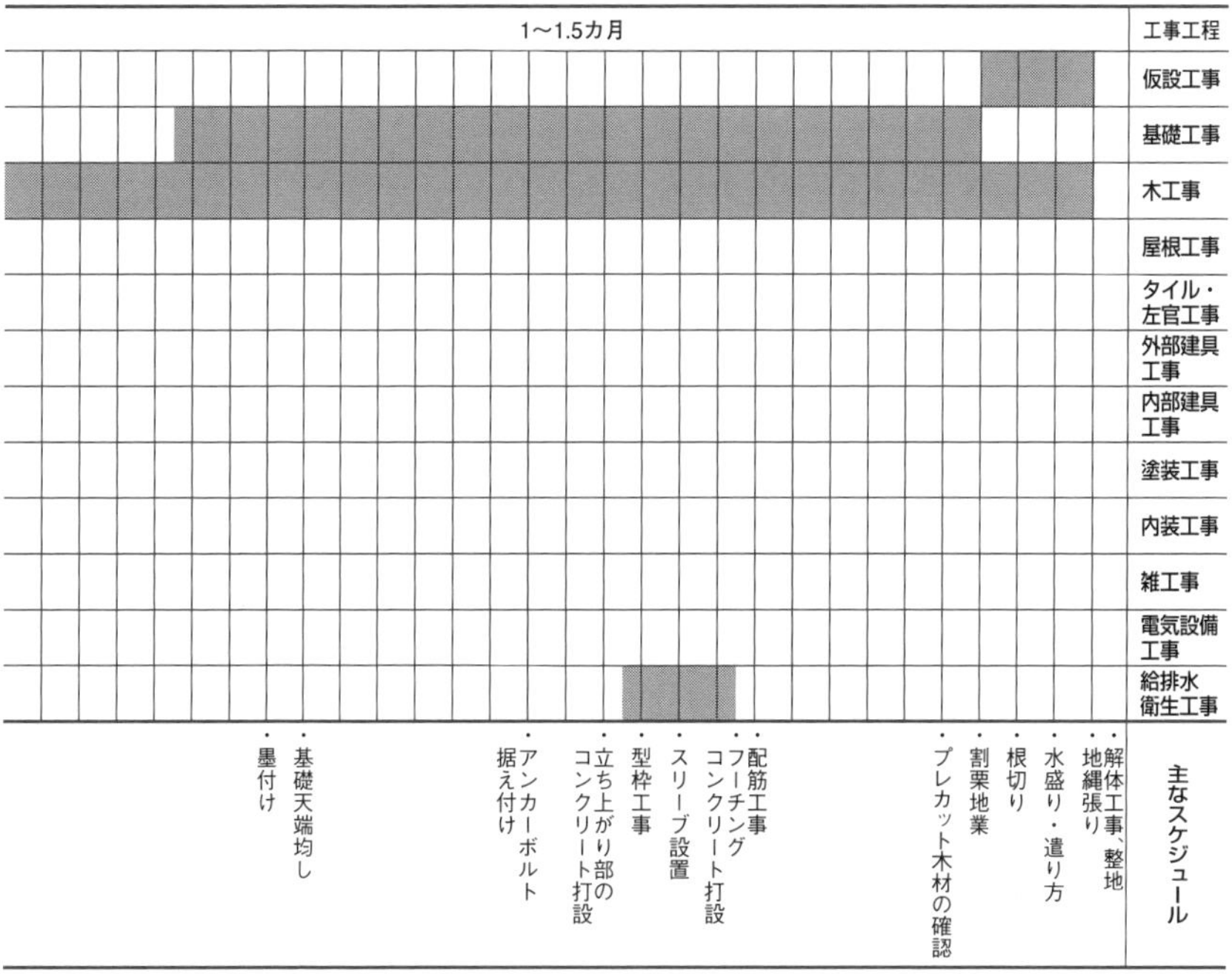

ベタ基礎の構成

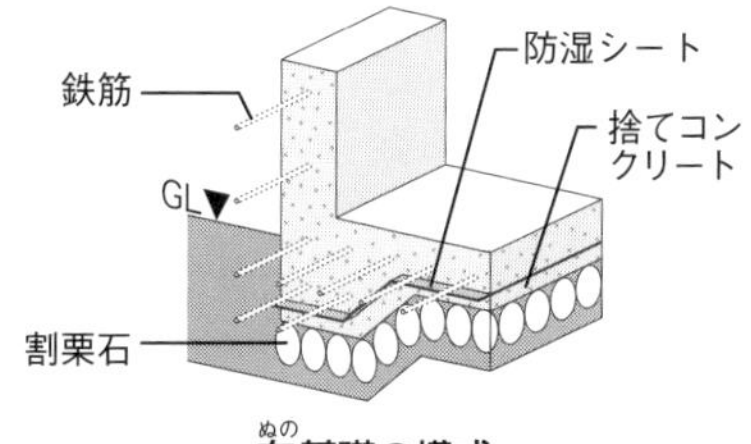

布《ぬの》基礎の構成

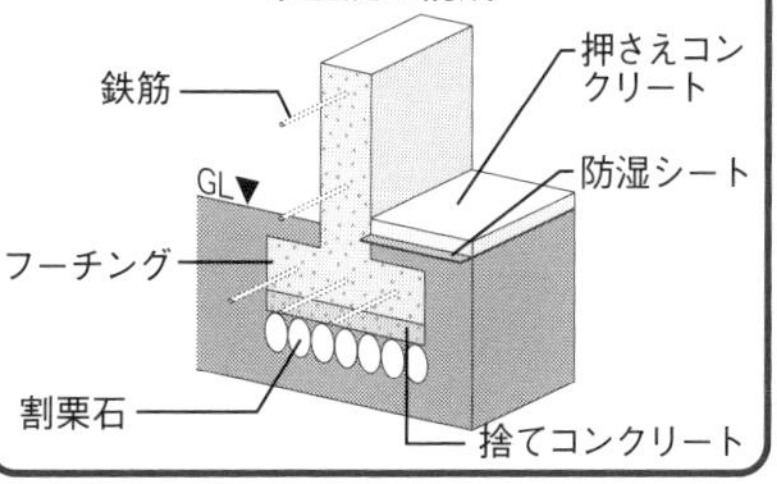

地縄張《じなわば》りと水盛《みずも》り・遣《や》り方《かた》

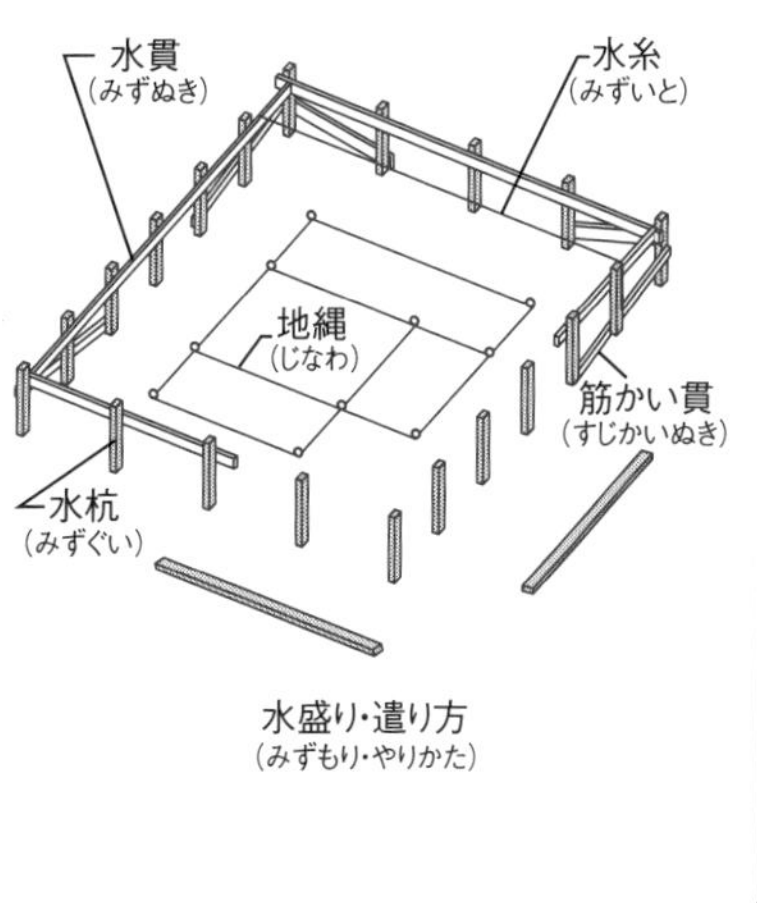

075

建物の骨組《ほねぐみ》をつくる

骨組《ほねぐみ》ができあがると最初に屋根工事を行い、内部工事に入る

基礎ができたら、外部作業用の足場を掛け、建物の骨組《ほねぐみ》を組み立てる建《た》て方《かた》に入ります。木材は予め別の場所で加工されますが、プレカット工場で加工されたものを使うのが主流です。最初は土台《どだい》の据え付けでアンカーボルトに土台を落とし込んで締めつけ、基礎に固定します。次いで柱を立て、梁《はり》を渡し、最後に小屋を組みます。必要なところに補強用の金物を取り付け、家の骨組が完成します。

骨組ができあがると屋根工事をします。断熱や防水工事をし、瓦や金属などで屋根を仕上げます。できれば防水工事の時などに現場に行って、施工状況を確認すると安心です。

続いて、外壁の下地《したじ》材の取り付けや防水シートの張り付けといった外壁工事と、外部サッシの取り付けを行います。これで家の基本となる骨組、屋根、壁ができあがり、内部の工事も天候に左右されずに行えます。内部では床下地の工事に入ります。

トクする知識

- **屋根工事**　防水工事の施工状況を確認しておくと安心
- **壁**　筋かいなどを入れる場合は、この際に配置や方向などを確認しておく。

ここがポイント

重量物を置く場合

ピアノや書籍など重いものを置くときは下地《したじ》材の間隔や断面寸法で対応しているので、設計の時点で設計者に確認しておく

木造軸組《じくぐみ》構法の工程②（例）

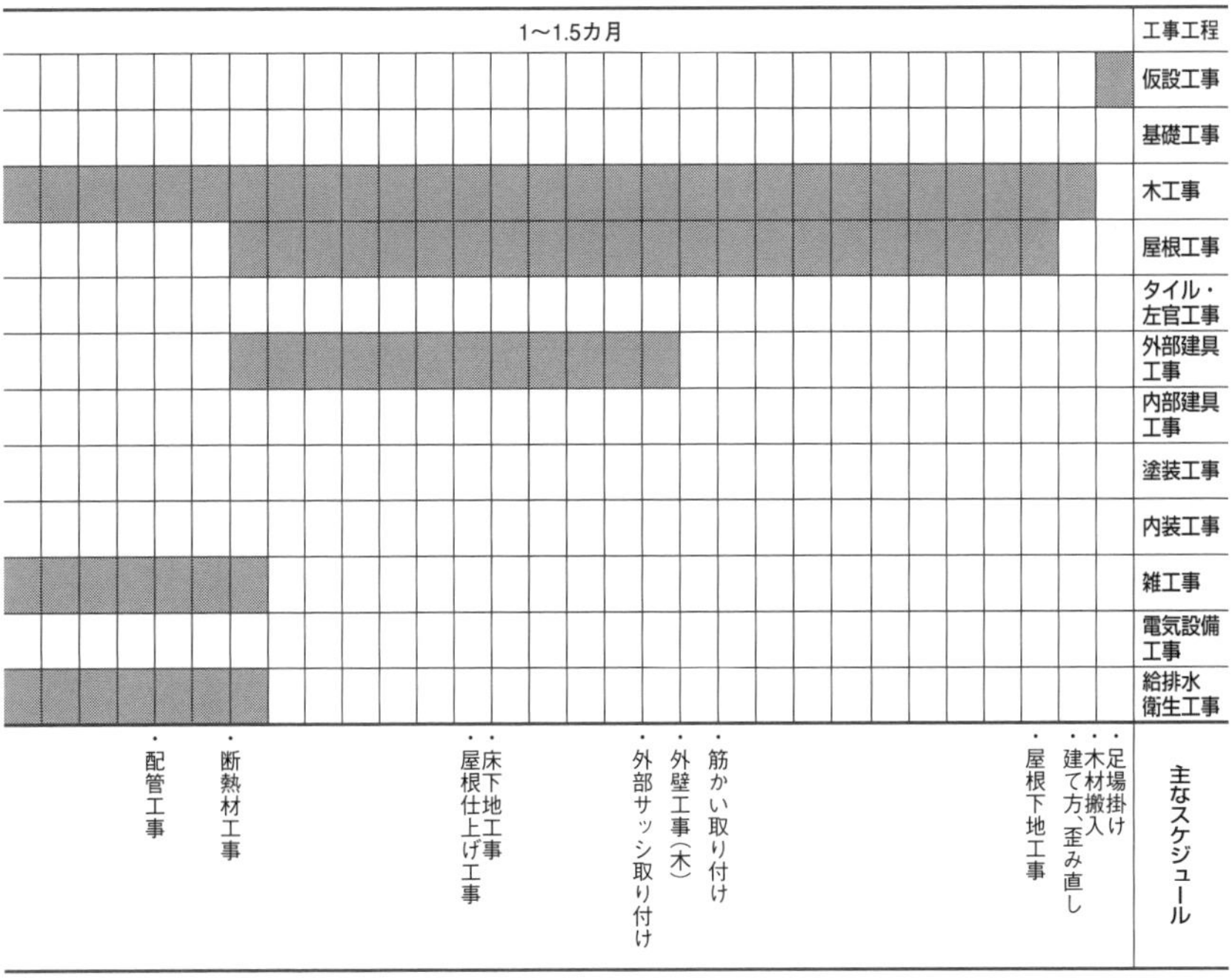

床組《ゆかぐみ》の補強例

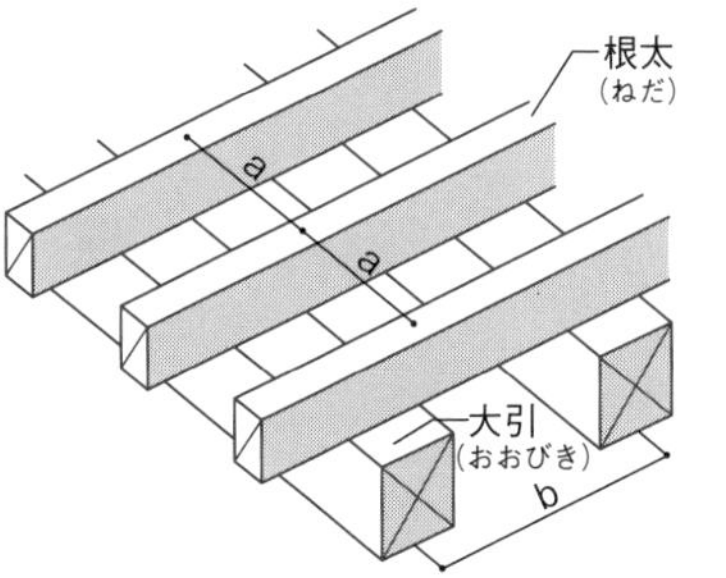

ピアノや書籍などを置く部分の床補強は、根太間隔(a)や大引間隔(b)をせまくしたり、断面寸法を大きくしたりする

継手《つぎて》・仕口《しぐち》の例

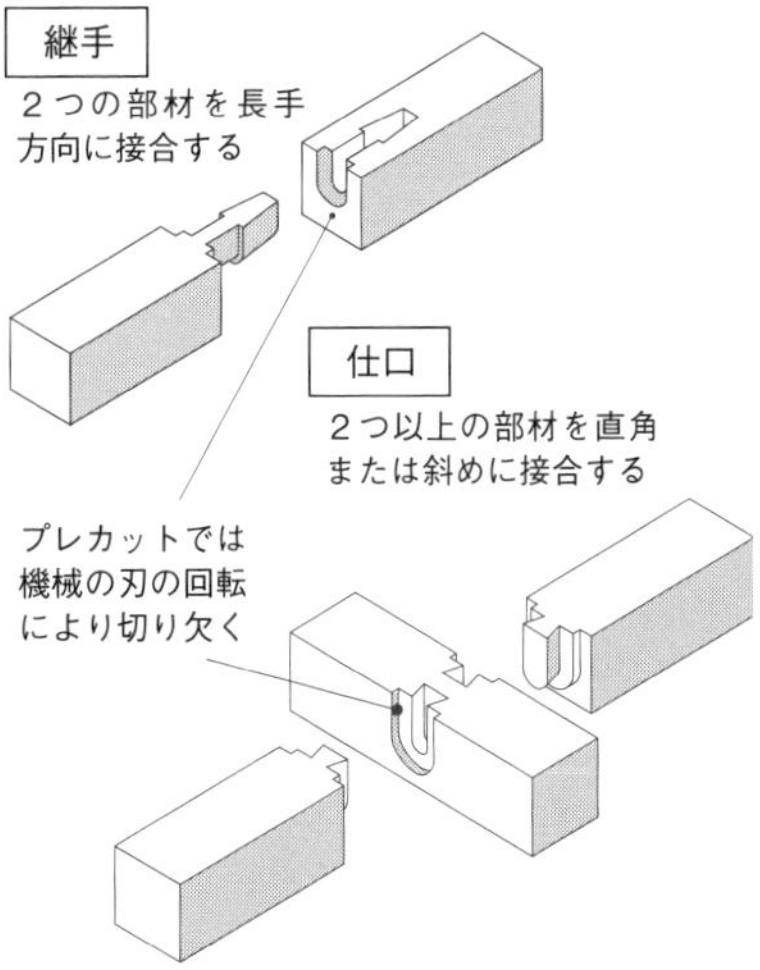

076

上棟式《じょうとうしき》

棟上《むねあ》げ後に行う職人へのねぎらいや工事の無事完成を祈る儀式

上棟式《じょうとうしき》とは、新しい家への祝福と同時に、職人達へのねぎらいと今後の工事の無事完成を祈願する儀式。建前《たてまえ》、棟上《むねあ》げともいいます。本来は神主を招いて行われる儀式でしたが、現在では棟梁《とうりょう》が代理として執り行うのが一般的。地鎮祭《じちんさい》と同様に吉日を選んで行います。

上棟式は、建《た》て方《かた》を済ませて棟木《むなぎ》をあげた後に行います。棟木は屋根の一番高いところに取り付ける横木《よこぎ》のこと（１４９頁図参照）。建て方とは、基礎コンクリート上の土台の上に柱を立て、梁《はり》や桁《けた》などを載《の》せながら骨組《ほねぐみ》を組み立てていく作業です。この時、柱や梁が設計図どおりの位置か、材種や寸法が合っているかなど、設計者や工事監理《かんり》者とともに確認します。図面との違いが見つかったときは直接職人には言わずに、なるべく早く設計者または工事監理者に伝えます。

上棟式の祝儀《しゅうぎ》は、神主の代理をつとめる棟梁に、２万円程度を包みます。他の工事関係者には１万円程度とするのが目安。ただし、地鎮祭同様、金額や人数は施工者と相談してみるのがよいでしょう。

トクする知識

- **棟梁《とうりょう》への祝儀《しゅうぎ》** 2万円〜3万程度
- **その他の関係者** 1万円程度

ここがポイント

建《た》て方《かた》

柱や梁《はり》などが設計図どおりの位置か、材種や寸法が合っているか、設計者とともに確認する。図面との食い違いが見つかったときは、その場で直接職人には言わないこと

上棟式《じょうとうしき》の儀式の流れ

❶

棟木(むなぎ)に魔除けの幣串(へいぐし)を
鬼門の方向にむけて立て、上棟式が始まります

❷

建物の骨組に板を渡して祭壇をつくり、
供え物をします
棟梁は祭壇に二拝二拍手一拝します

❸

柱の四隅の根本に御神酒・米・塩をまいて
清めます

❹

御神酒を全員の茶わんについで乾杯します

※　地域により異なることがあります

077

工事の検査

工事中の第三者による検査は、中間検査、完了検査などがある

建築確認の申請をした建築物の、工事途中で行われるのが「中間検査」です。特定の工程を終えたときに役所などの担当者が現場でチェックします。ただし一般的な2階建て木造住宅は対象外の場合も多いので、申請する役所などで確認しましょう。工事の完了時に行われるのが「完了検査」。合格後交付される検査済証は、融資などの手続きで必要になる場合もあるので大切に保管しておきます。

「フラット35」の融資手続きで行われる工事中の検査は、中間時と竣工《しゅんこう》時の2回で、現場検査といいます。検査の合格で交付される適合証明書は融資契約などの際に提出します。

住宅性能表示制度を利用した場合の現場検査は、木造の戸建て住宅では施工段階と完成時の、計4回が原則です。性能を数値や等級で客観的に示し、第三者が確認することで安心して住宅取得できることが目的で、任意の制度です。その他、住宅瑕疵担保責任履行法という法律にもとづき、住宅瑕疵担保責任保険での検査があります。これらの検査や診査は、条件によってはそれぞれ一緒に行われることもあります。

トクする知識

- **各種検査の一部省略**　それぞれの検査は条件を満たしていれば一緒に受けることで一部省略でき、検査料が安くなることも

ここがポイント

第三者による検査

工事中の第三者による検査は申請による検査で、それぞれの目的にそった目視を中心とした検査。建築主の立場でチェックする監理《かんり》ではないので注意

住宅に必要な検査

		内容	申請依頼者	検査実施者
基本的検査（最低限行うとよい検査※）	①建築基準法に基づく検査	**中間検査（構造体検査）→完了検査** 建築基準法やその他の関連法規に適合しているかを検査する。	建築主	行政または指定確認検査機関
	②住宅瑕疵担保責任保険の検査	**基礎検査→構造体検査（防水検査）** 保険の申し込みに必要な基準を満たしているかどうかの確認	住宅事業者	住宅瑕疵担保責任保険法人
	③施工者検査	**配置検査→地盤改良検査→基礎配筋検査→構造体検査→防水検査→断熱検査→設備検査→竣工検査→検査結果報告** 竣工した住宅の品質管理検査	—	住宅会社（現場監督）
	④設計監理による検査	**着工→地業工事→基礎工事→躯体工事→断熱工事→仕上げ工事→設備工事→工事監理報告** 工事の各工程で、図面どおりに工事が行われているかの確認	建築主	設計監理者

※最低限行うべき「基本的検査」のほか、追加依頼して行う「任意的検査」として、第三者検査や住宅性能評価の検査がある

078

配管・配線工事

配線・配管工事は器具によって異なる

トクする知識

●**配管工事**　配管の位置は機器によって違うので、配管工事が始まってからでは設備機器の変更は難しくなる

床の下地《したじ》工事と同時に、給排水やガスなど床下の配管工事も進められています。台所のシンクやトイレの便器などの機器は、工事の最後に設置しますが、それぞれの配管位置は機器によって違うので、使用する機器はこの時点でほぼ決定になります。ユニットバスの据え付けも、この時点で行われます。

木工事は、壁や天井など下地の作業も進んでいます。ボード張りの施工に入ると照明やコンセント、スイッチなど電気配線工事も同時に進められます。配線工事が打ち合わせどおりに施工されているか、コンセントやテレビ、電話の位置など伝え忘れていないかなど、設計者や現場監督といっしょに立ち会い現場で確認してもよいでしょう。

木工事では、階段や手すりの設置、各部屋の入口の枠など細かな造作《ぞうさく》や取り付けの作業に入ります。また、畳や建具《たてぐ》の職人なども現場に入ってきます。木工事が最終段階に入るとフローリング張りなどの床仕上げも始まります。

ここがポイント

配線工事

照明やコンセント、スイッチなどの数や位置を一度現場へ足を運んで確認しておく

木造軸組《じくぐみ》構法の工程③（例）

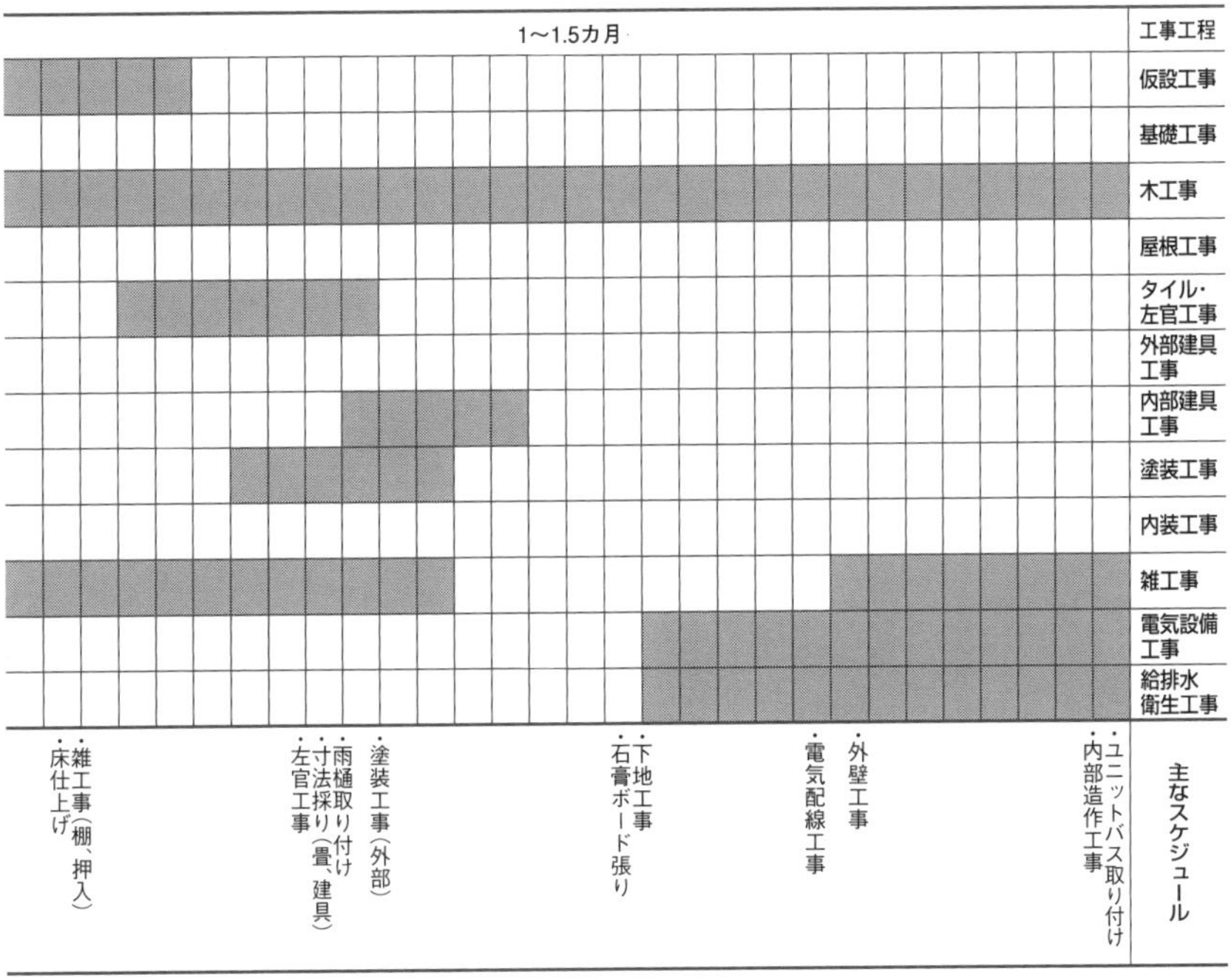

コンセントやスイッチの確認

ボードが張られる前に、コンセントなどの位置や数を確認しておきましょう

敷居《しきい》の設置

079

外装工事・仕上げ工事

いよいよ工事も本格化

　外部では外壁工事の仕上げも始まります。木部の塗装工事や雨樋《あまどい》を取り付ける工事はすべて足場がある時期に行われます。屋根など高い部分を自分でチェックしたい場合は、足場を外す前にお願いしましょう。

　内部の仕上げ工事では、左官工事、塗装工事、家具工事、建具《たてぐ》工事など複数の職人が一緒に作業するようになります。衛生機器などの設置や照明器具の取り付けなど、工事の途中で設置しておいた配管や配線とつなげます。カーペットの敷き込みや畳の敷き込みなどが終わると、いよいよ工事の完成が近づきます。すべての工事が終了したら、クリーニングの業者も入ってきます。

　引き渡しの前に、仕上げの内容をチェックする竣工《しゅんこう》検査が行われます（174頁）。その結果見つかった直しや追加工事（駄目《だめ》工事）が終わったら、もう一度内容を確認し、本当の完成になります。全体工期には、この駄目工事のための期間としてあらかじめ1～2週間ほど見ておくのが一般的です。施工者からカギと引き渡し書類一式を受け取り、引き渡しが完了。家が建築主のものになります。

トクする知識

- **外部足場**　屋根など高い部分を自分でチェックしたい場合は、足場が外される前に行う

ここがポイント

引き渡しのタイミング

竣工《しゅんこう》検査をして駄目《だめ》工事が終了し、きちんとできているのを確認してから引き渡しを受けること

木造軸組《じくぐみ》構法の工程④（例）

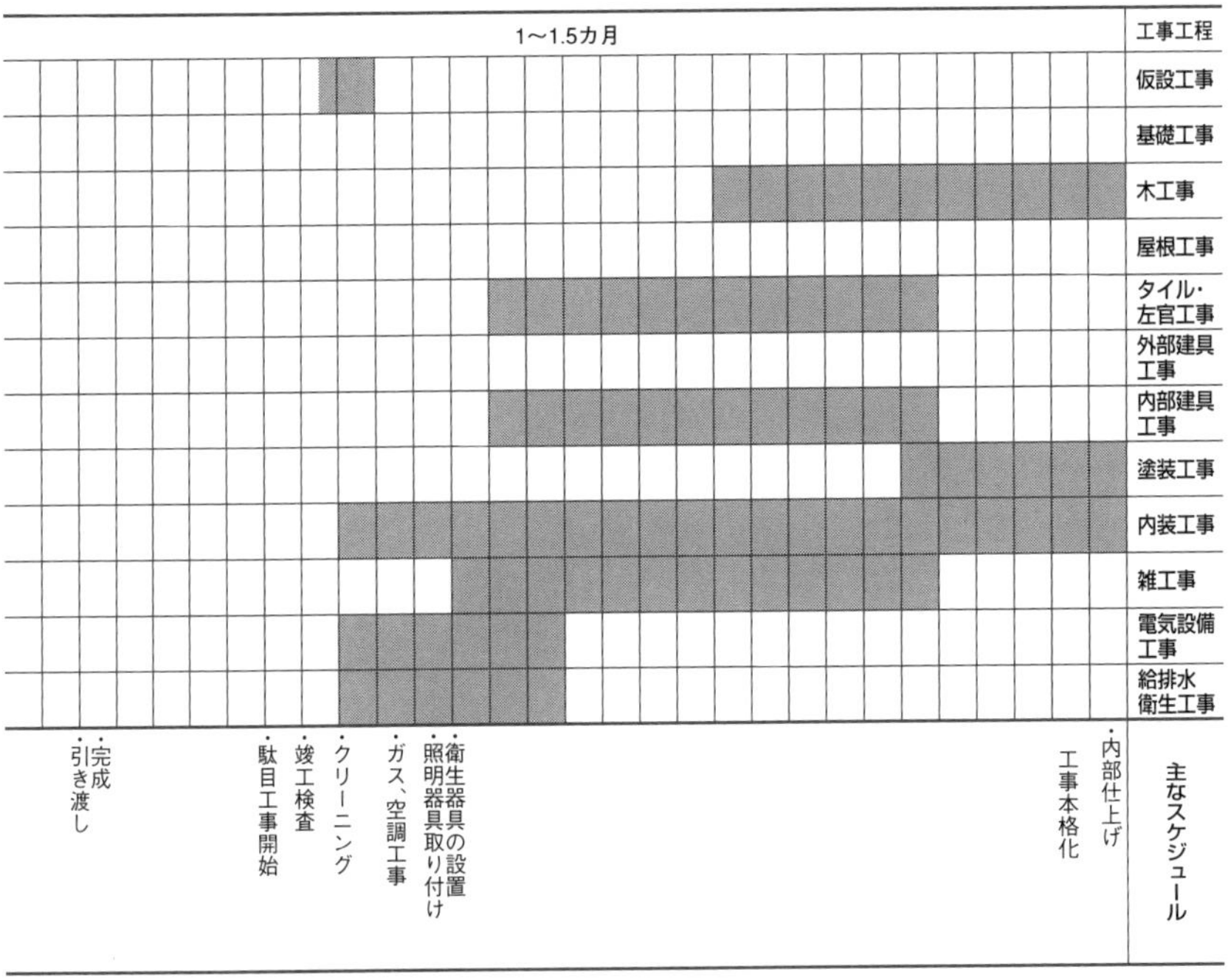

足場があるうちに施す作業

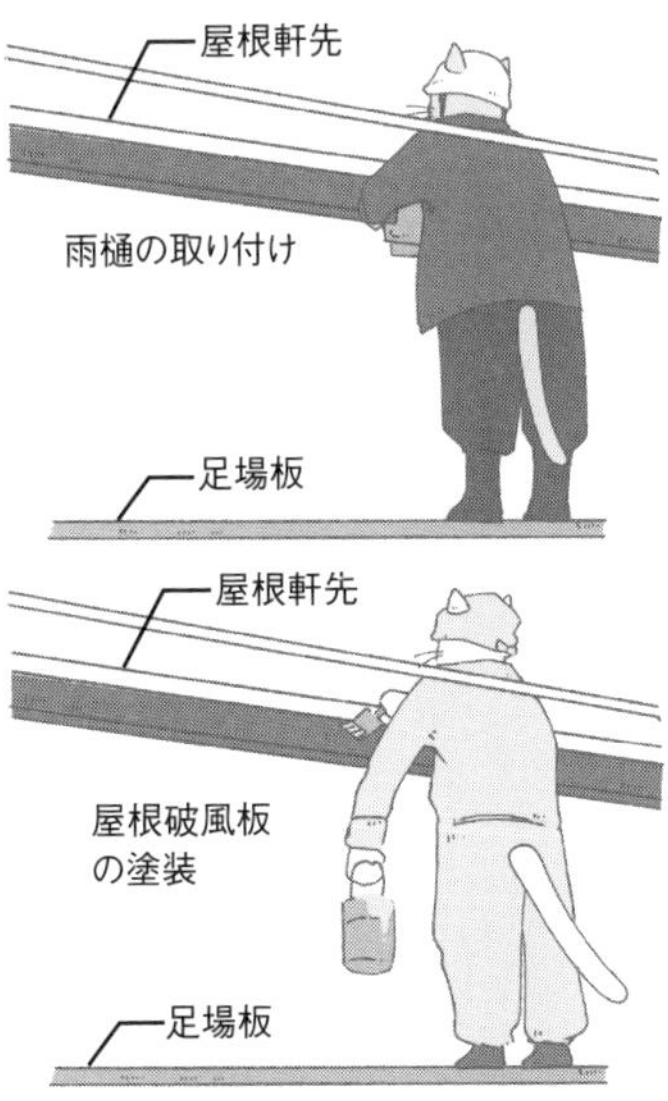

工程の組み方

工程は天候の影響や職人の出入り、材料の搬入期間などを考えて組みます

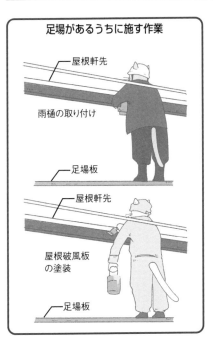

080

工事検査立ち会い

昼間の明るい時間に設定するとよい

工事が完成し、施工者から建築主に建物が引き渡されるとき、その建物が図面や打ち合わせどおりに完成しているかどうかを確認します。この検査は建築主、設計者、施工者などの立ち会いのもとで行われます。設計者がいないときは、第三者的立場の工事監理《かんり》者に依頼するということもあります。

検査は、傷などを発見しやすい昼間の明るい時間に設定しましょう。このときの検査は、仕上げの施工状態や建具《たてぐ》類の開閉状況、設備機器の動作確認などが中心になります。手直しの必要が出た場合は、必ず文書で確認し、引き渡しまでに修正工事を行ってもらいます。これを駄目《だめ》工事といいます。

引き渡しでは、駄目工事が終了してから、カギと一緒に引き渡し書類一式を受け取ります。引越し前に、電気やガス、水道など生活上の手続きの他、登記の手続きをします。引越後、1カ月以内に表示登記の手続きを、続いて保存登記を行い、登記《とうき》済《ずみ》証《しょう》（権利証）の交付を受けます。融資を受ける場合は、抵当権設定登記が必要です。

トクする知識

●**駄目《だめ》工事**　竣工《しゅんこう》検査によって出た手直し工事のことで、引越し前に済ませておく

ここがポイント

竣工《しゅんこう》検査の注意点

検査日をいつにするかを施工者と前もって打ち合わせ、傷などが見つけやすい昼間の明るい時間帯に設定する

竣工《しゅんこう》引き渡し書類の種類

竣工引き渡し書類

- 引き渡し書
- 確認申請副本
- 確認検査済証
- 鍵引き渡し書（鍵リスト表）
- 下請業者一覧表
- 保証書
- 完成写真

etc.

竣工検査でのチェックポイント

建物の内外の清掃、後片づけ、整理状況

仕上げの汚れやムラなどのチェック

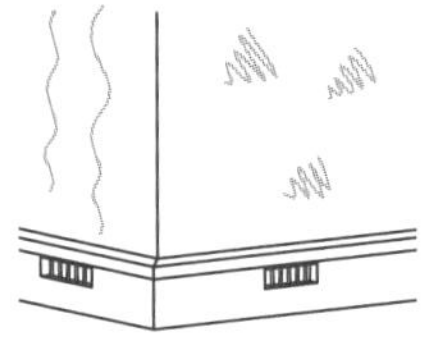

クロスのはがれやタイルの目地などのチェック

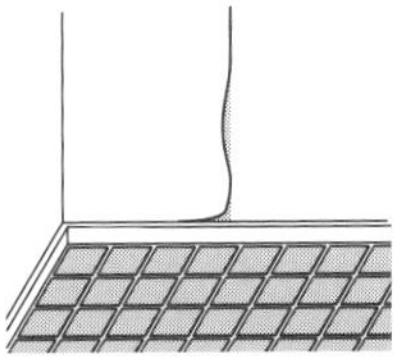

建具の開閉具合などのチェック

雨戸の扱いやすさや壁との取り合い状況のチェック

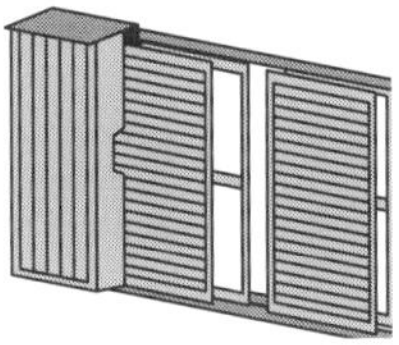

照明、スイッチなどの動作確認

排水マスのフタを開け排水状態をチェック

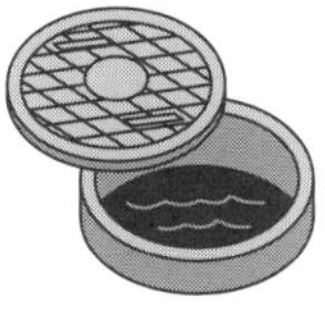

ガスの出の状況や安全点検など

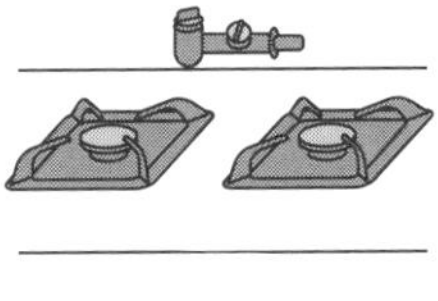

エアコンなどの運転状況や性能などの確認

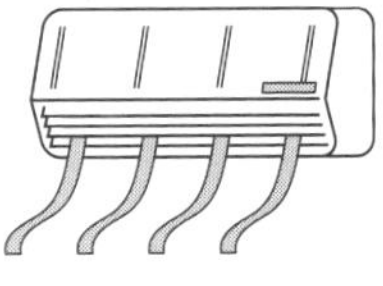

インターホンや電話などの操作性などの確認

水の出や排水状況のチェック

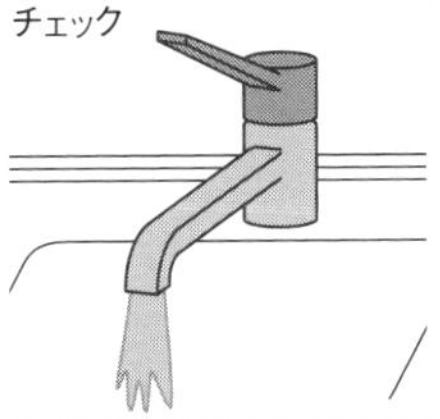

リモコンなどの操作の説明

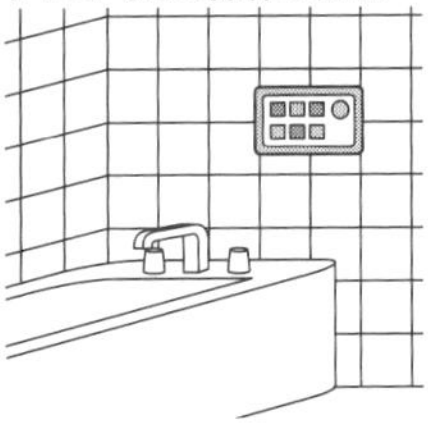

column

職人との付き合い方

大勢がかかわる家づくり

1軒の家ができるまでには、実にたくさんの職人さんがかかわっています。そして、家は設計者・施工者はもちろん、建築主も一緒につくるものです。現場にはできるだけ足を運び、「相互で築き上げた信頼関係」をつくるように心がけたいものです。

大工さん達は10時と3時に必ず休憩をとり、お昼も食後には横になって体を休めます。安全を心がけながら長期間細かい作業を集中して行うので、この休憩はとても大切な意味をもっています。逆に、こうした休憩が取れないような急ぎの現場は、集中力が散漫になり、ケガなどの危険も招きかねません。

昔は、建築主もこれらを心得ていて、休憩にお茶やお菓子を出す習慣がありました。確かに現場が遠かったり、仕事の都合で足を運べない事情もあるでしょう。過度の気づかいは不要ですが、ときには「お茶菓子をもってきたので食べてください」と気軽に声をかけるなど、都合のつく時間に、現場へ行く姿勢も大切にしたいですね。

竣工後のお付き合い

家ができたら、ご苦労様という感謝の気持ちを「竣工《しゅんこう》祝い」という形で表してもいいでしょう。そこで初めて家づくりにかかわった職人さんの多さに気づくはずです。家を長持ちさせるには、住んでからも手間をかけることが重要です。自分たちでできることもあれば、大工さんたちに直してもらわないとならないものも出てきます。大工さんたちとの付き合いは住んだ後も長く続けたいもの。ここで改めて今後のお付き合いの挨拶を交わしましょう。

自分の家なんだから
“よい家”ができるよう
ちゃんと現場を
見にこよう!!
設計どおり“よい家”ができるように
監理も最後までしっかりやるぞー!!
長く住み続けて
もらえるよう
“よい家”を
つくるために、
腕をふるうぞ!!

電気
ガス
鉄工
設備
植木
クロス
石
経師
建具
サッシ
左官
タイル
瓦
塗装
材木
鳶
板金
鳶
大工
大工

建てる人、設計する人、つくる人、みんなが力を合わせてよい家ができる

第6章

住まいのトレンド

新しい生活様式や災害対策、バリアフリー
今知っておきたい

住まいは現代社会の縮図です。
さまざまな社会の問題と
その解決の糸口が集約されているのです。
ここでは、新しい生活様式に対応する住まいの工夫や
災害対策、バリアフリー、多世帯住宅などを
取り上げます。

081

換気に気を配ろう

換気の工夫で汚れやウィルスの家庭内感染を防ぐ

現代の住宅は気密性が高まり、隙間風が減って冬でも暮らしやすくなりました。その反面、換気が十分できず、空気がこもりやすくなるという問題もあります。また汚れた空気や湿気がこもると、結露やダニ・カビの発生原因となるだけでなく、汚染物質やウイルスが停滞し、室内で過ごす人の健康を害する懸念もあります。

そこで改めて見直したいのがわが家に合った換気方法です。2003年からは「24時間換気」を行う機械換気設備の設置が法律で義務づけられました。これはすべての住宅を対象に、換気回数が1時間に0.5回（2時間で室内の空気が完全に入れ替わる）以上の換気量をもつ換気設備の設置を義務づけたものです。

機械換気には左頁図の3つの方式があります。とくに注目が高まりつつあるのが第1種換気です。これは1台か2台の給排気型換気扇を家のセンターに配置して、給気も排気も機械動力によって行うものです。さらに進んで、家全体の「換気・空気清浄・冷暖房」を一括で管理し、各部屋の温度差を解消する全館空調システムもあります。

トクする知識

●高断熱・高気密住宅には
第1種換気が向いている
冬の冷えた外気を温めてから取入れる「熱交換型」も

ここがポイント

機械換気の方式は３種類
第１種換気方式、第２種換気方式、第３種換気方式の３つがある。それぞれの特徴を知っておく

高気密化がもたらす弊害

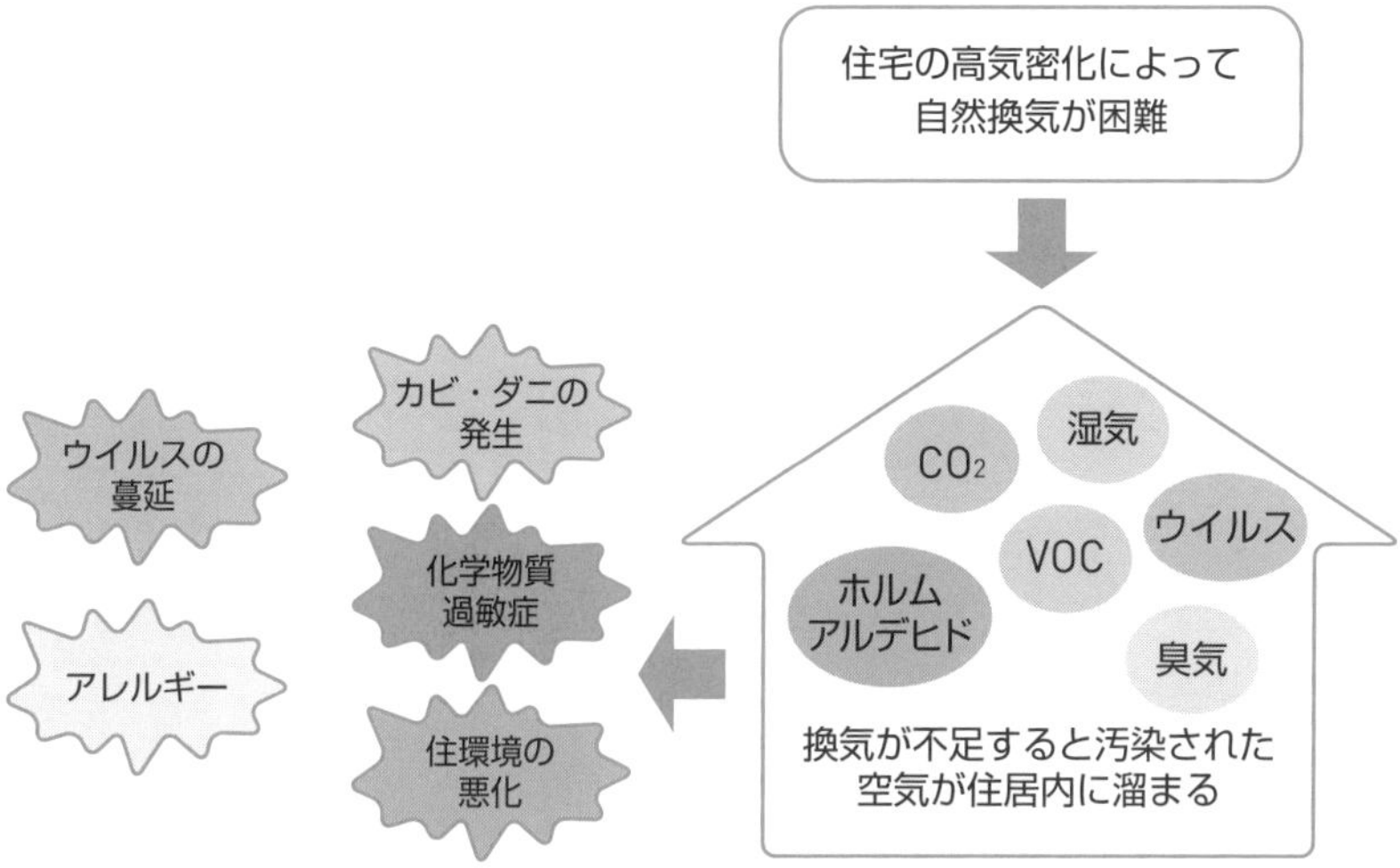

機械換気の方式

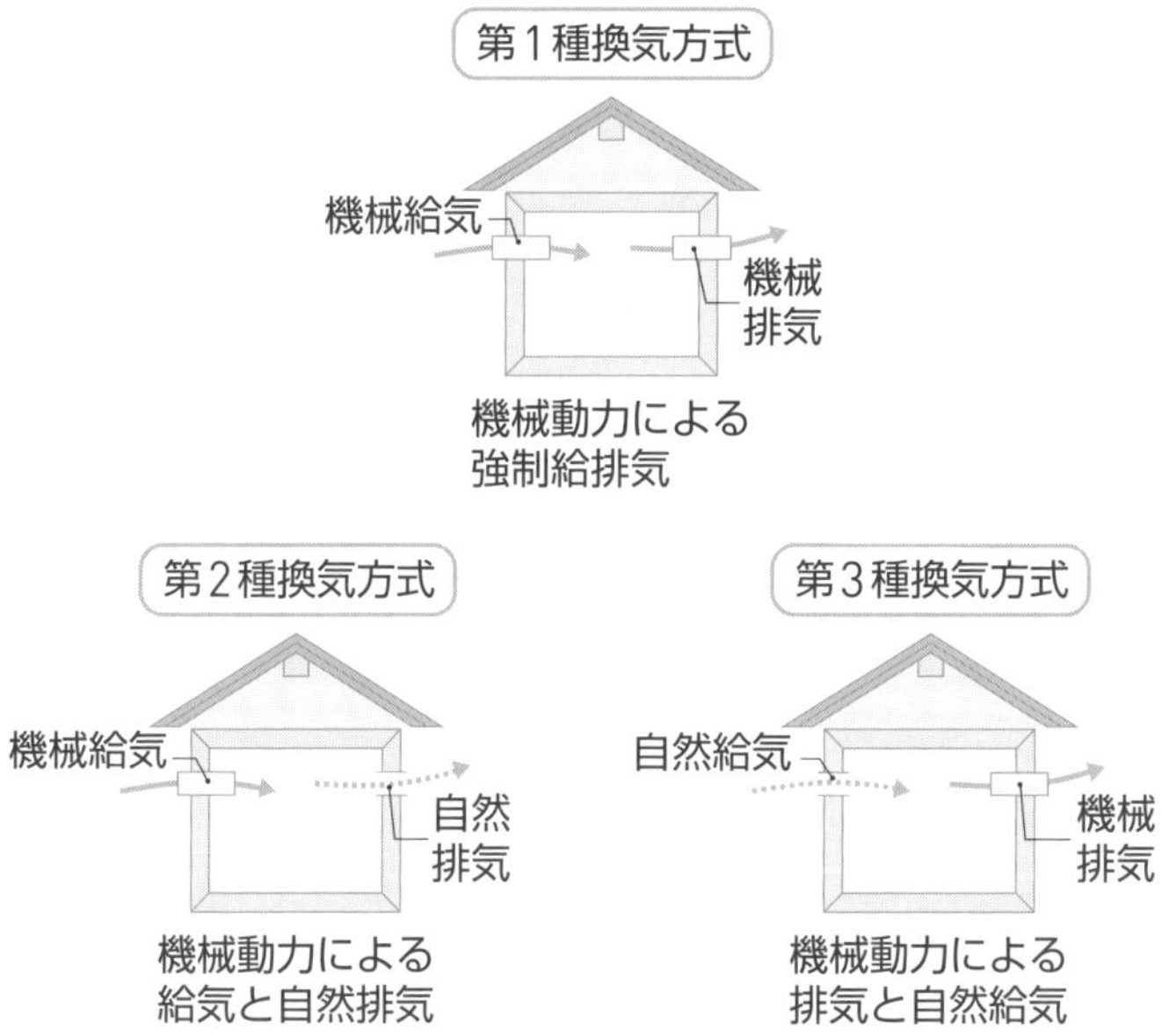

082

汚れが入りにくい玄関

仕切りや収納を工夫して清潔な場所に保とう

玄関は単なる出入口ではなく、外の生活と内の生活を結ぶ場、切り替える場でもあります。また、外からの汚れや花粉、ウイルスなどを家の中に持ち込まないことも、玄関のつくりで工夫することができます。

たとえばしっかりとした仕切り（ドアなど）をつけ、空間として独立した玄関は、そこから先に汚れを持ち込まない間取りとして理想的。外の冷たい空気が室内に入ることも防げますし、訪問者を迎える場としても気兼ねがありません。さらにクロークを併設すれば、上着や帽子、バッグなどの定位置に。加えて近くに手洗い場を設ければ、家の中の物を触る前に手指の汚れを洗い落とせて安心です。

一方、靴や傘、コート、帽子やスポーツやレジャー用品、ベビーカー、掃除道具など、あらゆる物が集まるのも玄関の特徴です。1～2畳でも物入れの空間をつくったり、壁面を工夫したりして収納を十分とることが大事です。

トクする知識

- **独立した空間に**　外からの汚れをシャットアウト
- **近くに手洗い場を**　帰宅後すぐの習慣に

ここがポイント

仕切りを付ける

玄関を空間として独立させられると理想

十分な収納を設ける

いつもスッキリ＆清潔を保つ仕組みが大事

洗面所が近い玄関

２畳大の玄関クロークは、間口の真ん中に入口を取ることで、より効率よく収納ができる

帰宅時の手洗い、出かける際の身づくろいにも使用できる

玄関から使うトイレと手洗いは、位置関係を工夫して少し見えにくくするとよい

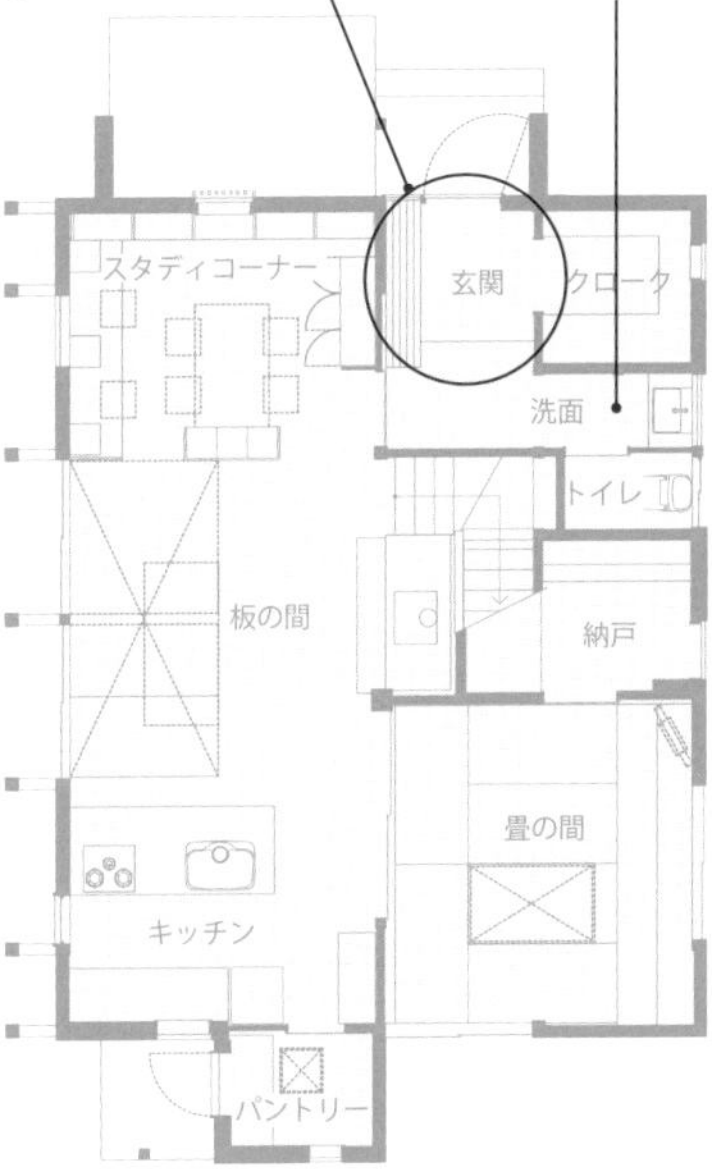

玄関の壁面収納の例

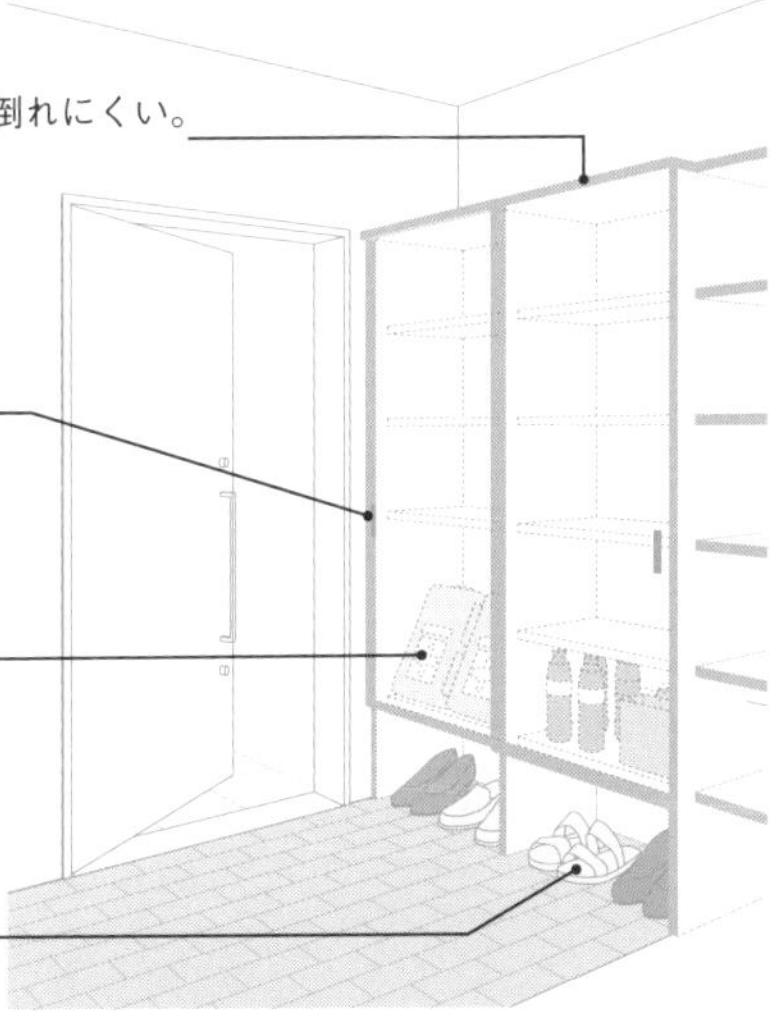

収納は、造り付けなら地震時に倒れにくい。奥行 45 ㎝程度あると便利

引き戸にすれば
中の物の飛び出しを防げる

非常用持ち出し袋や
備蓄用食料も収納

すぐ履ける靴置き場

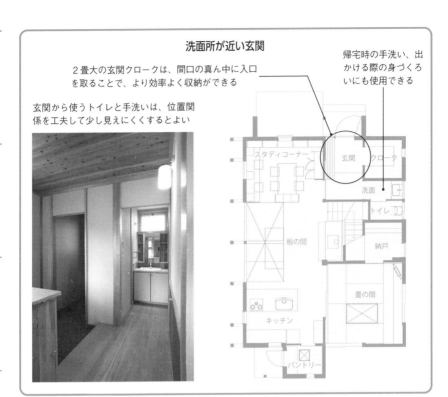

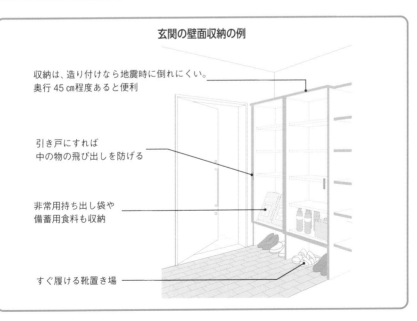

083

在宅ワークを快適に

個室でなくても書斎はつくれる!

コロナウイルスによる外出制限以降、男女を問わず在宅ワーカーが増えました。暮らしと仕事が折り合いよく展開できる住まいが、広く求められるようになっています。

机に向かい椅子に座って作業したいとき、まず思い浮かぶのがダイニングテーブルではないでしょうか。しかし食事のたびに作業が中断するのは不便ですから、専用のデスクを造り付けておくと便利です。造り付けデスクといっても、天板一枚が固定されていればよく、筆記具などの収納は既製のキャビネットを利用すると低コストに収まります。また本棚を近くに設けておけば、書類やファイルも片づけやすい空間になります。

デスクの設置場所は、在宅ワークの頻度や他の家族との関係性、家事との兼ね合いによって変わってきます。個室を設けられれば仕事に集中しやすく、理想的ですが、リビング・ダイニングの一角や家事動線上、階段ホールなどのオープンスペースに設けてもそれぞれにメリットがあります。

トクする知識

●デスクの設置場所の例

・LDKの一角　・家事動線上
・完全独立型　・階段ホールなど

ここがポイント

デスクは食卓とは別に

個室でなくても書斎はつくれる。ライフスタイルや家の広さに合わせて検討しよう。ただし、食卓とは別に設けた方が効率的

デスクの設置場所の例

・ＬＤの一角につくる

リビングの脇のやや奥まった場所につくった、約２畳のデスクスペース

あえて戸はつけないことで、人の気配を感じられる場所に。デスクの背側に本棚がある

・家事動線上につくる

ユーティリティ（写真手前）と、トイレ、納戸（写真奥）の間に事務スペースを計画

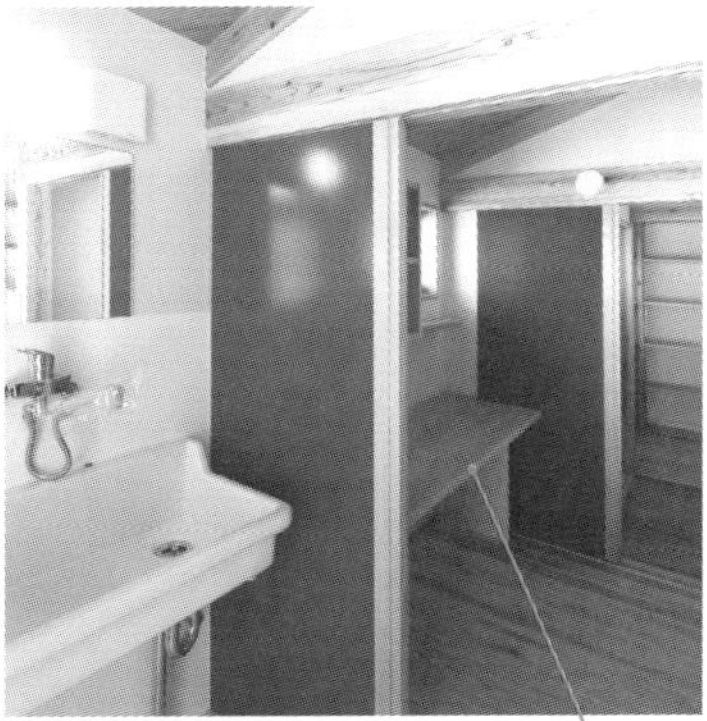

天板１枚のシンプルデスク。前後の戸を閉めれば個室として機能する

・完全独立型の書斎

4.75畳の独立した書斎。横長の窓を２面に設置し、明るく、閉塞感のない部屋に

本棚やデスクだけでなく、エアコン、仮眠用のベッドも備えている

・階段ホールの一角につくる

階段を上がってすぐの、ホールの一角に、家族みんなが使えるコモンスペースを

椅子座ではなく床座にすると、仕事だけでなく、読書や動画鑑賞、くつろぐのにもいい

084

様々な災害に備える

大雨や強風に対しても安心な家づくりを目指す

近年予想を上回る自然災害が増えており、住まいの防災対策の重要性が高まっています。

強風対策としては、物を飛ばさない、飛んできた物から身を守ることが肝心です。とくに屋根瓦は一枚一枚、職人の手で留め付けられており、補強が不十分だと強風や雨で飛ばされる危険性があります。地震対策としても、補強金物を使うなどの工夫が有効です。また瓦以外にも、強風による飛来物は様々あります。窓にぶつかっても損傷しないようにシャッターや雨戸を設置したり、ガラスの飛散防止フィルムを貼ったりして予防しましょう。

大雨対策としては、排水対策や下水道の逆流を考慮した計画が必要です。住宅が地盤面より低い土地に建つ場合には、雨水が侵入した際に排水できるようポンプを設置しておくとよいでしょう。

また、トイレや風呂などの水まわり設備は、道路の高さより高い位置になるように計画します。床下に浸水した場合なども想定し、基礎の立ち上りに排水管を設置し、メンテナンスしやすい床下空間にしておく（有効高さ40cm以上）ことも大切です。

トクする知識

●**ハザードマップ**　地域の危険度を知ることができる。被害想定区域を確認し、住まいの危険度を事前に確認しておく

ここがポイント

壁の構造耐力

・地震力よりも風圧力に対する耐力の方が多く必要になる場合がある。
・確認申請の審査対象から除外される小規模な一般の木造住宅では、設計計画時に設計者が構造の安全性を確認しておく必要がある

ハザードマップポータルサイト

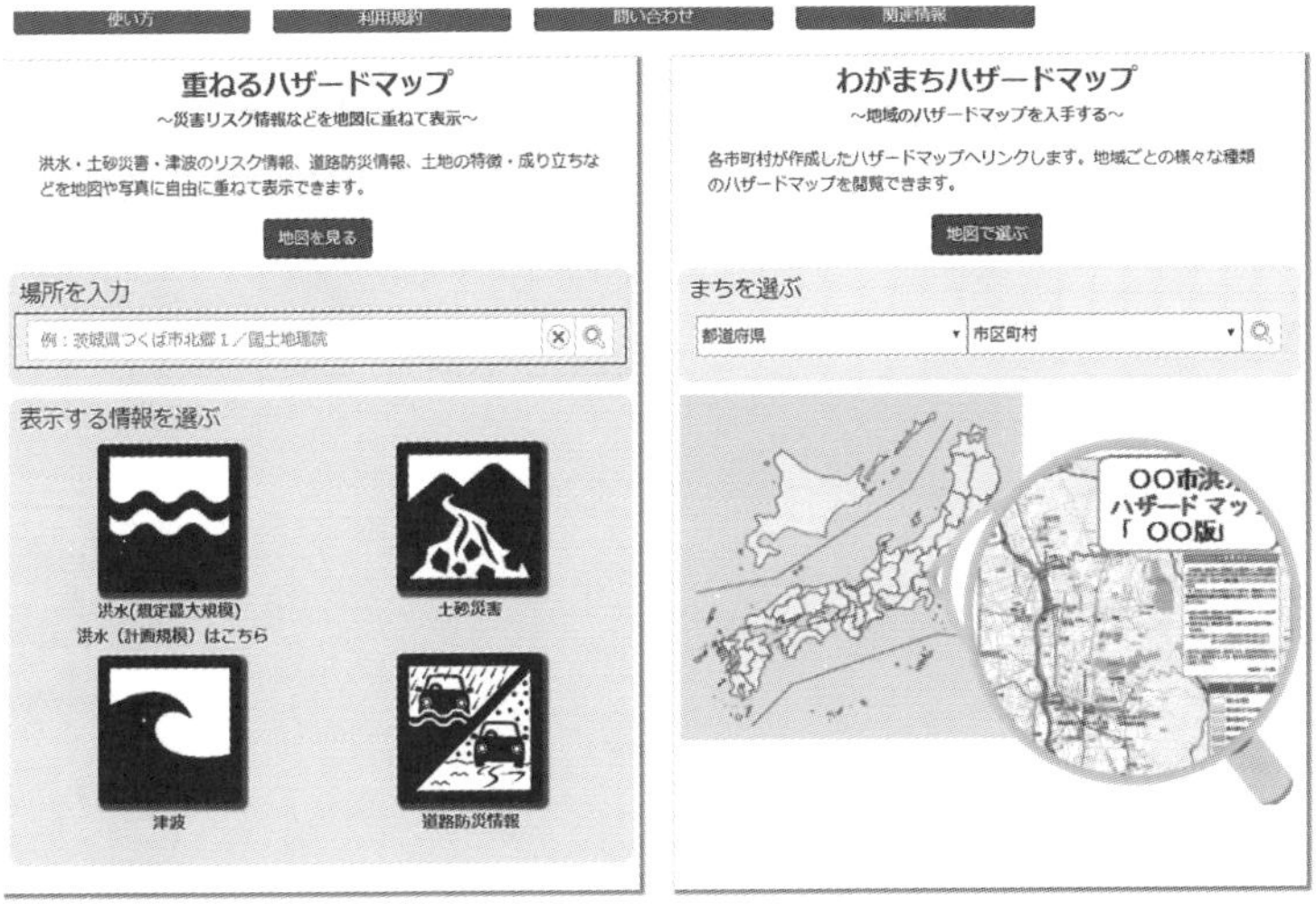

国土交通省が運営するサイト。身のまわりでどんな災害が起こりうるのか、調べることができる（https://disaportal.gsi.go.jp）

屋根の定期点検

伝統的な日本家屋には瓦屋根の家も多い。ヒビや欠け、金具の錆びなどがないか 10 年に一度は点検を

085

地震に備える

地震に強い家にする方法を、リフォームを含め考える

日本では大きな地震が起きると、それ以降被害が出にくいように、国が示す耐震の基準値が厳しい基準へと更新されてきました。新築の場合は最新の制度が採用されますが、今住んでいる家が以前の基準値で建てられている場合は耐震リフォームを行い耐震性能を上げることが望ましく、その場合、まずは耐震診断を行います。耐震診断や耐震リフォームに補助金を出している地方自治体も多いので、依頼前に確認してみましょう。

木造の耐震診断は主に2つの方法があります。「一般診断法」は耐震補強が必要か否かを判断する方法で、比較的簡易な調査です。明らかに耐震性能が低い木造住宅では省くこともあります。「精密診断」は床下や天井裏を確認し、詳細な部分まで見る診断です。正確な耐震性能がわかるため、診断結果をもとに現在の基準値に近づけたり、基準値以上になる耐震設計をしたりすることができます。

地震負傷者の30～50％は家具類の転倒や落下、移動が原因といわれます。住まいの避難経路確保や家具の転倒防止、ガラス飛散防止などの自分でできる対策も必須です。

トクする知識

● **耐震診断**　木造住宅の耐震診断には、一般診断法と精密診断法がある

ここがポイント

木造の耐震診断

大地震（震度6強～震度7の地震）が発生した際の、木造建物（木造住宅）の倒壊の可能性に関する診断のこと

耐震診断書の例

■上部構造の評価

階	方向	壁の耐力 Qw(kN)	剛性率低減 係数 Fs	偏心・床低減 係数 Fe	保有する耐力 edQu(kN)	必要耐力 Qr(kN)	評点	判定	0.7 1.0 1.5
2F	X	15.539	1.000	1.000	15.539	25.829	0.601	倒壊する可能性が高い	▲
	Y	18.724	1.000	1.000	18.724		0.724	倒壊する可能性がある	▲
1F	X	22.548	1.000	0.907	20.440	48.779	0.419	倒壊する可能性が高い	▲
	Y	24.718	1.000	1.000	24.718		0.506	倒壊する可能性が高い	▲

上部構造評点(保有する耐力/必要耐力)	判定
1.5 以上	倒壊しない
1.0 以上～ 1.5 未満	一応倒壊しない
0.7 以上～ 1.0 未満	倒壊する可能性がある
0.7 未満	倒壊する可能性が高い

「評点」に注目。現行の基準値以下だと1より低い値になる可能性が高い

リフォームなどによって倒壊しない住宅を目指す

耐震リフォームの減税

耐震リフォームでトクする額

	所得税の投資型減税	固定資産税の減税
金額	最大控除額62.5万円	1/2 を軽減
期間	リフォーム工事完了が2023年12月31日迄	リフォーム工事完了が2024年3月31日迄

※ローン型減税は適応なし

対象となる工事と住宅の主な要件

		所得税の投資型減税	固定資産税の減額
工事の内容	現行の耐震基準に適合する耐震リフォーム工事である	○	○
	リフォーム工事費用が50万円超である	—	○
住宅の要件	自宅であること	○	—
	1981年5月31日以前に建築されたものであること	○	—
	1982年1月1日以前から所在する住宅であること	—	○

086

省エネルギー住宅

様々なメリットがある省エネ住宅のポイントを知る

省エネルギー住宅とは、暑さ寒さなど気象による影響から快適性を守る工夫があり、かつ光熱費や地球温暖化への配慮などを実現した住宅のことをいいます。そうした住宅をつくるには、まず外皮（外壁、屋根、天井、床）に断熱材を利用することが必要です。

断熱材の種類や厚みの基準値は、地域や建物の工法によって定められています。また外皮だけでなく、窓や玄関ドアなどの建具にも断熱性能が高いものを使用することで、より効率が高まります。

次に、省エネ・創エネの設備を選択します。創エネ設備とは太陽光や家庭用燃料電池などで電力を作り出す装置、省エネ設備とは冷暖房や給湯器、照明器具、節水トイレなどの省エネ性能の高い機器をいいます。さらにそれらの効率を一括管理するHEMS《ヘムス》というシステムもあります。

加えてポイントになるのは自然のエネルギーをどう利用するかです。太陽の日射をコントロールしたり風の利用や換気計画を考えたりと、建物の形や窓の配置を工夫することで、前述の設備の負荷も大きく変わります。

トクする知識

●省エネ住宅をつくるポイント

・外皮を基準値に合うよう断熱
・省エネ、創エネ設備を利用
・自然エネルギーを考慮する設計

ここがポイント

省エネ住宅は健康住宅

急激な温度変化によるヒートショックやダニ、カビのもとになる結露の防止にも大変効果的なので、健康にもよい

省エネ住宅をつくる手段

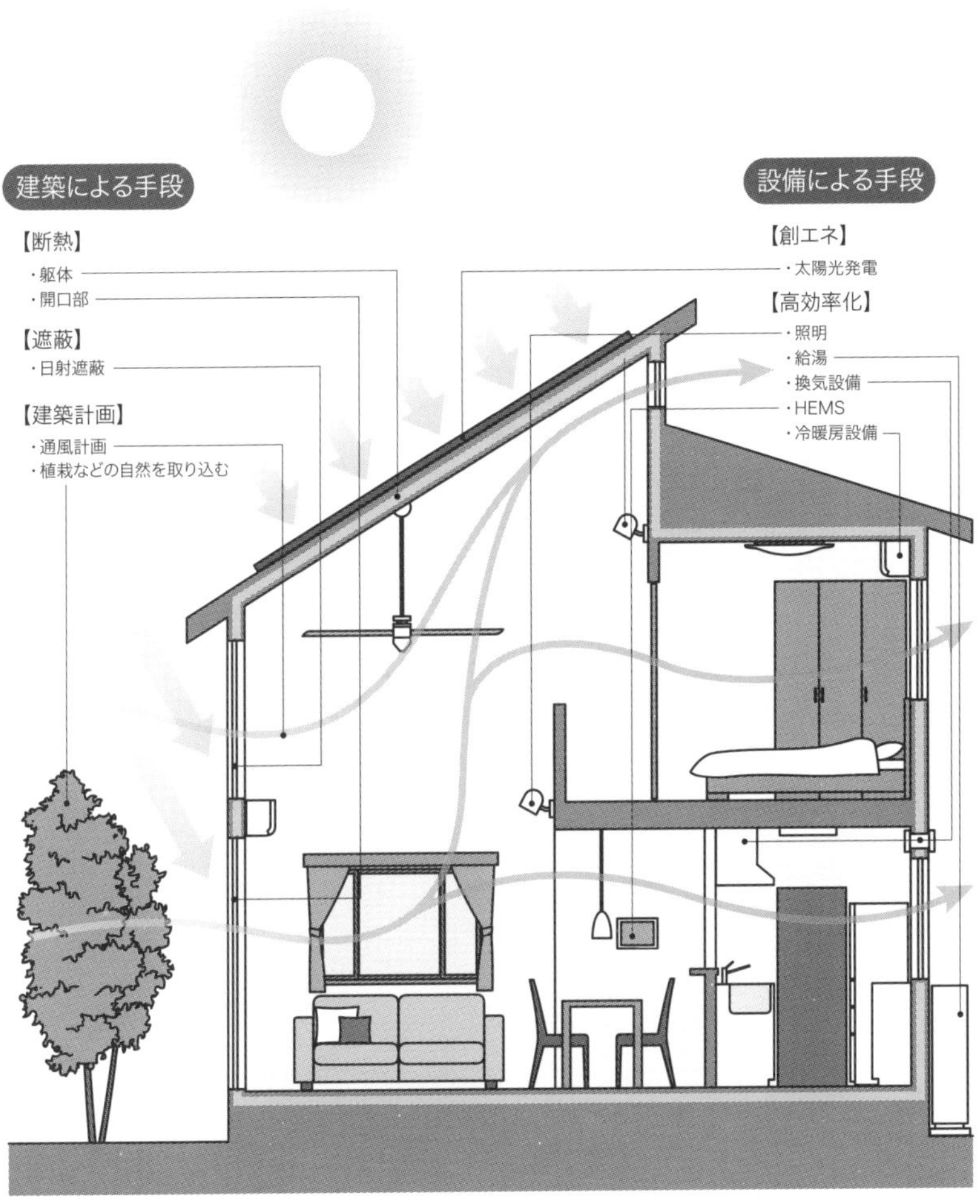

087

省エネ住宅の種類と条件

省エネ住宅の種類と条件で知っておきたいキーワードを確認

トクする知識

・ZEH《ゼッチ》 ・HEMS《ヘムス》
・認定低炭素住宅 ・スマートハウス
・長期優良住宅 について知っておく

省エネ住宅は、エネルギー管理の方法によって様々な種類があります。

ＺＥＨ《ゼッチ》（Net Zero Energy House）は、つくりだすエネルギーが使うエネルギーを上回るように設計した住宅のことです。高断熱化と高効率設備の搭載をしたうえで、太陽光発電などによる創エネを同時に行います。

ＨＥＭＳ《ヘムス》（Home Energy Management System）は、ＩＴを使って住宅のエネルギーを「見える化」し、エネルギーを節約する管理システムのことです。このＨＥＭＳを中核として太陽光発電や蓄電装置などを使用しながら、空調や給湯、家電機器をコントロールする家をスマートハウスといいます。

認定低炭素住宅とは、国が定めたエネルギー消費量の基準値よりも10％以上省エネし、さらに低炭素化に役立つ処置（ＨＥＭＳの導入や節水対策など）を複数行う住宅です。

これらの住まいは長期優良住宅と同様に、補助金や税制優遇措置、住宅ローンの優遇などを受けることが条件によっては可能です。

ここがポイント

長期優良住宅

温熱環境の省エネ項目の他、構造や設備、劣化の軽減や音や光などの居住環境への配慮など、様々な措置を講じて、長期にわたり良好な状態で住宅を使用するための認定制度

ZEH（ゼッチ）

消費エネルギーを実質ゼロにする住宅のこと

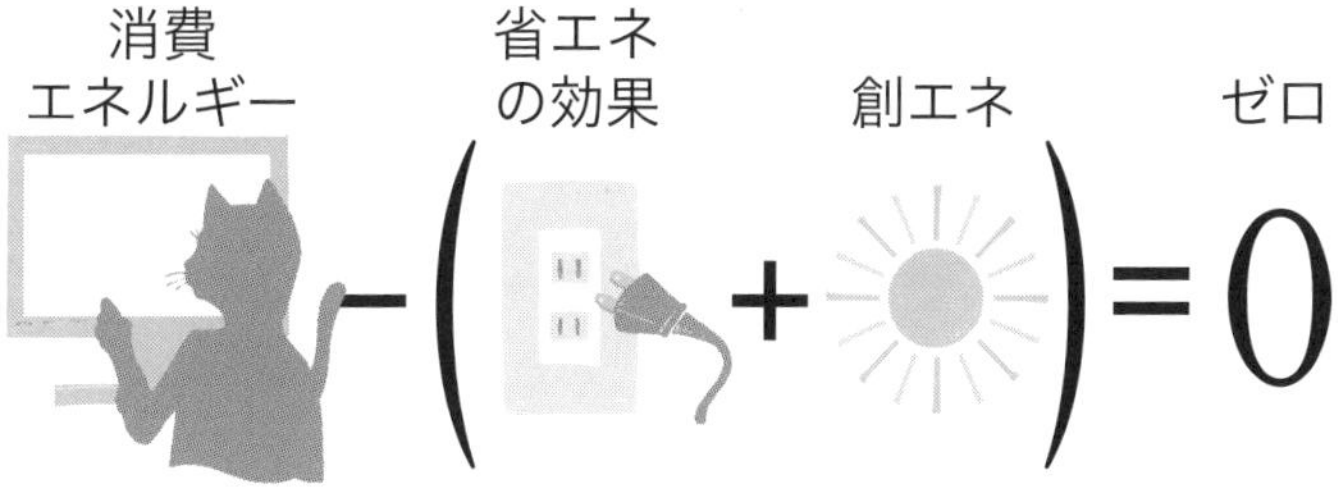

断熱

壁や床に断熱材を入れたり開口部に高断熱サッシを使ったりする

省エネ

冷暖房や給湯、照明などに高効率の設備を導入。ガスや灯油の使用も検討

創エネ

太陽光発電やエネファームなど電力をつくるシステムを導入

HEMS（ヘムス）

家の中で消費・創出したエネルギー量を見える化したシステム。家中のエネルギーの動きをパネルで見られる

認定低炭素住宅

必須2項目＋選択２項目（8項目のうち）の条件を満たす住宅のこと

必須項目

①外皮の熱性能
②一次エネルギー消費量

＋

選択項目

①節水機器の設置
②雨水や井戸水の利用
③ヒートアイランド対策
④木造住宅または木造建築物である
⑤HEMSまたはBEMSの設置
⑥太陽光発電や蓄電池の設置
⑦住宅の劣化軽減措置
⑧高炉セメントなどによる躯体の低炭素化

088

省エネして補助金を

省エネ住宅を建てるなら、補助金を積極的に活用する

省エネ補助金制度は国や地方自治体で年度ごとに設けられ、様々な種類があります。年度により新設や廃止もあるので、計画段階できちんと調べておきましょう。

制度を利用したいと思ったら、必ず確認したいのは、①条件 ②契約時期 ③補助金の金額です。条件とは、自分たちの暮らしさやすさを損なわない範囲で、いかに省エネ性能を高められるかです。たとえば高性能な断熱材や窓ガラスなどの採用、次世代建材（断熱パネルや潜熱蓄熱建材）の採用、省エネ、創エネ設備、高性能設備（家庭用蓄電システム、家庭用蓄熱設備）の導入など方法は様々。ライフスタイルや予算とともに検討しましょう。

次に契約時期です。省エネ性能が制度に適合しても、機関への申請や工事契約、着工の時期によっては要件不適合となり補助金が受けられない場合もあるので気をつけましょう。

最後に補助金の金額です。条件を満たすために必要な設備の価格や維持費のシミュレーションはもちろんのこと、同時に申請できる制度の組み合わせも確認を。設計士や施工業者とよく相談して進めましょう。

トクする知識

- **省エネ補助金制度は流動的**　年度ごとに補助金制度と予算が決定する。工事契約時期と締め切りにも注意が必要

ここがポイント

対象建材に注意

同メーカー・同シリーズの建材（窓や玄関ドアなど）でも、デザインにより補助金の対象になるものとならないものがある

主な補助金事業

補助制度	主な内容	助成金	適用区分(※)
2023省エネ補助金(既存住宅における断熱リフォーム支援事業、次世代建材)	住宅に高性能な断熱材や窓などを用いた断熱改修を行う場合に国の補助金を交付	最大 120万円／戸(断熱リノベ) 最大 ～400万円(地域や断熱工法による)	改修
2023地域型住宅グリーン化事業	長期優良住宅や低炭素住宅など、省エネルギー性能などに優れた木造住宅を主に新築する場合に補助金を交付	最大 90～140万円／戸	新築、改修、長、低
2023ZEH(ゼロ・エネルギー・ハウス)支援事業	消費エネルギーと節約＋創出エネルギーがほぼ同じであるZEHを取得、またはZEHへ改修する場合に補助金を交付	55万～100万円＋α／戸	新築、改修
2023エネファーム設置補助(地方自治体)	家庭用燃料電池システム「エネファーム」を住宅などに導入する場合に補助金を交付	各自治体による	新築、改修
2023長期優良住宅化リフォーム補助金	長期優良リフォーム済みの住宅を購入する場合に補助金を還元	最大 250万円／戸	中古、改修、長
市町村関連補助金制度	各市町村が実施する助成、補給金制度。補助内容が多様		新築、中古、改修

※長:長期優良住宅、低:認定低炭素住宅
※制度内容は年度毎に変更になることが多く、新年度の初めに要確認

089

創エネと省エネ

代表的な創エネ設備の仕組みを知る

住宅で使うエネルギーを、住宅でつくりだす創エネ設備。設置コストが下がっていることや、発電した電気が非常時にも活用できることなどから普及が進んできています。

「太陽光発電」は、太陽の光エネルギーで発電する設備です。創出した電気を家庭で使用し、余った分を電力会社に売るという仕組みがあり、電力会社が一定価格で一定期間買い取ることを国が約束する制度で成り立っています。４kwの太陽光発電設備を設置すると、火力発電で１年に使用する石油を２Ｌペットボトル約４５０本分削減される試算です。

「エネファーム」は、ガスに含まれる水素を利用して発電し、発電時に発生する熱を使って同時にお湯もつくるシステムです。２つのエネルギーを同時に生産供給する仕組みをコージェネレーションシステムといいます。

「エコジョーズ」は、省エネ効率の高い給湯器です。ガスを熱源として効率よくお湯を沸かし、お湯をつくる際に発生する排気中の熱を回収して再びお湯をつくるのに活用するため、熱損失が５％程度と大変低く抑えられます。

トクする知識

●創エネ設備

・太陽光発電→太陽の光で発電

・エネファーム（家庭用燃料電池）
→ガスで発電＋発熱（給湯）

ここがポイント

給湯のエネルギー

家庭の消費エネルギーの約1/3は給湯が占める。給湯のエネルギーを減らす省エネルギー設備の必要性は非常に高い

太陽光発電の仕組み

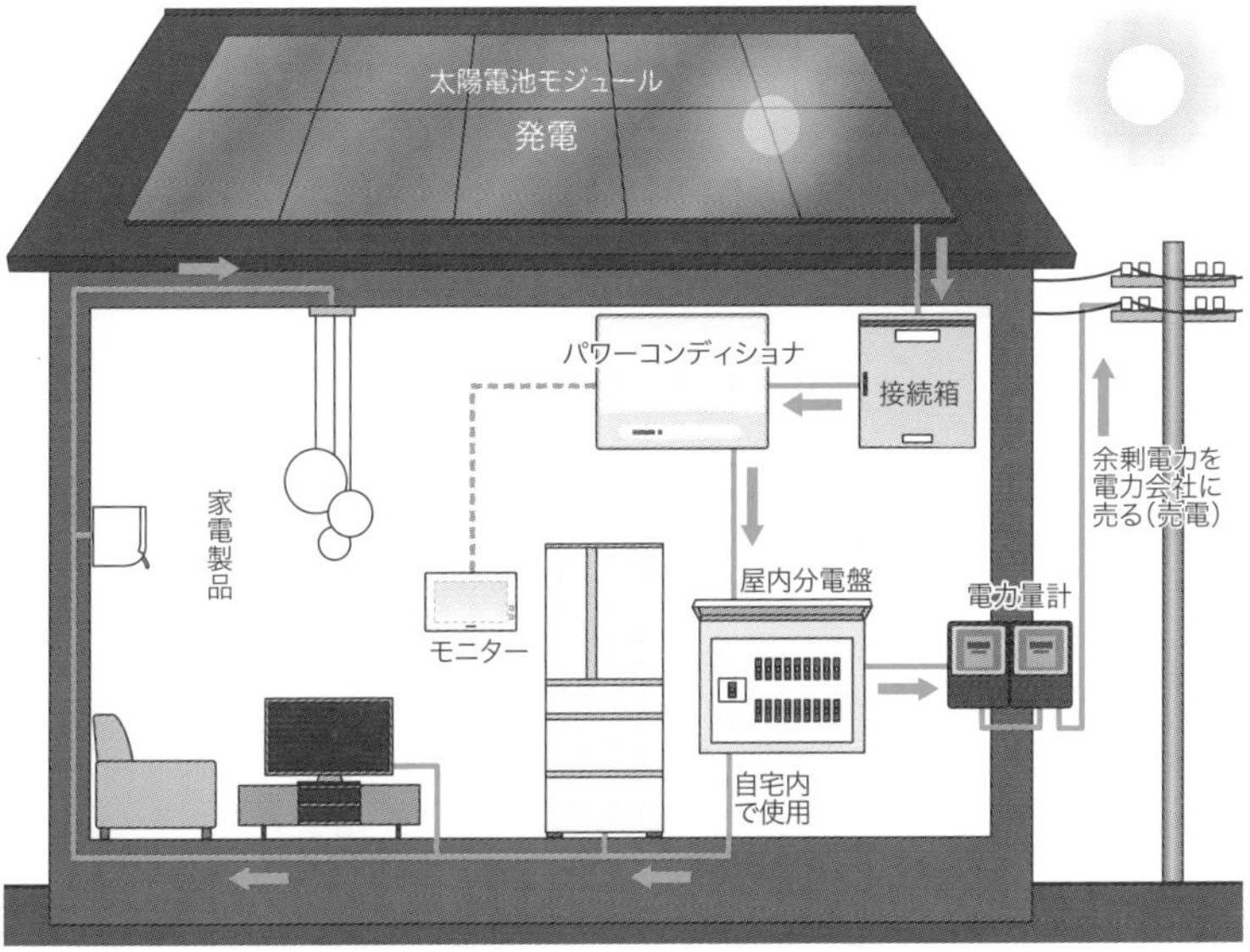

エネファームの仕組み

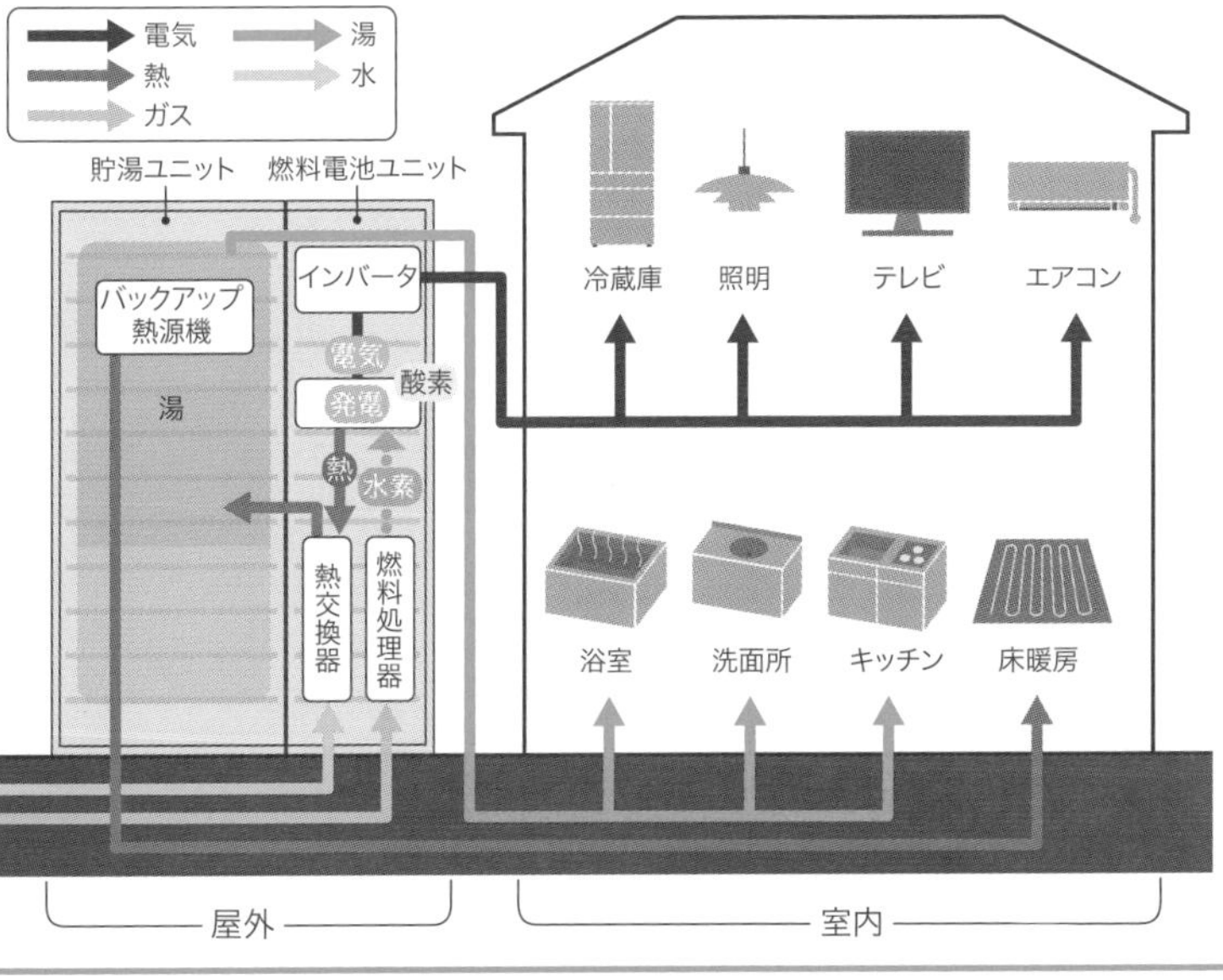

090

蓄電池で安心

災害などの停電時に、蓄えた電力があると安心

電気をためる「蓄電池」は、停電などの非常時にも電力を利用することができるので災害に備える設備として大変有効です。蓄電容量が大きいほど長く使え、出力が大きいほど消費電力の大きい機器にも利用できます。創エネ設備と連携する装置（創蓄連携システム）を使えば、電力の使用時間帯を管理して売電量を増やしたり、購入電力を節約したりと効率がより高まります。たとえばエネファームと蓄電池を組み合わせれば、停電時にエネファームを作動させることができるため、非常時でも家庭で発電・給湯ができます。

さらに、太陽光発電と蓄電池のパワーコンディショナを一体化した「パワコン一体型蓄電池」もあります。省スペース性、性能自体も年々高まってきており、パワーコンディショナの買い替え時には選択肢に入れるのもよいでしょう。電気自動車と太陽光発電と蓄電池の3つの技術を1つにまとめた「ドライブリッド蓄電システム」も普及が進んできています。家庭の生活リズムに合わせ、省エネ、蓄電がより身近なってきているといえます。

トクする知識

- **蓄電池**　太陽光発電やエネファームと組み合わせることでより効率が高まる

ここがポイント

導入時の注意点

容量や出力の性能、電池ユニットの経年劣化、設置場所などに注意

電気の供給元

電力会社から購入する電力蓄電するタイプと、家庭で創エネした電力を蓄電するタイプがある

蓄電のために必要な装置

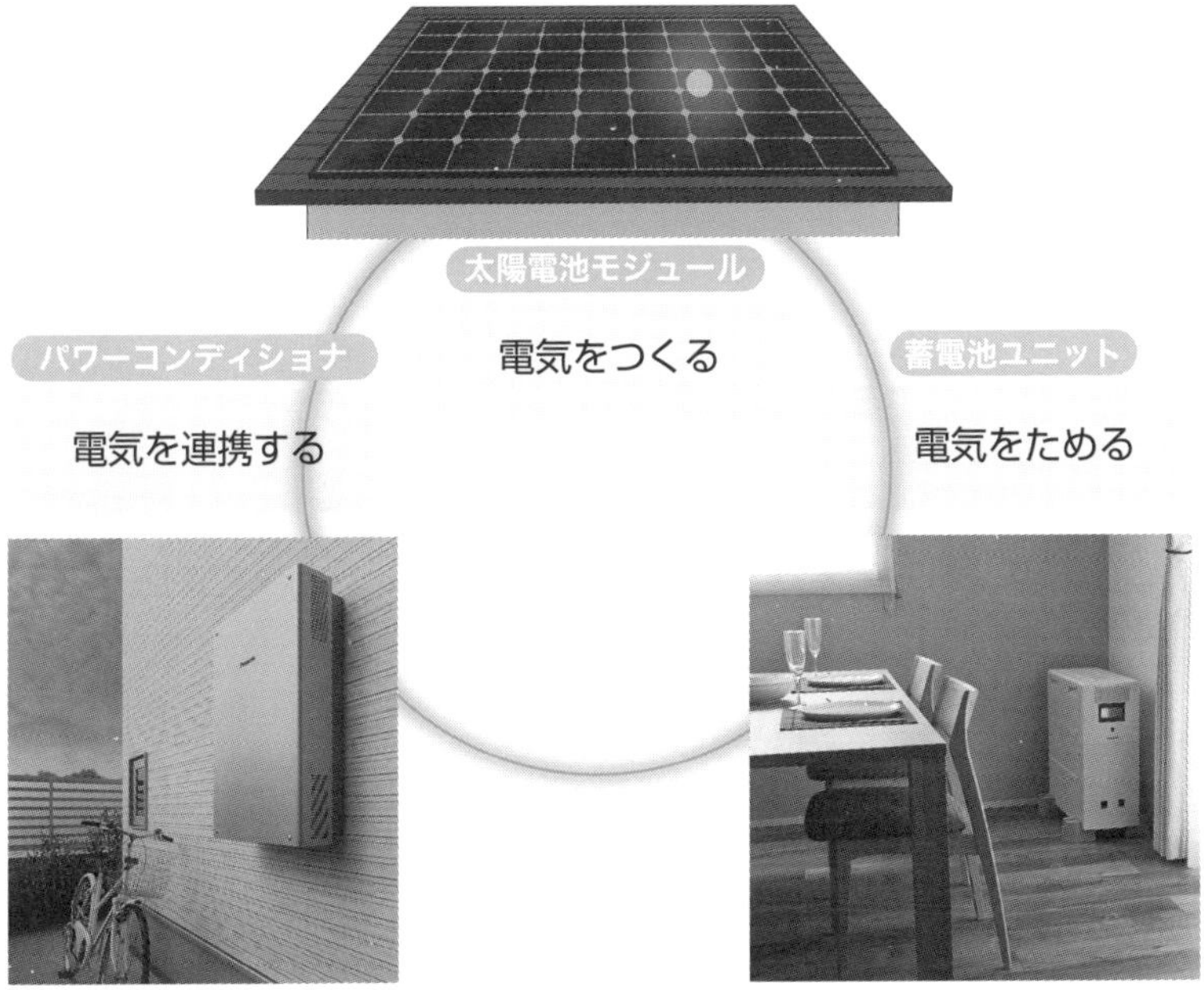

※写真提供:パナソニック

※写真提供:パナソニック

蓄電池の利用イメージ

平常時		停電時	
・蓄えた電気を普段も利用		・照明や冷蔵庫が使えるので、日常生活への支障を緩和できる	
・ピーク電力の抑制や電気代の節約になる		・エネファームと組み合わせて使うことで発電、給湯ができる	
・蓄電池ユニットは置き型や壁掛け型がある		・蓄電池のパワーが大きいほど長時間使える	

091

節電の最新設備

省エネに貢献する電気設備を知っておく

トクする知識

10年前の機器と比べると、エアコンは約4%、瞬間式の温水便座は約33%、照明機器は白熱電球とLED電球の比較で約85%も省エネになっている

住まいの省エネルギー化を図るうえで、家電の節電効率は大変重要なポイントです。一般家庭でよく使われる家電などのエネルギー消費効率がより向上することを目指し、設けられているのが「トップランナー制度」です。この制度では、将来的に技術開発が進むことを見通して、各製品のなかで最も省エネ性能が優れている（トップランナー）製品がさらに性能を改善させることを推進します。

トップランナー制度では、省エネ性能の向上を促すための目標基準（トップランナー基準）が製品ごとに決まっています。この基準を達成しているかを表示したのが「省エネラベル」で、省エネ性能の高い製品を選ぶ目安になります。さらに省エネ性能を5段階の星で示したのが「統一省エネラベル」で年間の電気料金の目安なども表示されています。

トップランナー制度の対象品目は、現在32あります（左頁表）。エアコン、照明機器、電気便座など家電の他、断熱材やサッシなども含まれます。どれも使う部屋の広さや設置条件を検討し、暮らしに合った機種を選ぶことが大切です。

ここがポイント

トップランナー制度

最もエネルギー消費効率が優れている製品の性能を基準とし、その基準値以上のエネルギー消費効率の製品の製造を目指す制度

統一省エネラベルの見方

本ラベルを作成した年度

[多段階評価]
Ⓐ 省エネ性能の高い順に星5～1星で表示
Ⓑ 星の下のマーク（◀ ▶）でトップランナー基準達成・未達成の位置を明示

[省エネルギーラベル]
①省エネ性マーク
トップランナー基準を達成した（省エネ基準達成率100%以上）製品はグリーン、未達成（100%未満）の製品はオレンジ色
②省エネ基準達成率
③エネルギー消費効率
④目標年度

[年間の目安電気料金]

トップランナー制度対象品目

・乗用自動車	・ジャー炊飯器
・エアコン	・電子レンジ
・照明器具（蛍光ランプのみを主光源とするもの）	・電気温水機器（ヒートポンプ式給湯器）
・テレビ	・DVD レコーダー
・複写機	・ルーティング機器
・電子計算機	・スイッチング機器
・磁気ディスク装置	・複合機
・貨物自動車	・プリンター
・ビデオテープレコーダー	・交流電動機
・電気冷蔵庫	・電球形 LED ランプ
・電気冷凍庫	・変圧器
・ストーブ	・自動販売機
・ガス調理機器	・断熱材
・ガス温水機器	・サッシ
・石油温水機器	・複層ガラス
・電気便座	・ショーケース

092

断熱等級

省エネルギー性能の指標が新たに

断熱等級とは、「断熱等性能等級」のこと。建物の断熱性能を示す基準のひとつで、「住宅の品質確保の促進等に関する法律（品確法）」に基づいた指標です。

断熱等級はUA値で定められ、UA値が小さいほど熱が出入りしづらく、断熱性能が高い事を表します。また、ηAC値は夏季日射の室内への入りやすさの指標で、数値が小さいほど遮蔽性能が高い事を示します。これらの値を基準として、全国を8つに分けた地域区分により断熱等級が設定されています。

2021年まで断熱等級は4段階でしたが、2022年より7段階となりました。また、2025年4月からは等級4が義務化される予定となっており、これから新築する建物は等級4以上の性能を確保することが望ましいでしょう。

また、住宅性能表示制度には、省エネ設備や創エネ設備を評価する一次エネルギー消費量等級もあります。今までは原則、いずれか一方の取得が必須でしたが、今後は両方の等級の取得が義務付けられるかもしれません。

トクする知識

●断熱等級の見直し

2021 年までは 4 段階で設定されていた断熱等級が、2022 年から 7 段階に見直された

ここがポイント

「フラット 35」の見直し

断熱等性能等級 2 相当以上だった基準が、2023 年 4 月以降に断熱性能等級 4 以上、かつ 1 次エネルギー消費量等級 4 以上に改定される

＊「フラット 35S」なども別基準にて見直しがある

地域別の耐熱等級の指標

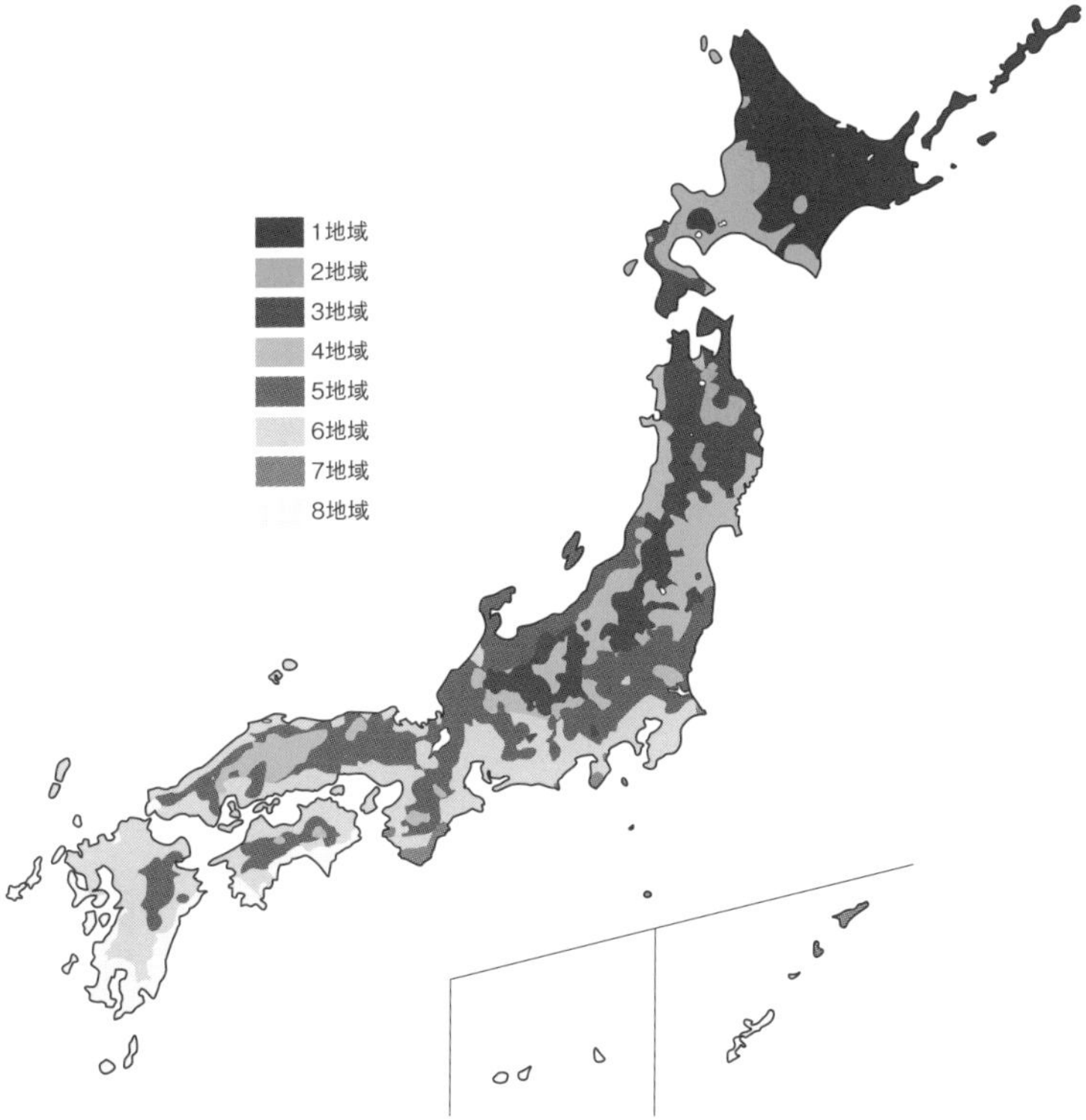

093

断熱材の種類と施工法

目的や施工する場所によって適した断熱材がある

トクする知識

●断熱材の種類

・繊維系断熱材
・発泡プラスチック系断熱材
・自然系断熱材

住宅に使用される断熱材は、素材によって主に3種類に分けられます。

1つめは繊維系断熱材で、グラスウールやロックウールなどがあります。前者はガラスを繊維状に加工したもので、もっともよく使われる断熱材の1つです。後者は鉱物が主原料で、ともに安価で施工がしやすく、マット状やボード状でよく使われます。一般的には充填断熱工法に使用されますが、結露しやすいので防湿に注意する必要があります。

2つめは発泡プラスチック系断熱材です。ビーズ法ポリスチレンフォーム、押出法ポリスチレンフォーム、硬質ウレタンフォーム、フェノールフォームなどがあり、断熱性能が高く、湿気に強く軽量です。外張り断熱では一般的にこのボードタイプが使われます。施工上、厚く使用するのが難しいため、基準値が高い部位には二重に設置するなど工夫が必要で、繊維系より割高な場合が多いです。

最後は自然系断熱材で、代表例はセルロースファイバーです。主原料は天然の木質繊維で、部位に直接吹き込んで施工します。吸放出性がよく、結露しにくいのが特徴です。

ここがポイント

断熱材と音

繊維系の断熱材やセルロースファイバーは吸音性が高いのも特徴。建物の防音性を高めたいときはおすすめ

主な断熱材

繊維系（グラスウール、ロックウールなど）

コスト	◎
特徴	透湿性があり防湿層が必要不可欠。主に充填断熱に使われる

高性能グラスウールを壁に充填した様子（写真提供：ガラス繊維協会）

プラスチック系（ビーズ法ポリスチレンフォーム、現場発泡硬質ウレタンフォームなど）

コスト	△〜○
特徴	ビーズ法ポリスチレンフォーム：いわゆる発泡スチロール／硬質ウレタンフォーム：薄くても高性能を発揮

ポリスチレンフォームを屋根に外張りしている様子

自然系（セルロースファイバー、羊毛など）

コスト	△
特徴	セルロースファイバー：現場で吹き込むか吹き付けるため施工しにくい場所にも効果的

セルロースファイバー断熱材はパルプや新聞古紙を主原料として利用

094

断熱材の入れ方

建物を断熱化することで冷暖房でのエネルギーロスを防ぐ

　断熱を目的として住宅に使用される材料が断熱材です。外皮の各部位、外壁、屋根か天井、床か基礎に断熱材を適切に入れることで、暑さ寒さの感じ方が驚くほど変わります。

　断熱材の種類や厚さの基準（基準値）は、住んでいる地域や断熱工法によって異なり、時代とともに高いレベルが求められるようになっています。現在は平成11年に制定された「次世代省エネ基準」が住宅の高断熱・高気密化の基準となっています。

　木造住宅の断熱工法は、各部位の内部に断熱材を入れる充填《じゅうてん》断熱と、外部に断熱材を設置する外張り断熱があります。前者は、柱や梁・間柱で構成される壁内空間に断熱材を詰め込む方法で、後者は柱や梁・間柱の外側に断熱材を張り付けていく方法です。充填断熱のうち吹き込む工法や吹き付ける工法は、筋交いや金物があっても隙間なく断熱施工しやすいという特徴があります。各々に効果や施工の難易度（または可否）、コストなどが違うので、部位に合わせて適した方法を選ぶことが重要です。

トクする知識

- **断熱**　伝導によって伝わってくる一方の熱を、他方に伝わりにくくすること

ここがポイント

充填《じゅうてん》断熱

壁内空間に詰め込む方法。厚く入れられるので高断熱化しやすい反面、隙間ができやすく施工に注意が必要

外張り断熱

壁の外側に設置する方法。金物や筋かいがない分、隙間なく設置しやすい

断熱化する建物の部位

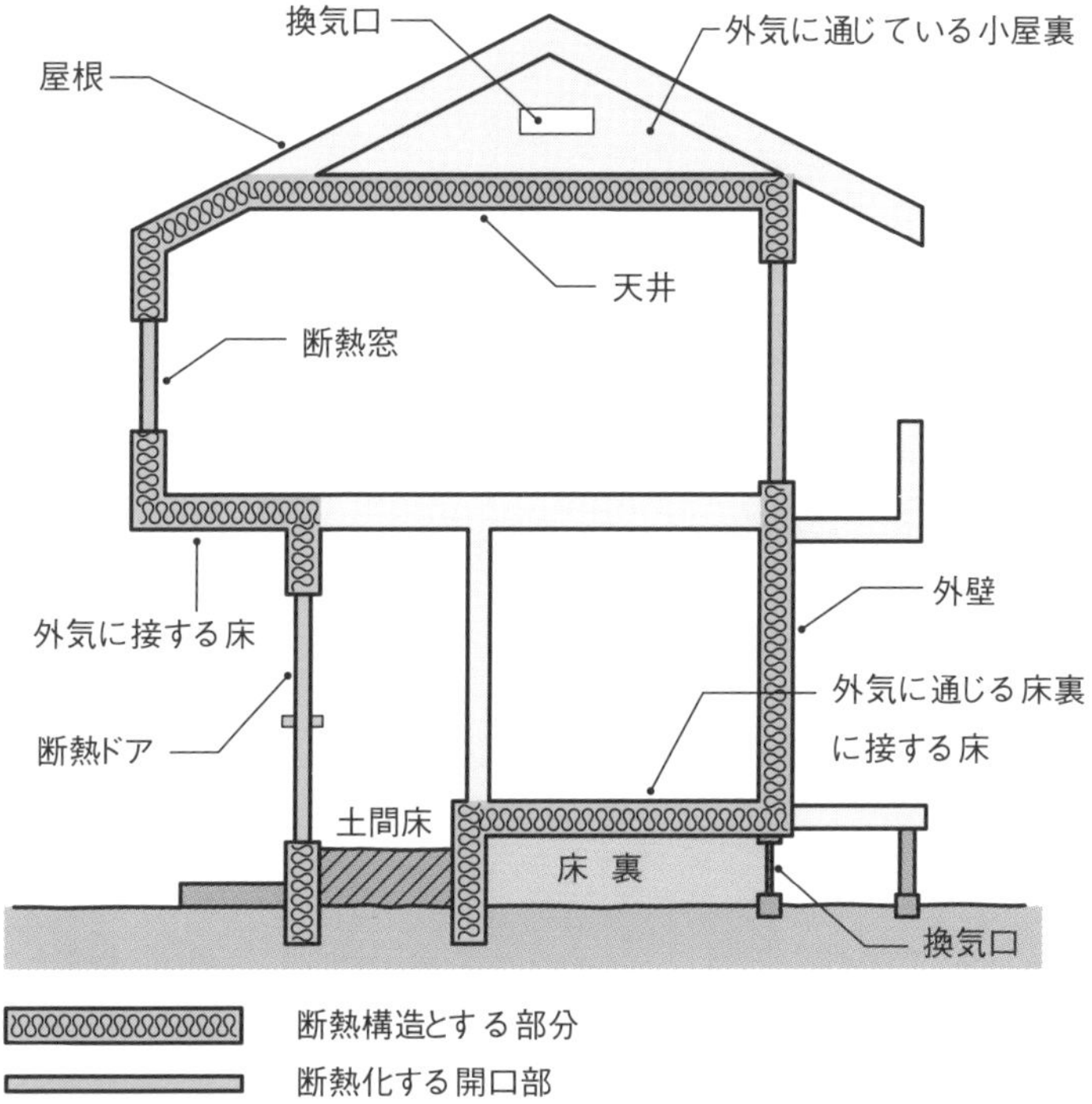

断熱材の入れ方

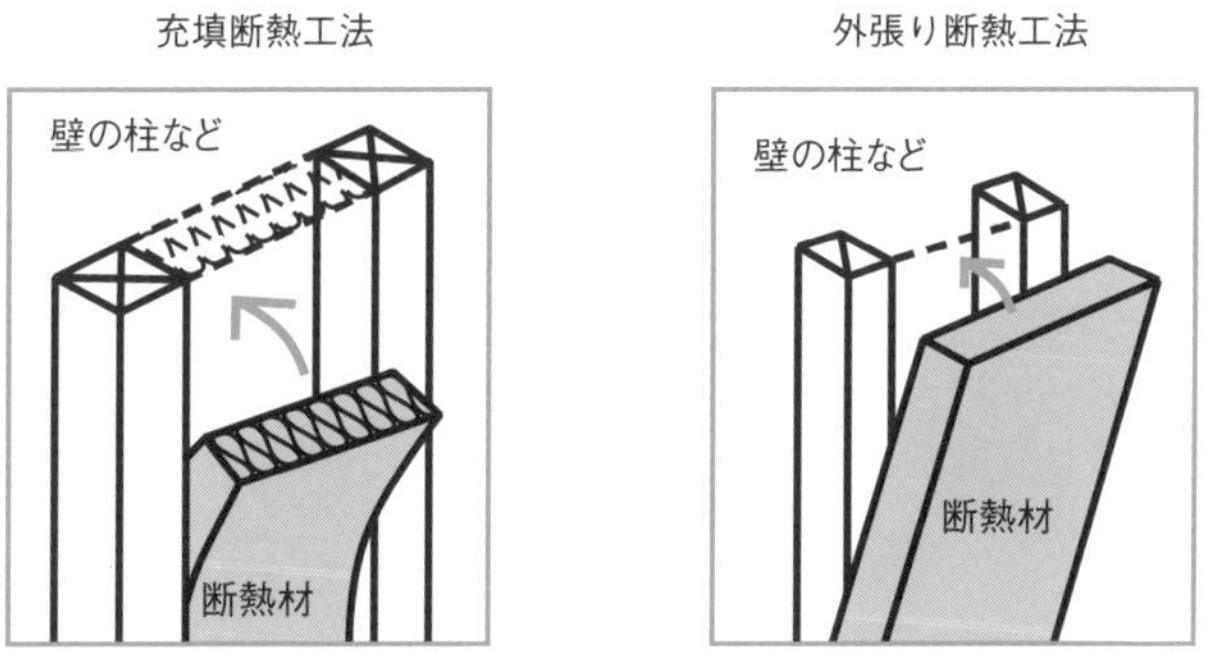

木造住宅の壁や天井の断熱材の入れ方は２種類。断熱材の形状や厚み、効果、費用が異なる。両方を行う「付加断熱」という方法もある。

095

断熱→結露に注意!

高断熱化すると結露が発生する?

断熱化で建物内外の温度差が大きくなると、結露が発生しやすくなります。結露には、窓ガラスなどに生じる「表面結露」と壁の中など見えない場所で発生する「内部結露」があり、とくに後者は建物の構造材を腐らせる場合があります。また、ダニやカビなどのアレルゲンやシロアリが好む環境をつくりだすなど、建物のみならず住む人の健康を脅かす可能性もあるため、断熱性能を高める際には、同時に結露の発生を抑える工夫が必要です。

そもそも結露は、空気中の水蒸気が冷たい部分に触れることで発生します。このため内部結露を防ぐには、水蒸気を壁体内に入れさせないように防湿層を施したり、入ってきた湿気を逃すための通気層を設置したりすることが有効です。

また、開口部に断熱サッシやペアガラスを使うと、表面結露の発生がかなり防げます(２０６頁)。複層ガラスは内部の性質(アルゴンガス、乾燥空気など)でも断熱性能が変わるので、より高性能なものを選ぶと結露しにくくなります。

トクする知識

●**結露**　結露とは、水蒸気を含んだ空気が冷やされ、水蒸気が水に変わること。壁の中などで発生すると建物が腐る原因にも

ここがポイント

避けたい暖房機器

高断熱の住まいでは、室内で燃焼するタイプのストーブ(ガスファンヒーターなど)を使用すると大量の水蒸気が発生し結露しやすい

断熱工法と通気層の違いによる結露の可能性

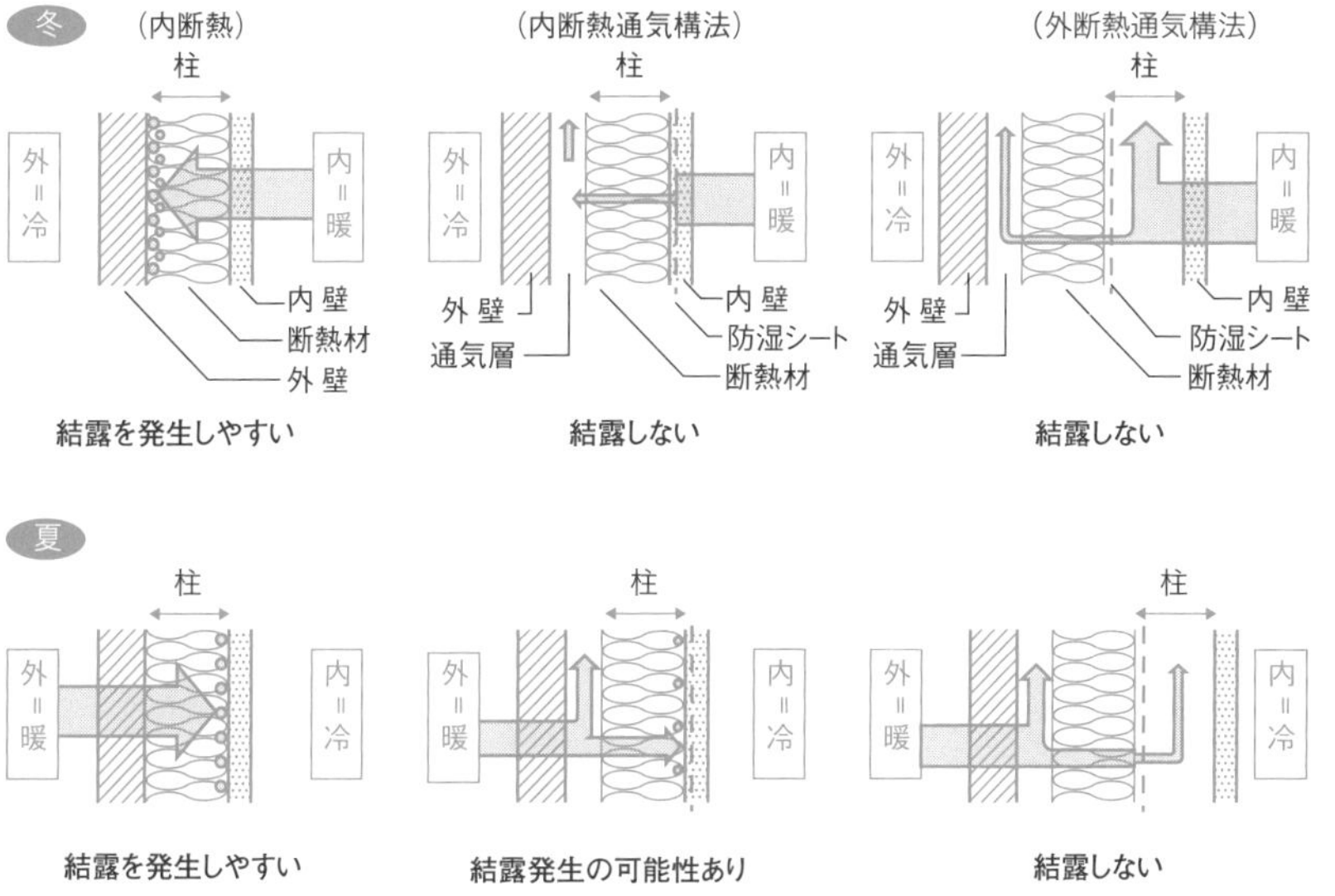

※充填断熱（内断熱）　：柱の間に断熱材を入れる方法。隙間ができやすい
※外張り断熱（外断熱）：柱の外側に断熱材を入れる方法。木造では正確には「外張り断熱」という。隙間ができにくく結露しにくい。熱環境に優れているが、壁厚が厚くなる

高断熱・高気密住宅での生活の注意

	生活の仕方	高断熱・高気密住宅における生活の注意
	洗濯物を室内に干す	水蒸気の発生は住まいに悪影響を及ぼすので極力避ける。機械換気を行う必要がある
	換気をする	高断熱・高気密は自然換気の能力が低いので、機械換気を継続的に行う必要がある
冷暖房器具を使う	エアコン	高断熱・高気密住宅に関係なく、エアコン内部の結露により発生したカビが運転時に放出されるので注意が必要
	電気ストーブ	空気は汚れないので、高断熱・高気密住宅でも問題はない
	石油ストーブ ガスストーブ	室内で燃焼する「開放型タイプ」の場合、ホルムアルデヒドを含む有害物質が発生し室内空気が汚染される。また、灯油1リットルに対し同量程度の水蒸気も発生する
	輻射式暖房 （床暖房やオイルヒーターなど）	空気が汚れないうえ、温風を吹き出さないので快適性が高い。特に高断熱・高気密住宅には向いているといえる
	冷暖房全般	熱が逃げにくいので、基本的に高断熱・高気密住宅に向いている

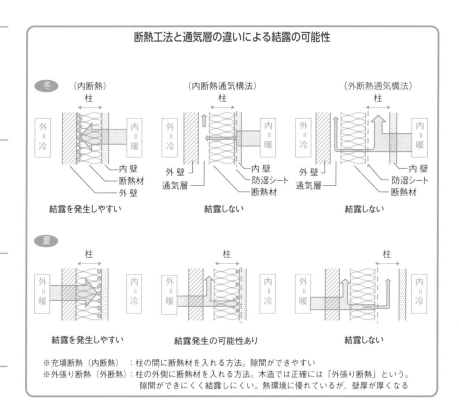

096

窓やドアにも断熱を

熱環境の半分以上は開口部の工夫で変わる

窓やドアなどの開口部は、温度を伝えやすく、空気が出入りし、さらに日射も入ってきます。熱の出入りが非常に大きい部位なので、省エネの重要なポイントになります。

温度変化を緩和するには断熱サッシが有効です。枠自体に熱の伝わりにくい素材や構造が用いられ、ガラスが二重構造になったペアガラスはその一例です。リフォームではこのペアガラスに交換したり、既存の窓の内側にもう一枚窓を設けたりして断熱化を図ることもよくあります。

空気の出入りには、通風や換気が影響します。風通しのよい窓の配置やサイズ、開閉方法の検討や、機械換気によって、夏の涼しさや冬の温かさを確保するといいでしょう。

また、断熱化した住宅は室内に入った日射熱を逃がさない性質になるため、夏はできる限り遮光し、逆に冬は日射しを取り入れて室温をコントロールします。日射熱は室内よりも窓の外側で遮蔽《しゃへい》した方が効率がよいので、南側の窓に庇を設けたり、日射が横から入る東西の窓に日射熱を反射するガラスを採用するなど工夫を検討しましょう。

トクする知識

●**開口部断熱の重要性**　室温は、冬は約6割、夏は約7割が開口部からの影響によるもの

ここがポイント

ペアガラス

2枚のガラスの間に中間層からなる構成のガラスのこと。「複層ガラス」ともいう

日射遮蔽《にっしゃしゃへい》

室内から（カーテンやブラインド）より、窓の外（庇、樹木、オーニングなど）の方が効果大

開口部から出入りする熱の割合

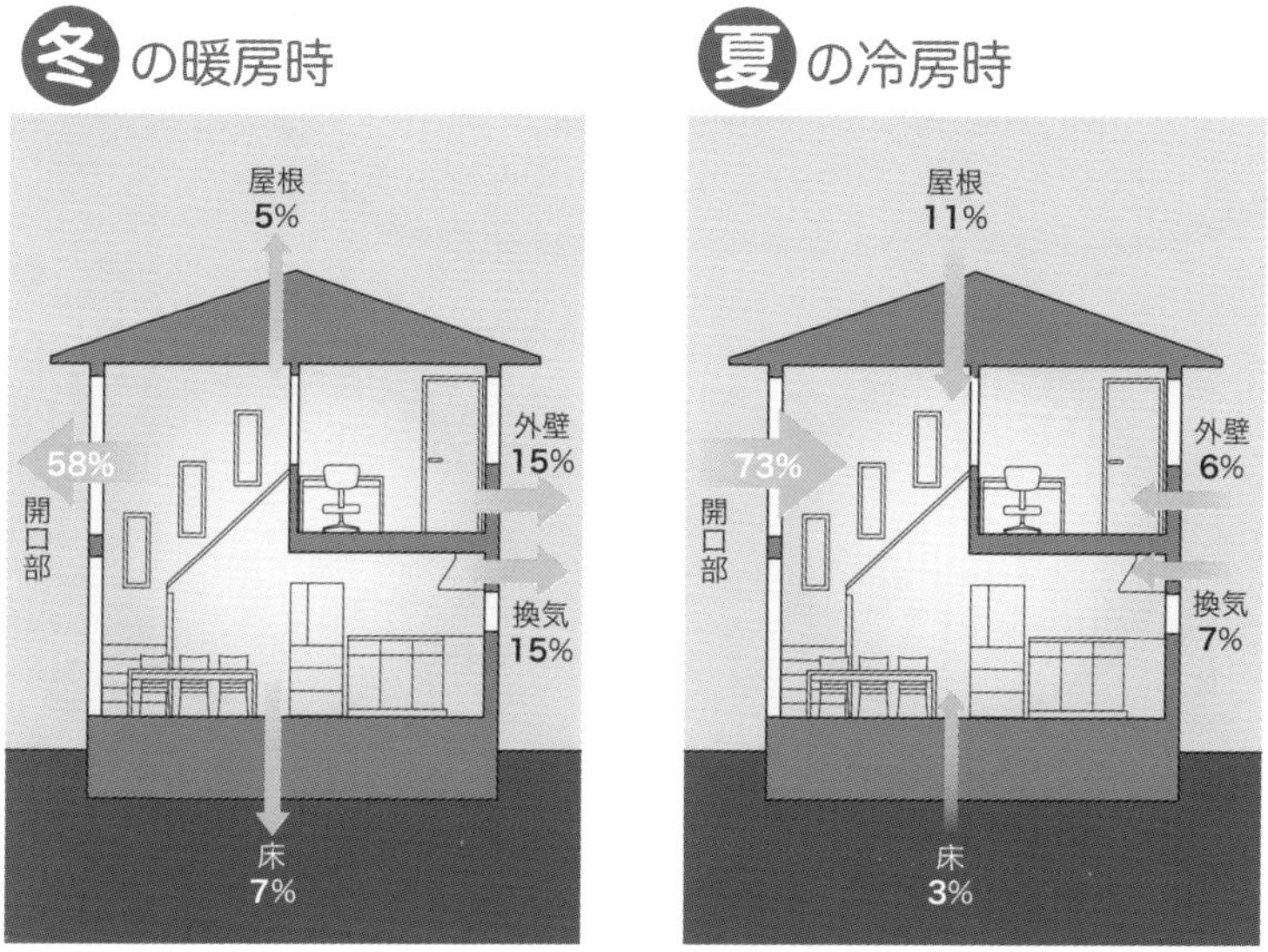

出典：一般社団法人日本建材・住宅設備産業協会

複層ガラスの種類

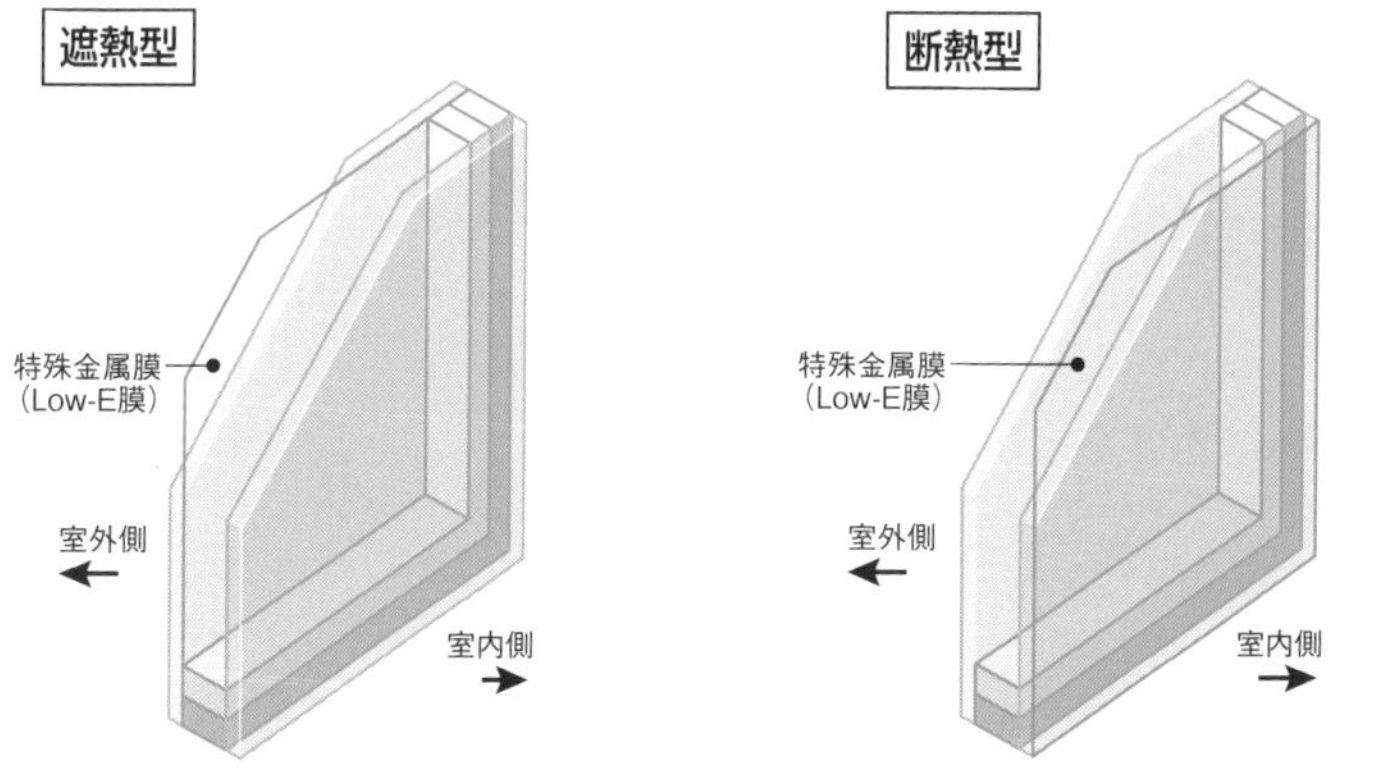

室外側のガラスに特殊金属膜をコーティング。夏の強い日差しを遮り、冷房効果を高める働きが強い

室内側のガラスに特殊金属膜をコーティング。太陽光を取り込みながら室内の熱を外に逃しにくい

097

シックハウスと換気

シックハウス症候群の原因と対策を知る

近年の家づくりには、多様な建材が使われ様々な物質を揮発しています。省エネ化や快適性向上のために住まいの気密性が高くなってきていることもあり、その結果として引き起こる「シックハウス症候群」は問題です。

　有害な建材を規制し、揮発した有害物質濃度を下げることを目的に2003年「シックハウス法」が制定されました。具体的には建物の容積により換気量が定められ、それに準じて必要な換気扇を設置するなど24時間の機械換気が義務づけられたのです。トイレや浴室などに24時間作動する換気扇を設置する「第3種換気」が住宅では一般的です。換気の際に捨てられてしまう室内の暖かさや涼しさを再利用（熱回収）しながら換気する「第1種換気」はイニシャルコストはかかりますが省エネの観点からはおすすめです。

　またシックハウス法の対象となる接着剤や塗料、塩化ビニルなどを使用している建材には、ホルムアルデヒドの含有濃度によりマーク表示がされています。現在ではその放散量が極めて少ないことを表すF☆☆☆☆等級の建材がほとんどです。

トクする知識

● **24時間換気の義務**　給気口と排気口を設置し、換気扇で強制的に一日中空気の入れ替えをすることが、法律で義務づけられている

ここがポイント

シックハウス症候群

目がチカチカする、喉が痛い、めまいや吐き気、頭痛など有害な化学物質に汚染されている住まいが原因となって引き起こされる症状

ホルムアルデヒド放散量の表示

F☆☆☆☆の表示例

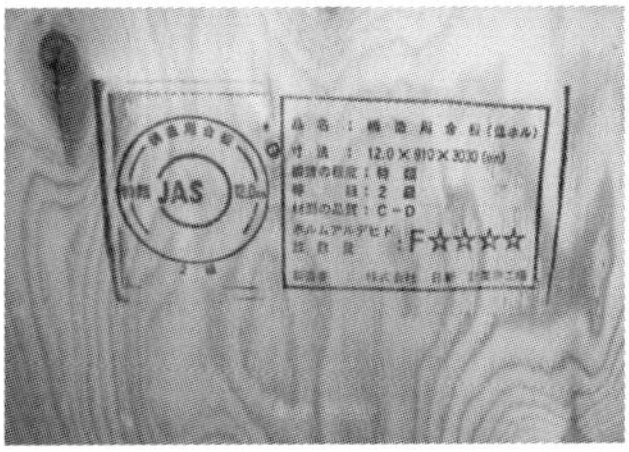

星の数はF☆～F☆☆☆☆の4段階あるが、現在では、内装仕上げに制限なく使って問題ないとされるF☆☆☆☆がほとんど

シックハウス症候群には個人差がある

098

アスベスト対策

アスベストに注意して、健康被害を受けない

アスベスト（石綿）とは天然に産する繊維状ケイ酸塩鉱物で、以前は住宅の外壁や屋根、軒裏などの成形板や、台所の不燃材料の仕上げ材などとして使用されていました。しかし肺がんや中皮腫などを発生させる要因と判明し、0.1%を越える建材は現在では使用を禁止されています。しかし1975年以前の建物には使用されている可能性が高く、それ以降（建築年数20年から40年）でも5%未満なら使用が認められていたため、古い建物には残っている可能性もあります。

成形板のままであればアスベストは飛散しないのですが、穴を開けたり割れたりすると飛散する恐れがあります。リフォームや解体を行う際には、アスベストが含有された建材があるか事前調査が必要です。また、成形板に含まれている建材が撤去箇所に該当する場合は、飛散しないよう十分配慮し、適切に処理します。万が一吹き付け状のアスベストが含まれている場合は、リフォーム予定のない箇所でも除去することが法律で義務づけられており、地方自治体によっては補助金が出ることもあります。

トクする知識

● **アスベスト対策の補助金**　アスベストが含まれる建材を調査、除去する場合、補助金が受けられる場合もあるので事前確認を

ここがポイント

アスベストが使われた個所・建材

不動産取引において、アスベスト含有建材が存在する場合、含有建材の除去費用分が資産価値から減額される

アスベスト含有建材の使用部位例

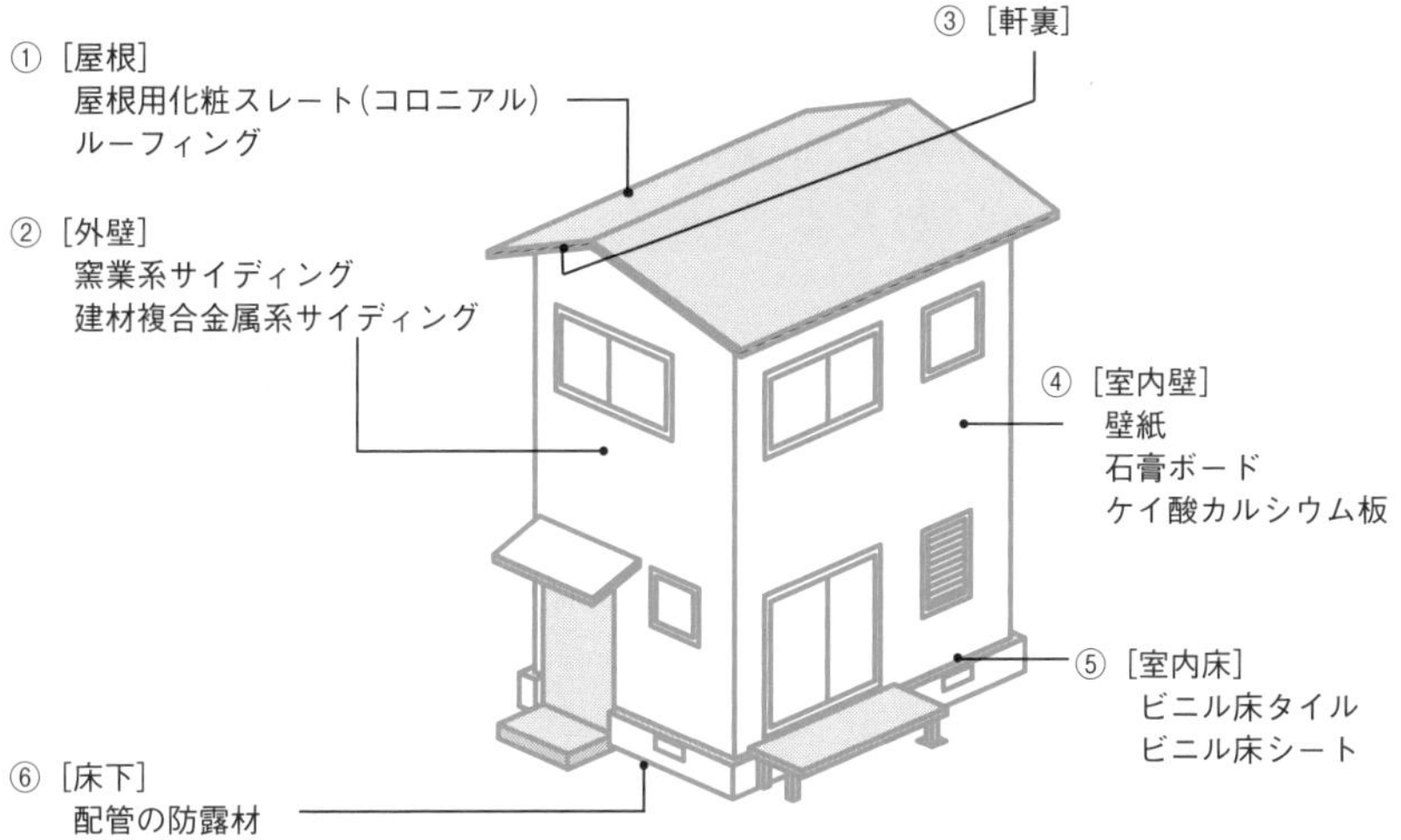

リフォーム工事中の注意点

①工事中は塗料や接着剤など、有害化学物質の揮発が多い
②窓を開けたり、換気扇を利用したりして、常時空気を入れ替え化学物質濃度を低くする
③施工の最中はなるべく家にいないようにするとよい

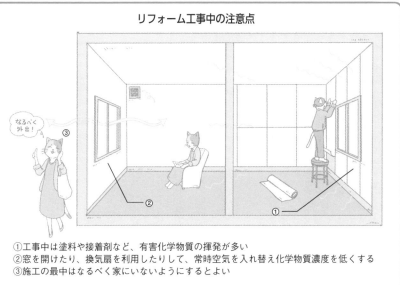

099

節水の最新設備

省エネに貢献する節水設備をおさえる

水道水をつくるのにもエネルギーは必要です。そのため節水性能の高い機器を使えば省エネにもつながります。

水栓やシャワーヘッドでは、水圧を高めたり空気を混ぜたりすることで、少ない水でも勢いが出るように工夫された製品があります。また、水の出し止めが自動やワンタッチでき水の無駄遣いを防止する水栓金具もあります。またユニットバスでは、ゆったり浸かれても少ない水量で済む形状の浴槽や、残り湯を洗濯機へ直接送れる装置などがあります。節水効果だけでなく、断熱性能をもたせた浴槽やＬＥＤ照明などを併せて行えば、浴室全体をより省エネ化できるでしょう。

トイレの節水機能も進化しています。十年前の一般型と比較すると、最近では洗浄水量を70％以上節水できる製品もあります。

その他、歯磨き時にコップを利用する、食器は溜め洗いする、トイレは大小洗浄の切り替えを使い分けるなど個人の努力でできる節水もあります。日頃から家族間で声を掛けるなど意識を共有したいものです。

トクする知識

●**節水を電力に換算**　水を1リットル節水すると、0.98Whの節電になるといわれる

ここがポイント

イニシャルコスト
機器購入や工事費など導入時にかかる初期費用。ランニングコストとのバランスを考える

ランニングコスト
維持費。水道代やガス代など設備を使う上でかかる費用。イニシャルコストとのバランスを考える

様々な節水設備

節水型シャワーヘッドの例

羽根車がシャワー穴を半分ふさぎながら高速回転。シャワー内の圧力を高め、約35%節水する
画像：LIXIL エコフルシャワー

節水型便器の例

少ない洗浄水量でも強力に洗い流す超節水型便器。タンクレスタイプなら見た目もスッキリ
画像：LIXIL ECO5 便器

節水型浴槽の例

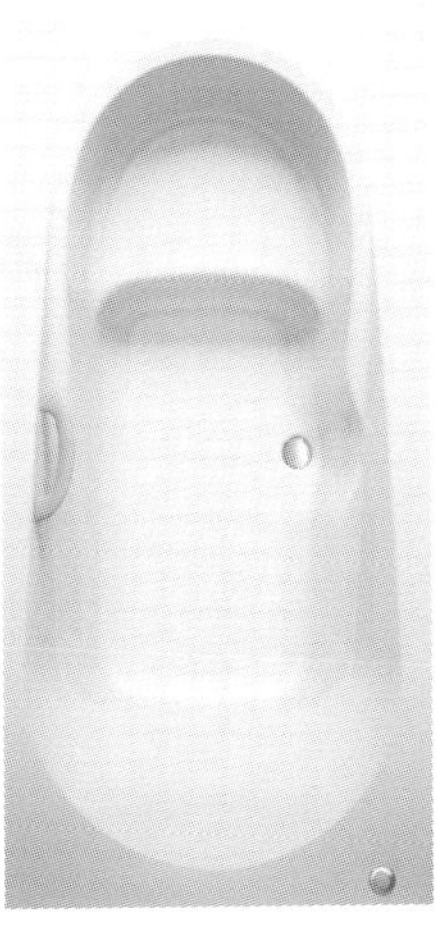

ベンチ型の凹凸がついており、快適さがありながら節水にも貢献。写真の製品は満水容量を従来より約 35 ℓ 削減する
画像：LIXIL「エコベンチ浴槽」

断熱化した浴槽の例

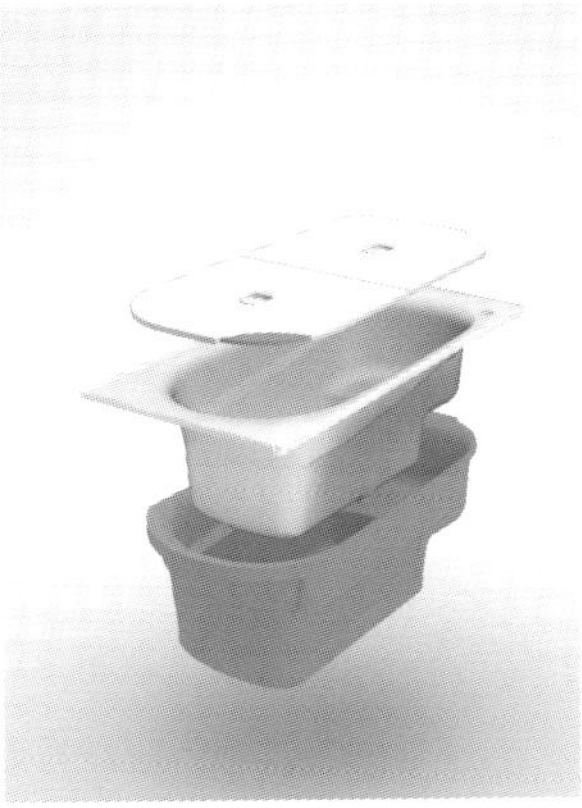

保温効果の高い構造で、お湯が冷めにくい。写真の製品は 4 時間で約 2.5℃しか温度が低下しない
画像：TOTO「魔法びん浴槽」

100 電気スイッチの選び方

照明は明るく、スイッチは用途に応じて使いやすいものを選ぶ

トクする知識

- **様々なタイプを知る** 設置場所に合わせて使いやすさと機能をチェック
- **位置や高さにも注意**

スイッチを無計画に配置すると、使い勝手が悪い、家具が置けないなどの不具合が起きます。位置や機能をよく考えて選びましょう。

もっとも主流なのは、オン・オフを手動で操作するスイッチです。使いやすさと機能に注目して選びましょう。操作面が大きく、軽く押すだけでよい「ワイドスイッチ」は便利で人気のタイプです。他にも、同じ照明を2カ所のスイッチで切り替えできる「3路スイッチ」、白熱灯の光量を好みの明るさに調整できる「調光スイッチ」、トイレや浴室の換気扇など一定期間だけ回して停止できる「タイマースイッチ」、操作する照明がＯＦＦになっているときにスイッチ表面のランプが光る「位置表示灯スイッチ（ほたるスイッチ）」、最近ではBluetooth対応でスマホからコントロールできるスイッチもあります。

高齢者がいる家庭には「センサー付きスイッチ」もおすすめです。加齢に伴って視力が弱るため、若いときのおおむね2倍の明るさが必要。高さも一般的には１１０～１２０㎝がよいとされますが、お年寄りや車椅子を使う人がいる場合は90～１００㎝が適切です。

ここがポイント

加齢の明るさ

20歳代と同じようにものの明るさを感じるには、40歳代で1.5倍、50歳代では2.0倍の明るさが必要

調光スイッチの例

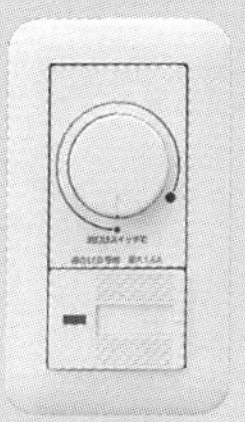

足元灯の例
（かってにナイトライト）

懐中電灯付き足元灯の例
（ホーム保安灯）

呼出し用押しボタンの例
（埋込プルスイッチ付押釦スイッチ）

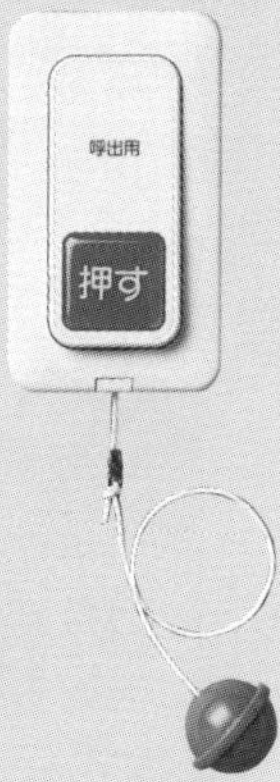

マルチコンセントの例
（マルチメディアコンセント）

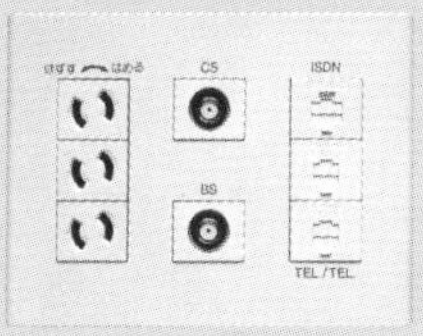

ワイドスイッチの例
（ほたるスイッチ）

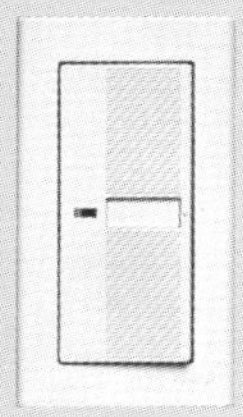

床用コンセントの例
（アップコン）

マグネット付きコンセントの例
（マグネット付コンセント）

画像：パナソニック

101

ネット環境を整える

有線と無線の特徴をおさえ、将来を見据えた環境に

インターネットは今やパソコンだけでなく、テレビやゲーム機、スマホなどにも接続する生活のインフラです。家の中の各部屋からも快適に使用するためには、LAN配線が必要となります。

LANとは「Local Area Network」の略で、複数の機器を同時にインターネットにつなぐためのネットワークのことです。ケーブルやハブを使って複数の機器を接続する有線LANと、ケーブルを敷設する必要がなく機器の移動がラクな無線LANがあります。速度や安全性、使い勝手を理解して選択するとよいでしょう（左頁図）。

有線LANを設置する新築時は、配線計画を事前に建てるとよいでしょう。壁の中に配線を埋め込めば、配線が室内に露出することなくスッキリ収めることができます。

また住まいのIoT化に伴い、外出先から窓や玄関ドア、冷暖房機器を操作・確認するなどができる製品も増えています。こうしたシステムの導入にはインターネットが常時接続されていることとLAN環境が整備されていることが条件です。

トクする知識

- **将来の高速通信を視野に**　新築時には将来の高速通信速度（1000Mbp）に対応できるようなLAN環境が理想

ここがポイント

有線LAN

ケーブルなどを使ってインターネットに接続する。無線に比べ速度が早く、安定している

無線LAN

ケーブルの敷設が不要。有線に比べ低速かつ不安定なのが短所

有線LANと無線LANの比較

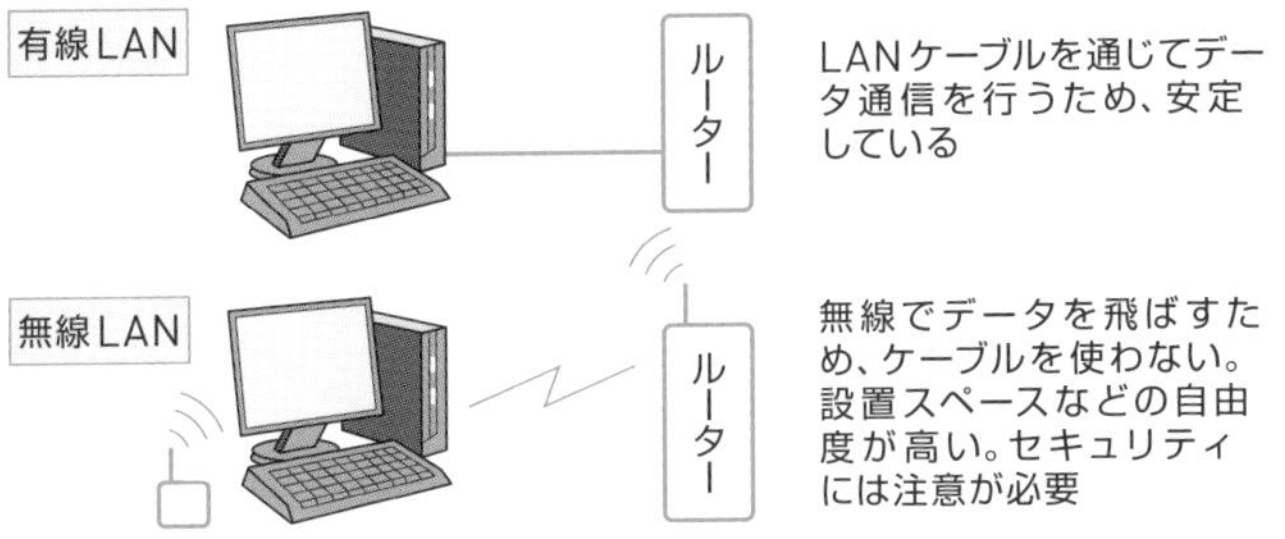

	有線LAN	無線LAN
通信速度	実効速度は80%～90%程度	実効速度50%程度
通信の確実性	環境に左右されない安定的な通信が可能	電波が届きにくい場所や電波干渉で接続が切れるおそれがある
セキュリティ	伝送媒体がケーブルなので、盗聴は難しい	伝送媒体が無線なので、盗聴される危険がある
設定の容易性	容易	やや難しい
コスト	配線部材に初期投資だけが必要	無線LAN用の機器が必要
作業性	先行配線した場所でしか、作業ができない	ケーブルがないので、マシンの配置転換が自由

IoT化と住まいの機器

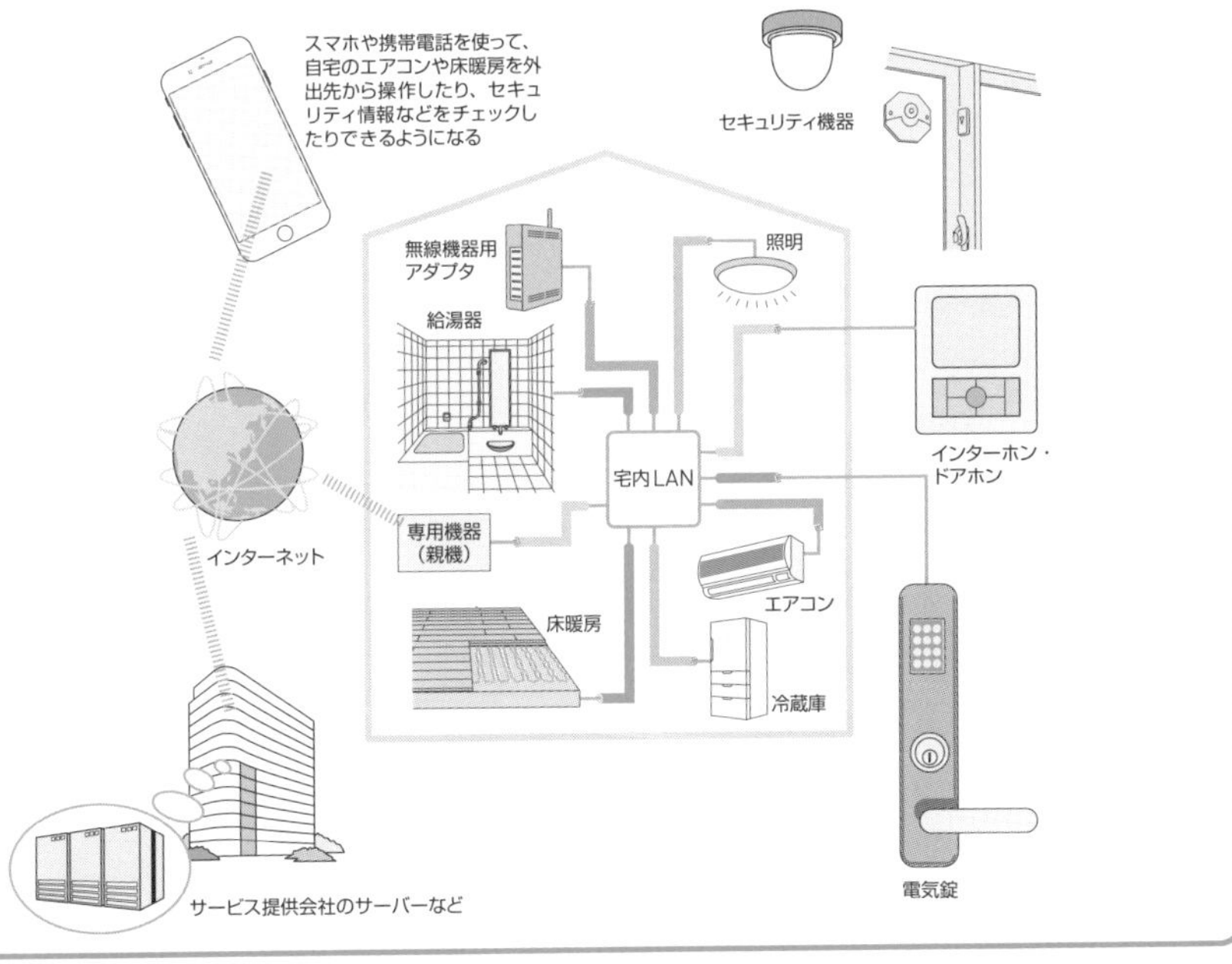

102

火災警報器設置の義務

一般住宅でも設置が義務
寝室と階段には必須!

消防法が改正され、すべての住宅に住宅用火災警報器の設置が義務づけられています。必ず設置しなければならない場所は、「寝室（主寝室や子ども部屋）」と「階段」。寝室がない階でも、床面積が7㎡（四畳半）以上の居室が5部屋以上ある場合は廊下に設置します。また3階建て以上の場合、就寝に使用しない居室が2階以上連続すると、火災警報器を取り付けた階から2階離れた居室のある階の階段に設置する必要があります。その他の場所への設置を義務づけている市町村もあるので、必ず所轄の消防署で確認しましょう。

住宅用火災警報器には、煙を感知するものと熱を感知するものの2タイプがありますが、火災発生時は煙の方が早く広がることが多く、法律では原則として前者の設置が義務づけられています。一方で、キッチンなど日常的に煙や水蒸気が滞留しやすい場所には熱感知式が適しています。

選ぶ際に注目したいのは「NSマーク」です。これは日本消防検定協会の検査に合格した製品★1に表示され、住宅用火災警報器としての品質を保証しています。

トクする知識

- **寝室と階段には必ず設置**　台所など他の場所も義務化されている自治体もあるので所轄の消防署で要確認

ここがポイント

煙式

煙に反応して音が鳴る。法律では原則こちらの設置が義務

熱式

センサー部が65℃以上になると音が鳴る。キッチンや車庫向き

火災警報器の取り付け位置

▶天井に設置する場合①

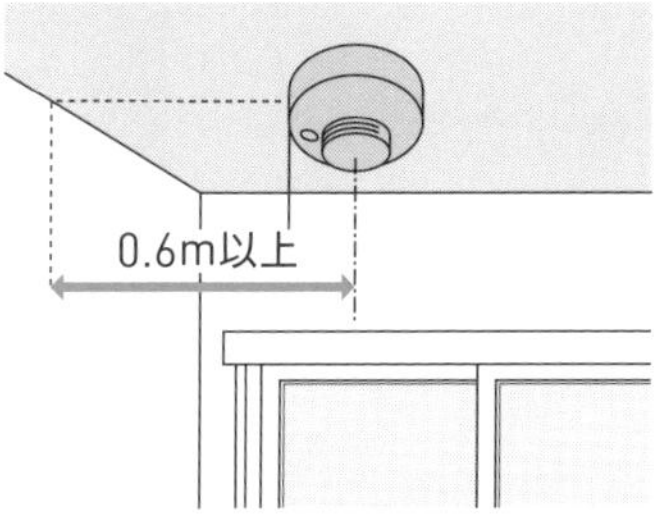

警報器の中心を壁から0.6m(※)以上離して取り付ける

▶天井に設置する場合②

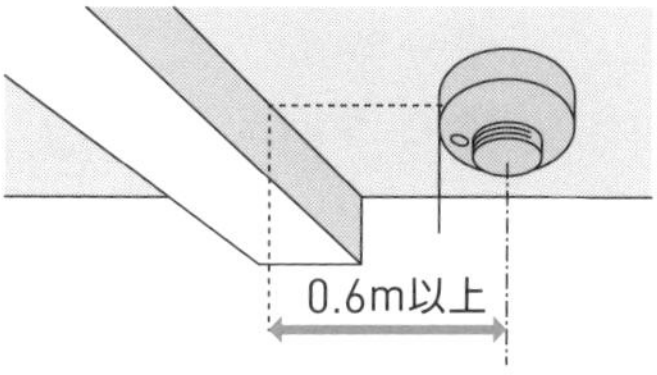

梁などがある場合は、梁から0.6m(※)以上離して取り付ける

※熱を感知するものは0.4m以上離して取り付ける

▶天井に設置する場合③

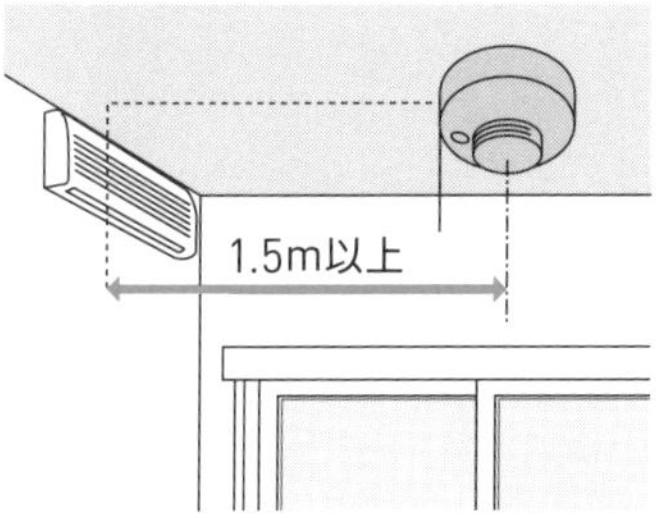

エアコンなどの吹き出し口がある場合は、吹き出し口から1.5m以上離して取り付ける

▶壁に設置する場合

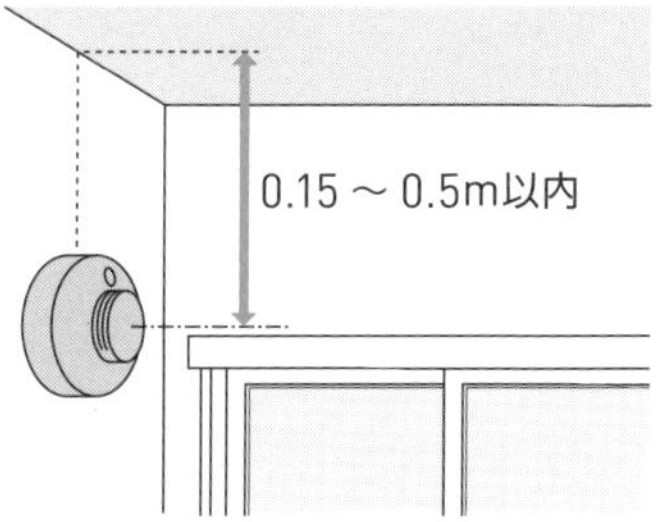

警報器の中心が天井から0.15～0.5m以内の位置に取り付ける

天井に設置された火災警報器の例。
NS マークが付いたものを購入する

103

フローリングの選び方

種類と特徴をおさえる含水率や塗装の有無も確認

トクする知識

- **無垢フローリング**　木材の素材感が魅力
- **複合フローリング**　機能性が豊富で扱いやすい

フローリングには、1枚の板からつくられた「無垢フローリング」（単層フローリング）と、合板などの基材の表面に化粧単板を張り付けた「複合フローリング」があります。

無垢フローリングは木の素材感が魅力で、傷ついてもやすりをかければ新品のようになります。多くは出荷時に塗装されますが、無塗装品は汚れ止め程度でもワックスや塗装を施すといいでしょう。

注意点は、温度や湿度の変化によって伸縮することです。あらかじめ隙間をあけて貼るなどの対処が必要で、一般的には含水率が12～15％のものを選ぶこと、床暖房には床暖房対応の含水率が5～8％製品を選ぶことがポイントです。

一方、複合フローリングは、合板の基材の上に薄くスライスした天然木（単板）や化粧シートなどを張り合わせて造られた床材で、扱いやすいのが特徴です。比較的低価格で機能も豊富。無垢材に比べて収縮や変形が少なく、床暖房対応品や防音・耐水対応品、雑菌を抑制する抗菌仕様のものや遮音性の高い製品も登場しています。

ここがポイント

無垢フローリングの魅力と弱点

一般にブナ・ナラ・オーク・チークなどの無垢材を使用。風合いがあり、経年変化が楽しめるが寒暖や乾湿などにより変形しやすい

無垢フローリングと複合フローリング

無垢フローリング

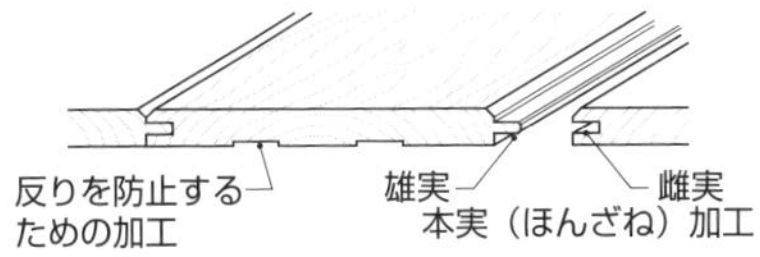

複合フローリング

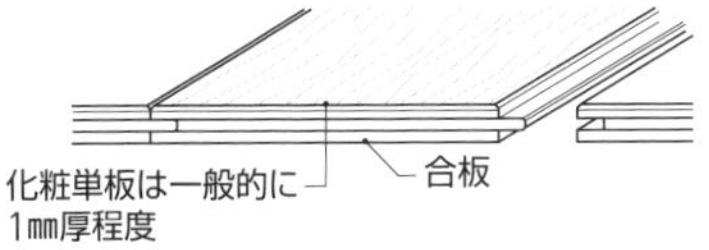

板張りのパターン

乱張り

板の長さがまちまちの場合の張り方で、継手の位置が一直線上に並ばない張り方

いかだ張り

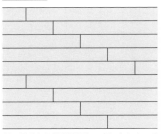

板の長手方向継手位置を一定に少しずつずらす張り方

市松張り

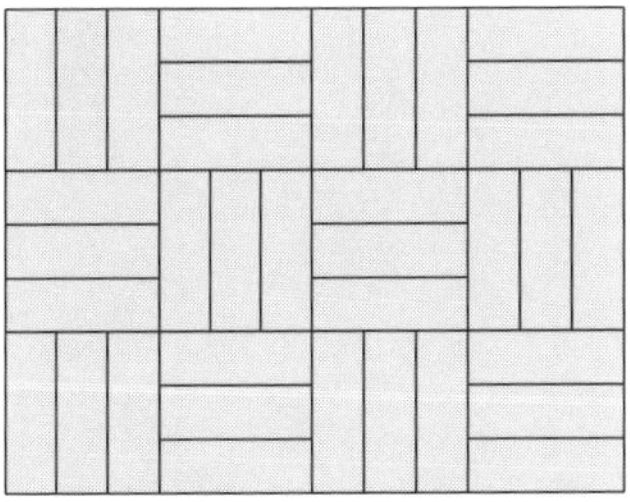

寄せ木を市松模様に張り込む張り方。パーケットフロア張りともいう

矢筈（やはず）張り

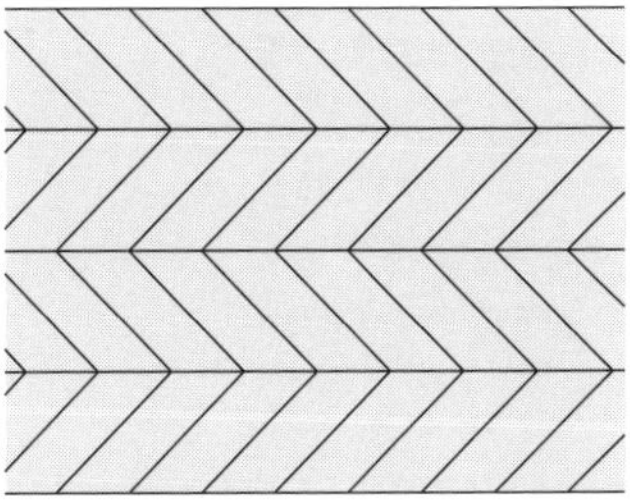

矢筈とは矢の末端の弓の弦を受ける部分のこと。寄せ木張りの一つ

104

床に適した仕上げは？

使用する場所や目的に合わせて床材を選ぶ

床材は、畳、フローリング、カーペット、天然石、人造大理石、リノリウム、クッションフロア、コルクタイルなど様々な種類があります。選ぶ際には、その場所を素足で歩いたり寝転がったりすることが多いかどうか、水がかかりやすい場所かどうか、掃除を頻繁にするかどうかなど生活のシーンを具体的にイメージするといいでしょう。たとえばリビングでは快適さやインテリア性、キッチンや洗面所・脱衣所では耐水性などが重要となります。メンテナンスやお手入れ方法も併せて確認しておきましょう。

　室内でペットを飼育する家庭では、とくに注意を払いたいのも床材です。最近はペット対応型のフローリング材やクッションフロアも増えています。爪で傷がつきやすい素材や、尿（アンモニア）や水がこぼれてもシミや変色・変形がしにくいものを選びましょう。ほこりやペットの匂いが残りにくい、継ぎ目のない床材もおすすめです。

トクする知識

●**ペットに適した床材**　キズがつきにくい、シミや変色・変形がしにくい、継ぎ目がなく掃除がしやすいもの

ここがポイント

タイルに注目

タイルの使用は水まわりや玄関だけに限らない。掃除しやすいのでリビングや台所の床や、アクセントとして壁に張るのもいい

主な床材の種類と特徴

床材	特徴
カーペット	繊維製床敷物の総称。安全性に配慮した防ダニ加工が施されたものもある。色やデザイン、織り方、質感が非常に豊富。保温性や防音性などの機能面でも優れている。
タイル、天然石、人造石	耐水性や耐摩耗性、衝撃に強い。汚れにくく容易に洗い流せる。色はもちろん、小さなモザイクタイルから60㎝角程度の大型のものまで、形や大きさが豊富。組み合わせによって個性的なデザインも可能。石の中には酸や熱に弱いものもあるので注意。
リノリウム	亜麻仁油や松ヤニ、木粉、コルク粉、顔料などの自然素材を原料とした床材。弾力性があり耐水性、耐薬品性、耐摩耗性、抗菌性能に優れており、シックハウス対策にもなる。
クッションフロア	クッション性のある発泡層を含んだシート状の床材。水が浸み込まないためキッチンや脱衣所、洗面所、トイレなどの水まわりに使用される。最近では、防菌、防カビ、防汚加工を施した製品もあり、傷にも強く、汚れも落としやすい。
コルクタイル	コルク樫の樹皮をタイル状のシートにした床材。弾力性があり、足に疲れを感じさせず、耐摩耗性や防滑性にも優れている。万一、転んでもソフトに受けとめてくれる柔らかさが特徴。

ペットに向いている床材

素材	特徴
コルク	素材がやわらかく、耐衝撃性がある。水だけでなくアルコールや酸にも強い。
リノリウム	抗菌性、耐摩耗性、耐薬品性がある。強度の割には爪へのクッション効果もある。
クッションフロア・塩ビシート	シート状のため目地が少ない。衝撃吸収性がある。ノンスリップ加工してあるものがよい。
麻	毛が絡みにくく、掃除が容易。部分取り替えがしやすいものを選ぶ。
タイル	水を吸い込みにくい磁器質タイルで防滑性のあるものを選ぶ。

床材の仕上げ例

柔らかい感触のコルク床

和室には欠かせない畳

105

薪ストーブのある暮らし

暖かさと癒し効果で人気が高まっている設備

炎の美しさはもちろん、燃焼効率が高く、家全体を心地よく暖められる薪ストーブ。付属品を使えば煮込み料理やパン焼きなどを楽しめるのも魅力です。手間と予算を考えつつ、導入するのもいいでしょう。

薪ストーブには、ストーブ自体が熱を発する「放射式」と、温風を放出して暖める「対流式」があります。放射式は、ストーブ自体が高温になるため、ストーブに直接触れない、周辺に可燃物を置かない、という注意が必要です。一方、対流式は本体があまり高温にならないため設置場所の自由度が高くなります。

暖房効果を最大限に引き出すためには設置場所は十分に検討しましょう。室内の中心部に置けばより効率が高まります。

吹き抜けのある家では、暖かい空気が1階を巡ってから吹き抜けを通り2階に上がるため吹き抜けから離れた場所に設置するのが効果的です。また、煙突からの排気量より給気量が少ないと煙が逆流するため、できれば給気口を近くに設置しましょう。

トクする知識

● **薪の確保**　薪ストーブ専門店や燃料取扱店からの購入が便利。森林組合や造園業者に間伐材や端材を譲ってもらう手も

ここがポイント

ストーブまわりの床材

タイルや石などの不燃材を使う

煙突の位置

隣家の窓の近くを避けるなど近隣へ配慮する

薪ストーブのタイプと設置場所

薪を燃焼させて、ストーブ本体を加熱し、本体から発する遠赤外線の放射熱によって暖房する。

ストーブを2重構造にして内側の炉の熱で中間層の空気を暖め、吹出し口から温風を出す。

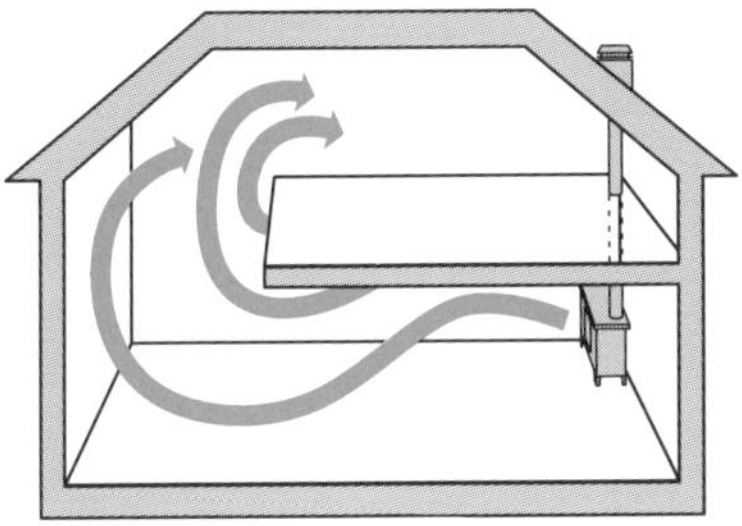

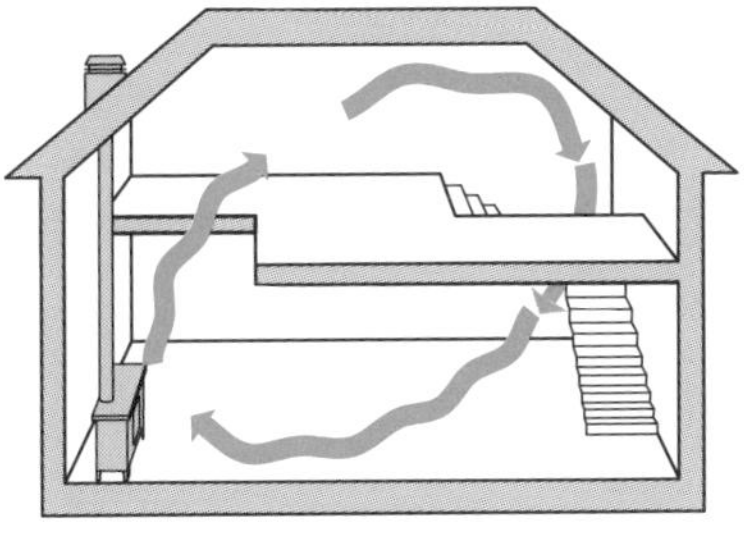

設置場所で暖房効率が変わってくるよ

居間中央の階段前に設置し家全体を暖める

106

成功する二世帯住宅

お互いの世帯の生活サイクルを十分考慮して話し合おう

親と子が1つの建物に暮らす二世帯住宅は、4つのタイプに分けられます。左に示したYES／NOチャートで、家族に適した建物のタイプを選んでみましょう。

●共用タイプ　昔からの同居とは少し異なり、共同生活のイメージ。玄関は1つ。

●上下分離内階段タイプ　1階と2階で生活空間を分けるスタイル。2階の移動は内階段を利用。玄関を1つにすることもできます。

●上下分離外階段タイプ　1階と2階にそれぞれ玄関をつくり、独立した生活が送れます。内階段をつくれば世帯間の交流ができます。

●連棟分離タイプ　左右に分かれて生活をするタイプ。内部は完全に独立し「お隣さん」感覚で暮らせます。

チャートの結果はいかがでしたか？　二世帯住宅を考えるとき、最初に悩むのは「玄関」の数でしょう。1つなら「円満家族」のイメージが浮かび、2つは各世帯の独立色が強く感じられます。場合によっては、世間体や地域性などの外部要因により「玄関1つ」に落ち着くことも。何十年も住む家ですから、時間をかけて話し合うことです。

トクする知識

●二世帯住宅の建物タイプ

・玄関1つ…共有

・玄関2つ…上下分離・内階段、上下分離・外階段、連棟分離

ここがポイント

「玄関1つ」の共有タイプ

水まわりの組み合わせでプランが豊富に

「玄関2つ」の3タイプ

各世帯を完全に独立させることも、内部で交流をもたせることも可能

二世帯住宅 YES／NO チャート

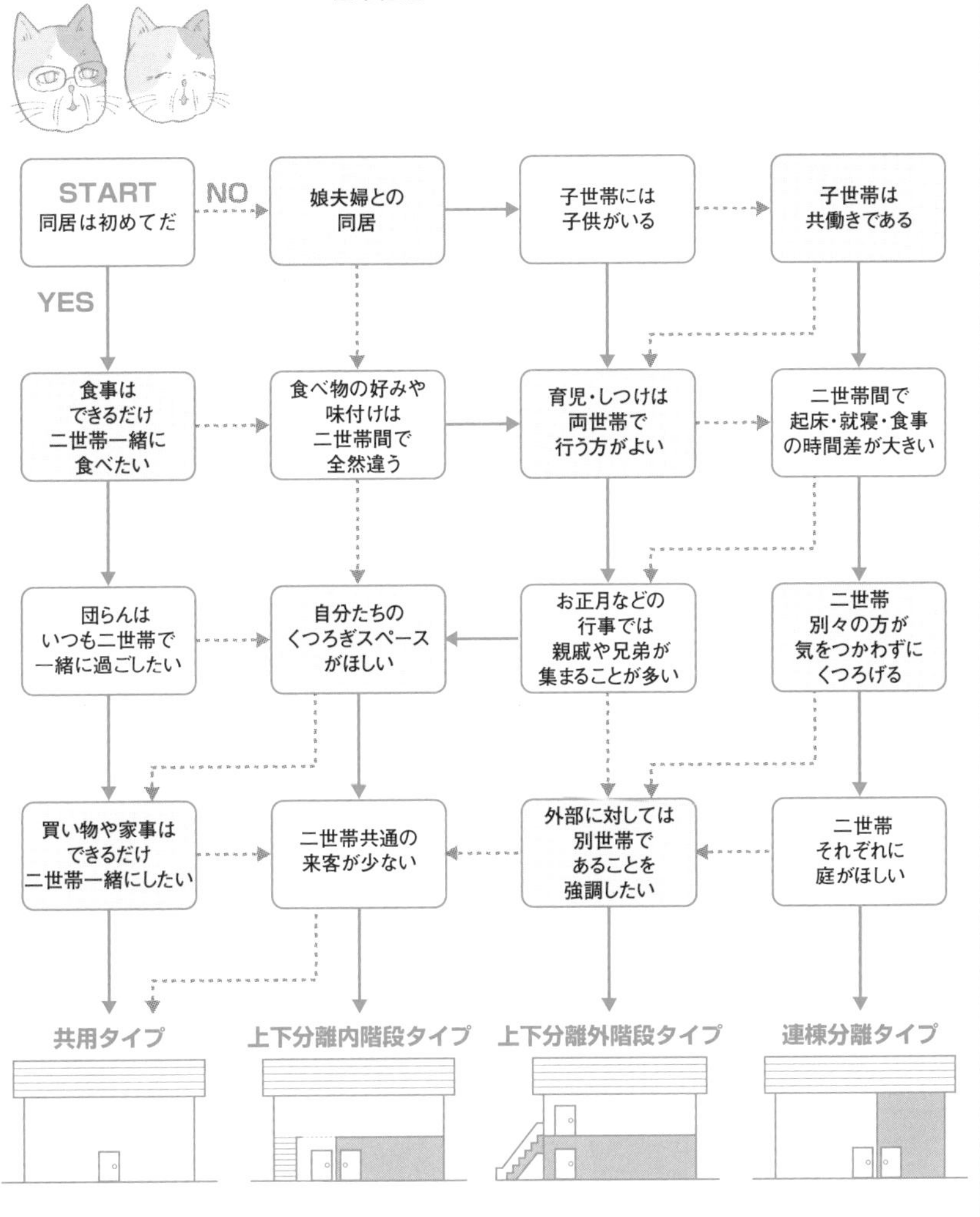
START
同居は初めてだ
NO
YES
娘夫婦との
同居
子世帯には
子供がいる
子世帯は
共働きである
食事は
できるだけ
二世帯一緒に
食べたい
食べ物の好みや
味付けは
二世帯間で
全然違う
育児・しつけは
両世帯で
行う方がよい
二世帯間で
起床・就寝・食事
の時間差が大きい
団らんは
いつも二世帯で
一緒に過ごしたい
自分たちの
くつろぎスペース
がほしい
お正月などの
行事では
親戚や兄弟が
集まることが多い
二世帯
別々の方が
気をつかわずに
くつろげる
買い物や家事は
できるだけ
二世帯一緒にしたい
二世帯共通の
来客が少ない
外部に対しては
別世帯で
あることを
強調したい
二世帯
それぞれに
庭がほしい
共用タイプ
上下分離内階段タイプ
上下分離外階段タイプ
連棟分離タイプ

参考：住まいづくりのノウハウ集「二世帯住宅」（リクシル）

107

共有スペースが秘訣

お互いの生活サイクルを具体的に書き出し、共有部分を考える

トクする知識

- **玄関1つ**　玄関の他に浴室、洗面（＋LDK）を共有
- **玄関2つ**　浴室、洗面または通路（ドア付き）を共有

同じ敷地面積に二世帯住宅を建てるなら、世帯間で共有して使える部屋、つまり共有スペースが多いほど、個室（プライベートスペース）を広く確保することができます。

表はある家族の生活サイクルです。親世帯と子世帯では出勤や食事、就寝時間などは一見、バラバラ。でも、食事時間は同じような時間で、入浴は時間がずれていることがわかります。そうなると、すべて独立でなくても、玄関や浴室、洗面室などは共有するタイプが考えられます。このように、生活時間を具体的に書き出して、我が家はどのタイプがふさわしいか考えてみましょう。設計者にとっても、家族の要望を表現しやすくなります。

ただし、建物タイプや共有スペースの考え方は「融資」や「登記／税金」と関係があり、建築基準法にもかかわってきます。たとえば、二世帯住宅は「建物の登記方法と形」などの諸条件により、「共同住宅」として建築確認申請を提出する場合があり、その場合は建物自体にいくつかの条件が付きます。このようにさまざまな要素が関係するため、計画段階で設計者や関係機関に確認することです。

ここがポイント

建築基準法

二世帯住宅は、「建物の登記方法と形」などの諸条件により、「共同住宅」などとして建築確認申請を提出することがあり、その場合、建物自体にいくつかの条件が付く

ライフスタイル比較の例（左：子世帯、右：親世帯）

子世帯	項目	親世帯
・ママは片づけをして、少しTVを見る ・パパは、お風呂に入ってすぐ寝る	平日の夕食後のすごし方	・2人でのんびり過ごす
・家族みんなで家事 ・買いもの・おでかけ ・パパは、春夏は釣り	休日の過ごし方	・庭のそうじ ・2人で山歩き ・夕方、温泉へ行く
・ピアノ	趣味・習いごと	・おばあちゃんは、陶芸・華道・アレンジメント・おじいちゃんは写真 ・2人で山歩き
・日曜日の夕食は一緒に食べたい ・パパはフライをつくる机がほしい ・ママはゆっくりお風呂にはいりたい	新しい家でしてみたいこと	・日曜日の夕食は一緒に食べたい
・土日、たまにパパの友達がくる ・居間でオシャベリ ・パパは友達とお酒を飲む	お客様の頻度、おもてなし	・おばあちゃんの友達は居間へ ・おじいちゃんの仕事の人は客間へ ・年に何度か娘夫婦が泊りにくる

生活サイクル比較の例

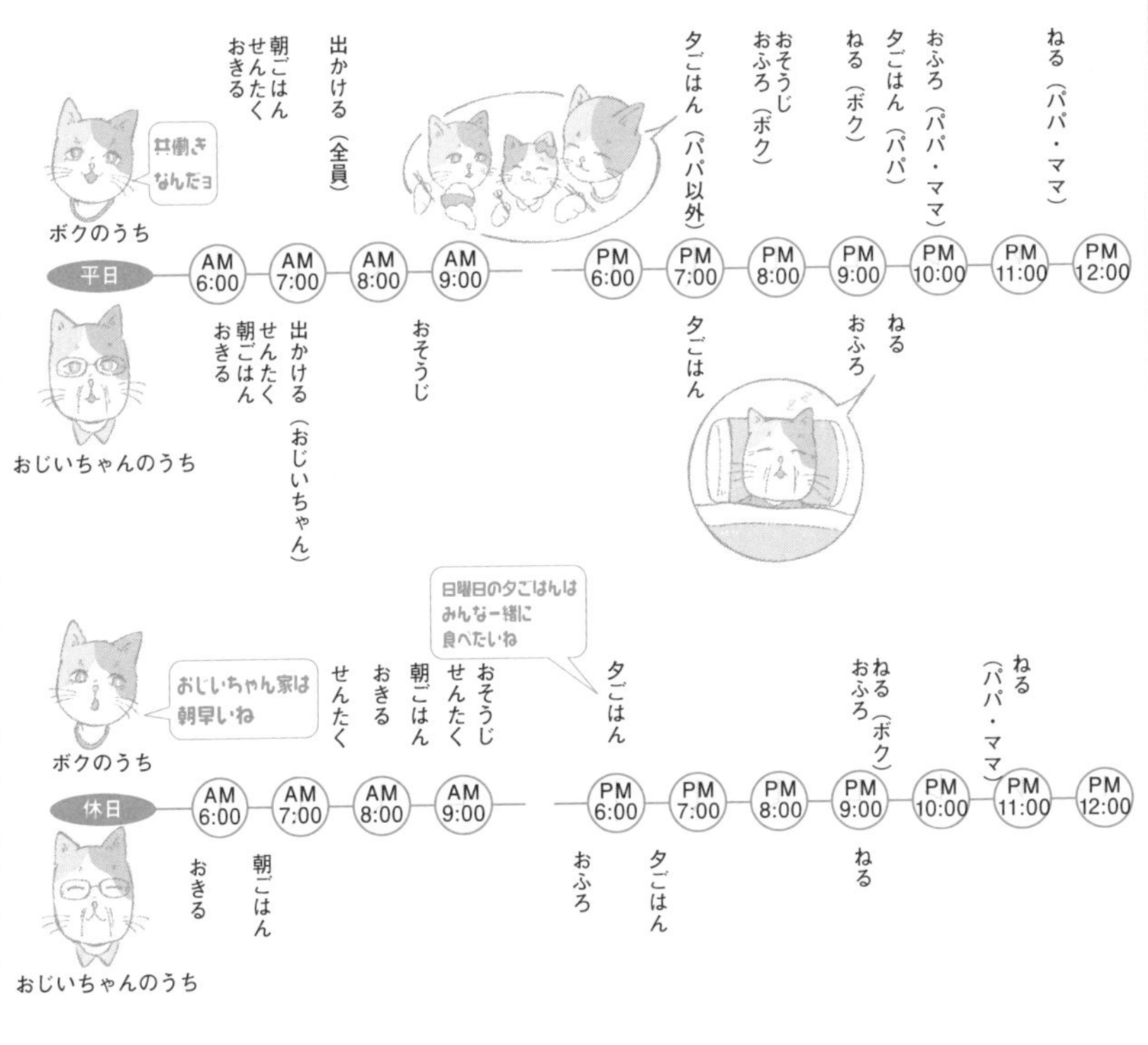

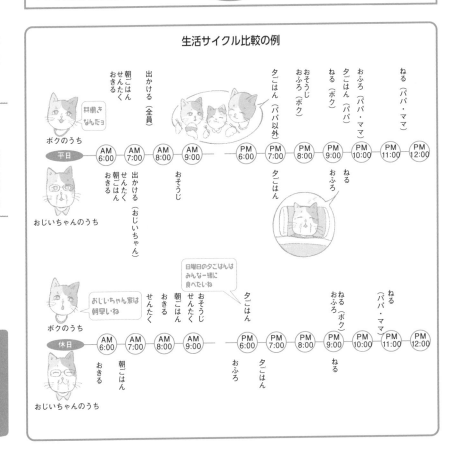

108

バリアフリー住宅

「自然な老い」に伴うバリア（不自由さ）の内容を把握する

バリアフリーとは、高齢者や障害をもつ人の「バリア＝不自由さ」を解消し、いつまでも自分の力で安全に、自立した生活を送れるようにする考え方です。

人は誰でも加齢とともに、「自然な老い」の症状を意識するようになります。身体機能・感覚機能・生理機能・心理機能・生活構造と5分類でき、さまざまな症状が見られます。

一般的には「高齢者＝60歳代から」と受け取りがちですが、体の「自然な老い」は40歳代から始まっています。たとえば、視力なら老眼の症状は40歳代から表れ始めます。

そこで、まず日常生活で感じるバリア（不自由さ）を書き出す作業をしましょう。「棚の上の物が取りづらい」「寒がりになった」など、日常生活で感じるバリア（不自由）を書き出すことで、「バリアフリー対応がどの程度必要か」、話が進めやすくなります。

また、加齢にともない「体調や習慣が変化することがある」と計画段階から意識をし、変化に対応できるようにプランを柔軟に考えておくことが大切です。

トクする知識

●**住宅性能表示制度**　「高齢者等配慮対策等級」で段階ごとのバリアフリー工事の内容を把握できる

ここがポイント

バリアフリー住宅の基本

・安全で機能的に使える
・清潔な状態を保ちやすい
・メンテナンスがしやすい
・プライバシーを確保できる

老化現象と建築設計上の配慮

身体機能

老化現象

- 全体的に虚弱である
- 身体寸法が全体的に小さくなっている
- 転びやすく、しかも骨折しやすい
- 足腰が弱っている。歩幅が狭くなる
- 足を上げる力が衰えてくる
- 上肢・指先の力が衰えてくる
- 敏捷性が乏しくなってくる
- 持久力がない
- 骨格、筋力が低下する
- 歯も弱くなり消化機能が落ちる
- 関節の曲げ伸ばしが困難になる
- 動作には個人差があり、それが顕著になる

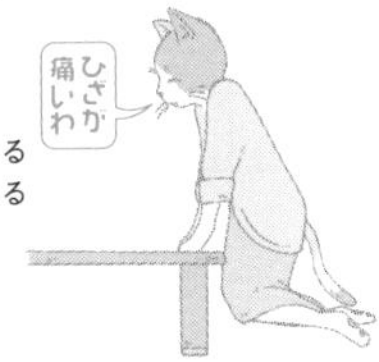

設計上の配慮

- 安全への配慮
- 車いすの使用を考慮
- 緊急通報装置の設置や扉の形状への配慮
- 手すりや昇降機などの設置
- 負担のかかる和式便器は避ける
- 利用者の人体寸法を考慮した納まり寸法の再検討（棚、スイッチ、台所など）、動作上の必要寸法の再検討
- 段差の除去（スロープ化など）
- 滑りにくい床仕上げ
- 階段の踏面、蹴上げの寸法を考慮
- 居室を庭や外部に面した位置に配慮
- 水栓、スイッチ、把手の形状を考慮
- 身体機能・障害の程度を考慮した設計

感覚機能

老化現象

- 視力が弱っているので照明が必要しかし、まぶしさは苦手である
- 聴力が衰えてくる（特に高い音が聞き取りにくくなる）
- 嗅覚が衰えてくる
- 温冷熱の感覚が鈍い
- 触覚が衰えてくる
- 皮膚が乾燥しやすくなる

設計上の配慮

- 照度の確保
- 住宅家内の明るさの均一性への配慮
- 照明方法の工夫
- 暖色系の室内空間とする
- 空間認識しやすい色彩計画
- 住宅の遮音性能の向上
- 玄関ベル音を大きくする
- 電話の音を大きくする
- オープンな間取りとし、視覚により聴覚の補助をしやすくする
- ガス漏れ、換気への配慮
- 床暖房をはじめとする暖房計画
- 室温の均一化
- 外気温との差を考慮
- 室内の湿度（50％を目安）を考慮

生理機能

老化現象

- 中枢神経が衰え、睡眠時間が概して短く、目を覚ましやすい
- 排泄回数が多い
- 生理機能は総合的に低下する
- 食べ物の嗜好が変わる
- シミ、白斑点が現れる
- 中毒症状が早く起こりやすい
- 酸欠状態に耐えられなくなる
- 呼吸器系疾患が起きやすい

設計上の配慮

- 専用寝室の確保
- 寝室の防音性能、避光性能の向上
- 便所を寝室の近くに配置
- 冷暖房、換気、日照、通風への配慮
- 紫外線をカットする工夫
- 部屋の広さに応じた空気補給量の確保
- 暖房期の加湿への配慮

心理特性

老化現象

- 過去への愛着が強い
- 新しいものへの適応に時間がかかる例えば生活様式を変えることや、住み替えがなかなか難しい
- 思考の柔軟性がなくなってくる
- 感情のコントロールがしにくくなる
- 興味が身近なものに限られてくる
- 生き物や自然への関心が高まる

設計上の配慮

- 高さなどに配慮した大きな収納部の確保
- 飾り棚などへの配慮
- 改造時に思い出になる材料、品物をうまく建築に組み込む
- 外部空間との連続性を重視

生活構造

老化現象

- 入浴回数が減る
- 余暇時間が多く、住宅内滞在時間が長い
- 過去とのつながりを大切にする
- 近隣交流が拡大しにくい

設計上の配慮

- 浴室を寝室の近くに配置
- 換気、日照への配慮
- 接客への配慮
- 屋外へ出やすい住宅構造の確保

出典：住宅リフォームに関する調査研究委員会「要介護高齢者のための住宅リフォーム」（社会福祉法人　全国社会福祉協議会）

109

バリアフリーのお金

融資やローン利子の一部補給も。事前に自治体で情報収集を

バリアフリー関連は住宅設備などハード面だけでなく、融資や補助制度などのソフト面でも内容の進歩が著しい分野です。情報を整理して賢く利用しましょう。

住宅支援機構の「フラット35」は、「優良住宅取得支援制度（フラット35S）」の「バリアフリー性能に関する基準」を選択すると、基本仕様よりも数年間、金利が優遇されます。これは、住宅性能表示制度の「高齢者等配慮対策等級（専用部分）」の「等級3」以上に適合していることが条件になります。また、自治体によっては、改修費用の融資制度や住宅ローン利子の一部を補給してくれる制度などがあります。事前に制度の有無や内容を問い合わせてみましょう。

ローンを利用しない場合でも、住宅の新築や増改築をする際には、事前に建設地の自治体の福祉課へ足を運ぶことをお勧めします。自治体が独自に行う補助制度や設備機器の取り付け位置に関する情報、バリアフリーの詳しい相談先の情報が得られることもあります。自治体によって対象者や条件が異なりますので、十分確認することが大切です。

トクする知識

● **自治体の福祉課**　住宅の新築や増改築などの際には、事前に自治体の福祉課へ足を運ぶとよい

ここがポイント

フラット35

住宅支援機構の「優良住宅取得支援制度」を選択すると金利が優遇される期間がある

介護保険の利用

65歳以上、20万円以内（1割または2割自己負担）

住宅改造費補助制度の例（補助制度の内容は、各市町村で異なる）

制度の名称	重度身体障害者・障害児住宅改造費補助	高齢者住宅改造補修費補助
利用対象者	在宅の上肢（両上肢に4級以上）下肢・体幹機能障害1・2級（重複可） 視覚障害1級の障害者・障害児	在宅の60歳以上の高齢者で日常生活に注意を要する人（所得条件①）
世帯条件	なし	世帯全員が60歳以上の高齢者世帯
所得条件	世帯全員の所得税課税額の合算が12万円未満の世帯	①前年の所得税が非課税の世帯 ②生活中心者の前年度所得税金額が8万円以下の世帯
補助・給付の限度額	○○万円	○○万円
条件	高齢補助と同じ	支給は一生に1回のみ全体工事費の1/6は個人負担、5/6が行政負担となり、その金額の上限が○○万円
給付対象の工事内容	高齢補助と同じ	①家屋内の手すりの取り付け ②家屋内の段差解消 ③洋便器などへの便器の取り替え ④家屋内の床材の変更 ⑤浴槽と洗い場の段差解消または高齢者向けユニットバスへの改造 ⑥引き戸などへの取り替え ⑦その他
事前相談窓口市町村の担当課	社会福祉課	高齢福祉課
注意点	・この表はあくまで参考例なので、制度の有無や具体的な内容については各自治体の担当課へ相談のこと	

住宅性能表示制度・高齢者等配慮対策等級（専用部分）

等級	住戸内における高齢者などへの配慮のため必要な対策の程度
5	高齢者が安全に移動すること、介助用車いす使用者が基本的な生活行為を行うことがしやすいように特に配慮した措置
4	高齢者が安全に移動すること、介助用車いす使用者が基本的な生活行為を行うことがしやすいように配慮した措置
3	高齢者が安全に移動すること、介助用車いす使用者が基本的な生活行為を行うための基本的な措置
2	高齢者が安全に移動することに配慮した措置
1	建築基準法に定める移動時の安全性を確保する措置

高齢者等配慮対策等級3の内容

1	高齢者などの寝室のある階に便所を配置
2	床は段差のない構造（認定された段差あり）
3	安全に配慮した階段
4	階段、便所、浴室に手すりを設置 玄関、脱衣所に手すりまたは下地を準備 転落防止の手すりを設置
5	介助用車椅子で通行可能な通路幅員、出入口幅員の確保
6	寝室、便所、浴室の広さ確保

ローンを利用しない

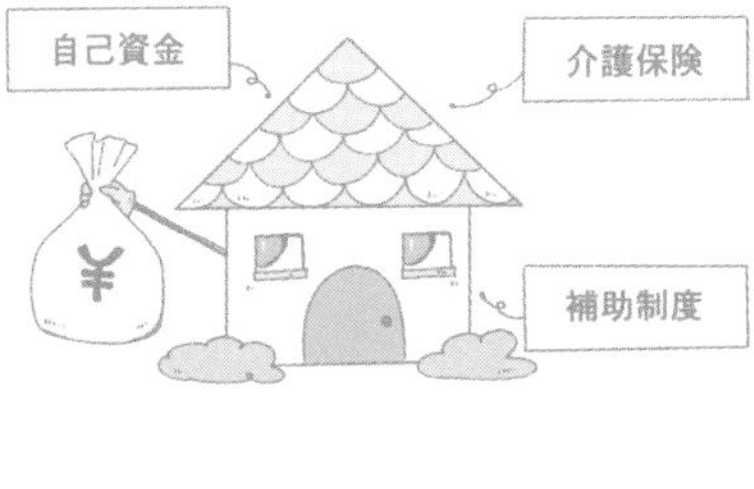

ローンを利用する

110

浴室とトイレに安心を

浴室やトイレは安全対策を施《ほどこ》し機能的で快適に

浴室は高齢者が最も事故を起こしやすいといわれます。出入り口は将来に備え有効幅を大きく確保し、段差を解消した3枚引き戸の製品も検討を。浴槽は洗い場との段差を小さくした半埋め込み式にして洗い場から約40㎝の高さにするとバランスを崩しにくいです。床暖房や天井から温風を吹き出す「暖房換気乾燥機」や緊急通報用のブザーを取り付けるのも一案です。

　トイレは小さなスペースながら、一日に何度も利用する場所。いつも快適に利用するためには手すりや収納、紙巻器などが使いやすく、床が掃除しやすいことも重要です。浴室と同様、緊急通報用のブザーを設置したり、外から解錠できる錠にしておくことも大切です。

　手すりは、日常の生活空間となるトイレ、浴室、玄関、脱衣室、階段で必要となります。手すりを取り付ける位置は、直立して腕を下ろした姿勢の手首の前後。床から75㎝程度の高さが目安です。利用者の身長によって取り付け位置が上下するので、実際に動作を行いながら適切な位置を探しましょう。

トクする知識

●**浴室・洗面所**　暖かい他の部屋から入ると血管の収縮、血圧の上昇で、心臓に負担をかけ事故につながりやすい

ここがポイント

開口幅の有効寸法

75cm以上
（浴室は60cm以上）

手すり高さの目安

75cm程度

※上記は、建具《たてぐ》の種類や利用者の身長によって異なる

浴室における注意点

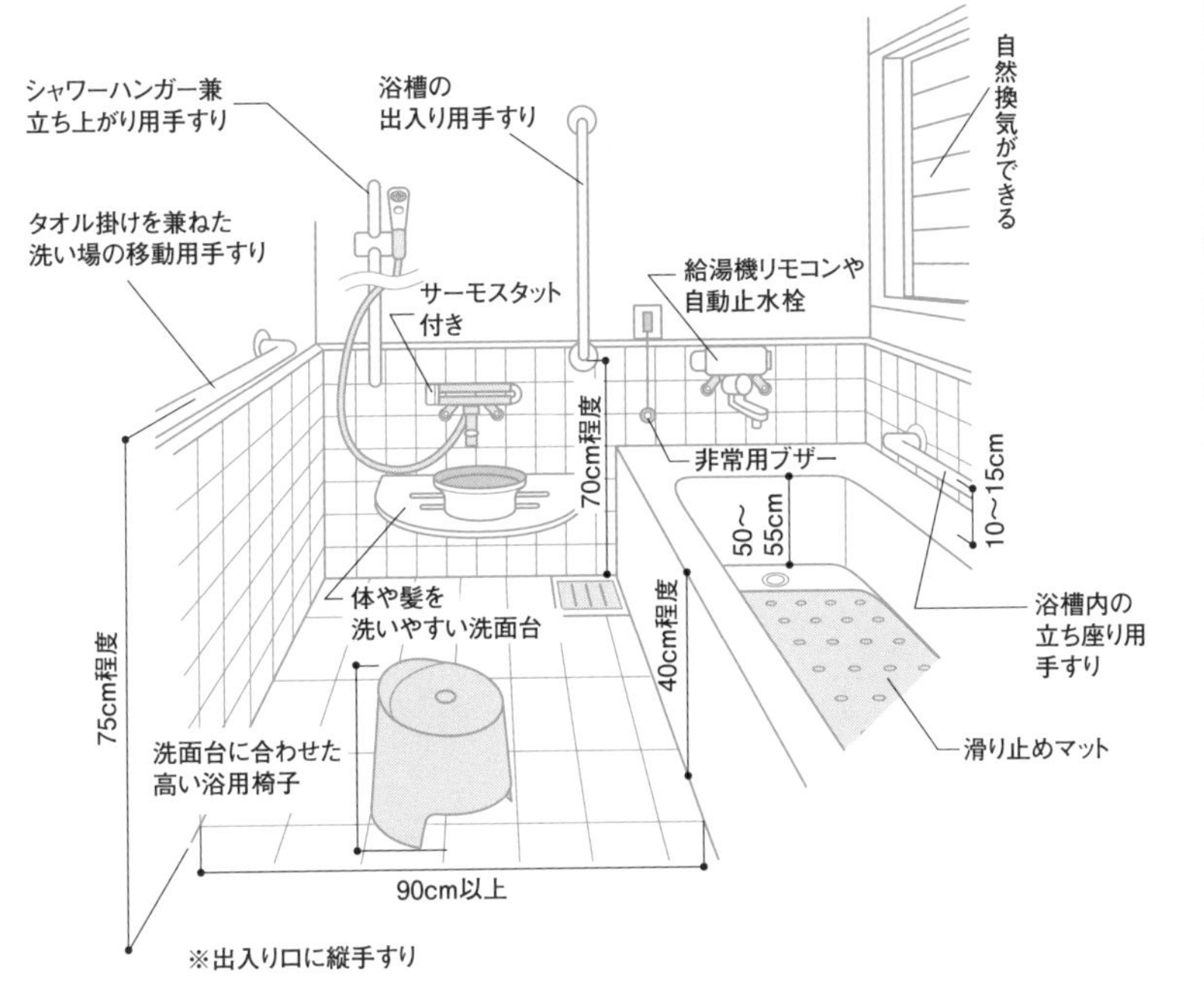

シャワーハンガー兼
立ち上がり用手すり
浴槽の
出入り用手すり
自然換気ができる
タオル掛けを兼ねた
洗い場の移動用手すり
サーモスタット
付き
給湯機リモコンや
自動止水栓
70cm程度
非常用ブザー
10～15cm
50～
55cm
体や髪を
洗いやすい洗面台
40cm程度
浴槽内の
立ち座り用
手すり
75cm程度
洗面台に合わせた
高い浴用椅子
滑り止めマット
90cm以上
※出入り口に縦手すり

理想的なトイレの広さ

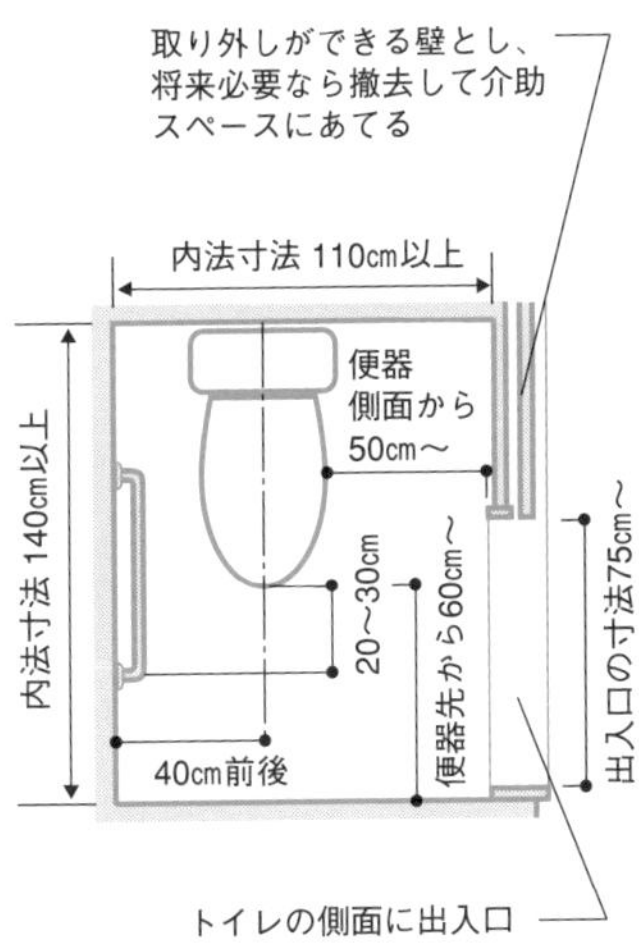

取り外しができる壁とし、
将来必要なら撤去して介助
スペースにあてる
内法寸法 110cm以上
便器
側面から
50cm～
内法寸法 140cm以上
20～30cm
便器先から60cm～
出入口の寸法75cm～
40cm前後
トイレの側面に出入口

手すりの太さ

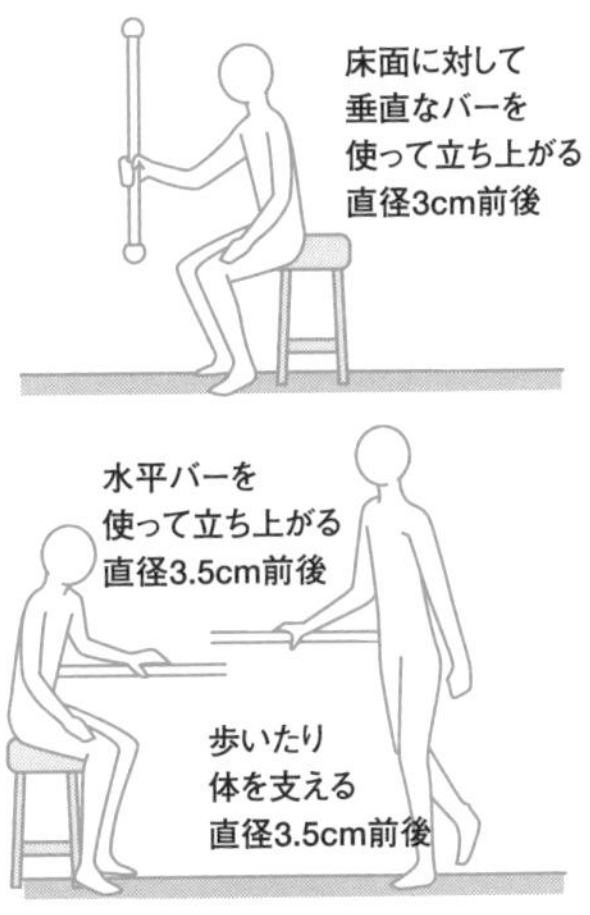

床面に対して
垂直なバーを
使って立ち上がる
直径3cm前後
水平バーを
使って立ち上がる
直径3.5cm前後
歩いたり
体を支える
直径3.5cm前後

『木造住宅工事共通仕様書』((財)住宅金融普及協会刊)
『木造住宅建てる前・買う前に知っておきたい123の常識』(大庭孝雄著、日本実業出版社刊)
『木造住宅のための住宅性能表示ー基本編ーー構造編ーー申請編ー　平成19年4月』((財)日本住宅・木材技術センター刊)
『木造住宅のための住宅性能表示制度のマニュアル　平成12年7月』(建設省住宅局住宅生産課監修、(財)日本住宅・木材技術センター刊)
『木造住宅のための住宅性能評価申請の手引き　平成12年7月』(建設省住宅局住宅生産課監修、(財)日本住宅・木材技術センター刊)
『要介護高齢者のための住宅リフォーム　福祉職が取り組む相談から施工ポイント』(住宅リフォームに関する調査研究委員会編、社会福祉法人全国社会福祉協議会)
『LIFE STYLEで考える　1.つきあいを楽しむ住まい』(川崎衿子・大井絢子著、彰国社刊)
『ログハウス専科』(三浦亮三郎著、山と渓谷社刊)
『木造住宅私家版仕様書:架構編』(松井郁夫・小林一元・宮越喜彦編、エクスナレッジ刊)
『和風デザイン図鑑』(エクスナレッジ刊)

監修・執筆者紹介

第1章 **第2章** (5〜80頁)

田村　誠邦

(株)アークブレイン 代表取締役
〒106-0032　東京都港区六本木7-3-12六本木インターナショナルビル8階
TEL:03-5770-7291
HP:http://www.abrain.co.jp/
※土地活用・建築プロジェクトなどの企画コンサルティング。マンション建替え、団地再生などのコーディネーター。

第3章 **第4章** (81〜143頁)

青木　律典

㈱デザインライフ設計室 代表取締役
〒195-0062　東京都町田市大蔵町2038-21
TEL:042-860-2945
https://designlifestudio.jp
※「丁度いい住まいと暮らしをつくる」をテーマに建築主のライフスタイルに合ったデザイン性・機能性・快適性のバランスのよい住宅を設計している。

第5章 (144〜176頁)

関尾　英隆

(株)あすなろ建築工房 代表取締役
〒232-0041 神奈川県横浜市南区睦町1-23-4
TEL:045-326-6007
HP:http://www.asunaro-studio.com/
※一級建築士　住宅を中心に設計と施工を手掛ける
性能とデザインが融合した家づくり、家まもりを実践している。

第6章

(177〜183、216〜227頁)

新井 聡　勝見紀子

一級建築士事務所 アトリエ・ヌック
〒335-0014　埼玉県戸田市喜沢南1-3-19-308
TEL:048-432-8651
HP:https://atelier-nook.com/
住宅を中心に設計。著書多数。
新井聡：一級建築士、職人がつくる木の家ネット会員、生活文化同人会員、埼玉木の家コーディネーター、木の家だいすきの会会員。
勝見紀子：一級建築士、女性建築技術者の会会員、埼玉木の家コーディネーター、木の家だいすきの会会員など。

(184〜215、228〜237頁)

大井　早苗

一級建築士事務所 アトリエ8
〒180-0004　東京都武蔵野市吉祥寺本町1-28-3-506
TEL:0422-22-3617
※住宅を中心に設計。武蔵野美術大学建築学科・同大学院卒業。芦原建築設計研究所、木住研を経てアトリエ8を設立。CASBEE評価員。

参考文献

『安全で暮らしやすい住まいづくり住宅改善の基本とコツ』（群馬県保健福祉部高齢対策課）

『家づくりを成功させる本』（丸谷博男・堀啓二著、彰国社刊）

『イラストでわかる二世帯住宅』（林圭三編著、都市文化社刊）

『イラストによる家づくりハンドブック』（（社）日本建築家協会関東甲信越支部建築相談委員会著、井上書院刊）

『イラスト版慶弔辞典』（塩月弥栄子著、小学館刊）

『絵で見る建築工程シリーズ　木造在来工法　2階建住宅』（建築工程図編集委員会著、建築資料研究社刊）

『絵で見る建築工程シリーズ　鉄骨造2階建住宅（外壁：サイディング）』（建築工程図編集委員会著、建築資料研究社刊）

『絵で見る建築工程シリーズ　鉄筋コンクリート造3階建ビル』（建築工程図編集委員会著、建築資料研究社刊）

『絵で見る建築工程シリーズ　2×4工法2階建住宅』（建築工程図編集委員会著、建築資料研究社刊）

『改訂木造住宅の見積もり』（阿部正行著、（財）経済調査会刊）

『家族で書いてプロと決める　納得できる住まいづくりの本』（住宅金融公庫監修、（財）住宅金融普及協会刊）

『体にいい家　長もちする家』（大宮健司著、ごま書房刊）

『冠婚葬祭大辞典』（現代礼法研究所著、ナツメ社刊）

『Q&A家づくり心配事解消辞典』（草原社編著、主婦と生活社刊）

『健康な住まいを手に入れる本』（小若順一・高橋元著、コモンズ刊）

『建築現場実用語辞典』（建築慣用語研究会編、井上書院）

『公庫のプロが教える家づくりのツボ』（住宅金融公庫・住宅金普及協会編）

『公庫融資住宅技術基準の解説書平成12年度版』（住宅金融公庫監修、（財）住宅金普及協会刊）

『困ったときに役立つ慶弔辞典』（岩下宣子著、日本文芸社刊）

『こんなときどうする儀式110番』（伊勢丹広報室著、誠文堂新光社刊）

『在宅介護と環境保健』（東京アポ・ケアーズ出版委員会編、薬事日報社刊）

『地震と木造住宅』（杉山英男著、丸善刊）

『室内化学汚染』（田辺新一著、講談社現代新書刊）

『住宅新法ガイド（住宅性能表示制度編）』（（財）日本住宅・木材技術センター）

『住宅性能表示制度ガイド』（建設省住宅局住宅生産課）

『「新築」のコワサ教えます』（船瀬俊介著、築地書館刊）

『[図解] 高齢者・障害者を考えた建築設計』（楢崎雄之著、井上書院刊）

『図解住居学1　住まいと生活』（図解住居学編集委員会編、彰国社刊）

『図解でわかる建築法規』（高木任之著、日本実業出版社刊）

『すこやかシルバー介護3　食事・住まいの工夫と福祉用具』（NHK福祉番組取材班編、労働旬報社刊）

『住まいづくりの本』（日本建築士会連合会編、彰国社刊）

『住まいづくりのノウハウ集「二世帯住宅」』（トステム）

『住まいの管理手帳（戸建て住宅編）』（住宅金融公庫監修、（財）住宅金融普及協会刊）

『住まいのノーマライゼーション㈼　バリアフリー住宅の実際と問題点―高齢者に快適な住まい―』（菊池弘明著、技報堂出版刊）

『CHANCE　BOOK冠婚葬祭辞典』（高砂殿・愛知葬祭監修、旺文社刊）

『鉄筋コンクリート造入門』（岡田勝行他著、彰国社刊）

『ちょっとしたリフォームでバリアフリー住宅』（高齢者住環境研究所編、オーム社刊）

『東北森林科学会シンポジウムの記録　21世紀／東北の森林・林業と住宅』（増田一眞著）

『二世帯住宅その前に』（こがめの会著、三省堂刊）

『初めての建築法規』（建築のテキスト編集委員会編、学芸出版社刊）

『パッシブ建築設計手法辞典』（彰国社刊）

『マイホーム新築チェックシート　平成12年度版』（住宅金融公庫監修、（財）住宅金融普及協会刊）

『丸太組構法住宅工事共通仕様書』（（財）住宅金融普及協会刊）

『マンガで学ぶ木の家・土の家』（小林一元・高橋昌巳・宮越喜彦著、井上書院刊）

『マンガで学ぶ建設廃棄物とリサイクル』（建設廃棄物を考える会著、井上書院刊）

『マンガで学ぶツーバイフォー住宅』（西川暹・平野正信著、（社）日本ツーバイフォー建築協会監修、井上書院刊）

『マンガで学ぶ木造住宅の設計監理』（貝塚恭子・片岡泰子・小林純子著、井上書院刊）

『宮脇檀の住宅設計テキスト』（宮脇檀建築研究室著、丸善刊）

『木造建築技術図解』（大塚常雄著、理工学社刊）

『木造建築用語辞典』（小林一元・高橋昌巳・宮越喜彦・宮坂公啓著、井上書院刊）

用語索引

家づくりのすべてがスラスラわかる本 2024

2023年12月14日　初版第1刷発行

発行者　三輪浩之

発行所　株式会社エクスナレッジ
〒106-0032
東京都港区六本木7-2-26
https://www.xknowledge.co.jp/

問合せ先　編集:Tel 03-3403-1381／Fax 03-3403-1345／info@xknowledge.co.jp
販売:Tel 03-3403-1321／Fax 03-3403-1829